JN409902

| 고재동 수필집 |

낮달에 들킨 마음

북랜드

고재동 수필집

낮달에 들킨 마음

인쇄| 2019년 9월 20일
발행| 2019년 9월 25일

글쓴이| 고재동
펴낸이| 장호병
펴낸곳| 북랜드
06252 서울 강남구 강남대로 320, 황화빌딩 1108호
대표전화 (02) 732-4574 | (053) 252-9114
팩시밀리 (02) 734-4574 | (053) 252-9334

등 록 일| 1999년 11월 11일
등록번호| 제13-615호
홈페이지| www.bookland.co.kr
이-메 일| bookland@hanmail.net

책임편집| 김인옥
교　　열| 배성숙 전은경

ISBN 978-89-7787-894-5 03810
ISBN 978-89-7787-895-2 05810(E-book)

정가 20,000원

낮달에 들킨 마음

책을 내며

촌티 나는 사람이 쓴 온통 촌스러운 이야기

세련된 도시 사람이 읽어도 촌스러워야 제격이다. 그러나 내 2막 인생의 기록, 좀 바보스러운 삶의 해부지만 읽는 독자가 '피식' 웃음 한 번 흘렸다면 그것으로 만족한다. 그 웃음의 성격이 어떤 것이어도 상관할 바 아니다.

나는 모름지기 글이란 첫째 재미가 있어야 한다고 주장한다. 스마트한 현대 사회, 재미난 웹툰을 보고 피식 웃고, 코미디보다 더 웃기는 사회 현상을 보고 씁쓸히 미소 짓는 세태 아닌가? 그 이후에 감동과 메시지 전달, 작가의 철학이 조금 조미료 쳐져야 하지 않을까?

빽빽한 나무 사이는 뚫고 들어가기 힘 드는 만큼 듬성듬성 공간이 넓은 곳을 우리는 산림욕 하러 가듯이 시각적으로 글에도 행간이 넓어야 한다. 그래서 내 글엔 졸시 한 편씩을 넣었다. 시집 한 권 더 챙기는 득탬의 기회를 포착할 수 있으니 이 또한 촌에 온 보람 아닌가.

구들장에 거꾸로 누워
낮잠을 청해 본다
가을 햇살
창문 비집고 들어와
배 위에 길게 누워
이불 덮고 같이 자자하네

—졸시 「귀촌 30」 전문

최근까지 3년 남짓 안동신문에, 마감에 쫓기며 쓴 일흔여섯 편의 '촌놈 고재동의 귀촌일기'를 책으로 엮어 세상에 내놓는다. 아무쪼록 극히 촌스러운 글이지만 바쁜 일상에서 쪼갠 좁은 공간에서나마 피식 웃고 힐링 시간 됐으면 하는 바람과 이 책이 귀촌 지침서가 되길 바라면서 부랴부랴 머리글을 마무리 한다.

알밤 익는 가을날
선돌길 언덕에서 **고재동** 적다

차례

2부 가을 / 들깨 터는 여심

3부 겨울 / 바람길로 가는 겨울

4부 봄 / 돌배꽃 피는 길

발문

1부 여름

낮달에 들킨 마음

강아지와 벌, 그리고 바람

고스톱을 쳤다.

"여보, 며칠 손장난을 못 했으니 손이 근질근질할 텐데 나랑 고스톱 한판 할까?"

"웬 고스톱? 당신이랑 둘이 말예요?"

아내는 의외라는 듯 나를 쳐다봤다. 그러나 싫은 기색은 아니었다.

"둘이 하다 안 되면 동네 친구들 불러 모으지 뭐."

"친구 누구요?"

"아무튼… 바깥으로 나가자구."

"좋아요. 화투랑 챙겨 나갈게요."

컹컹컹.

똘이와 억이가 주인의 기침에 예민하게 관심을 표시한다.

정자에 화투판을 폈다.

"우리 둘뿐인데 이 패는 누구 거야?"

"똘이와 억이도 한 패 주지 뭐. 우리가 뭐하나, 궁금한 모양인데 불러서 광이나 팔라고 하자."

"말벌이다! 엄청 큰데요."

말벌 한 마리가 포도와 사과의 단내를 맡고 우리 주변을 맴돈다.

"괜찮아. 가만두면 쏘지 않아. 벌들은 주로 방어만 하지 먼저 공격을 하지 않는 법이거든. 재작년에 현관에 솥뚜껑만 한 집을 지었어도 한 방도 쏘이지 않았잖아. 정자 지붕에도 두 군데나 집을 짓고 수백 마리 벌이 살고 있지만, 건드리지 않으니까 경계만 하지 쏘진 않잖아."

"그래도 무서워요."

"이왕이면 저 말벌도 데리고 놀자. 화투 한 패 주고 광이나 팔라고 하면 설마 쏘지는 않겠지."

쏴, 스르륵. 바람 한 점 지나간다. 바람도 불러 세웠다.

"날씨 참 좋다."

"바람 얘와 말벌 재도 화투판에 끼워 주자."

"우리도 끼워 줘요. 우리도 광 팔래요."

"너희 누구니?"

메뚜기와 방아깨비였다.

"저 배추밭에 살고 있거든요, 광 팔게 해주면 배춧잎과 무잎 조금만 뜯어 먹을게요."

"마음대로 하려무나. 한발 늦은 걸 어쩌나? 너희가 보다시피 자리가 꽉 차서 끼워줄 수가 없구나. 모기, 하루살이도 안 끼워 줬더니 좀 성가시긴 해도 어쩔 수가 없단다. 구경하는 재미도 괜찮을 텐데…."

패가 돌아갔다. 아내가 3연승. 그녀는 의기양양했다.

"따도 돌려주기 없기예요."

"암, 그래야지. 나중에 잃고 후회하지 마라. 초장 끗발은 개 끗발이야."

"어림없어요. 오늘 일당 챙겨야지."

"정말 실력이 늘었나…?"

그동안 갈고닦은 솜씨를 발휘하나 싶었지만 역시 초장 끗발일 뿐이었다. 연속되는 나의 쓰리고에 아내는 케이오 직전까지 갔다.

"속이는 거 아니야? 똥 쌍피 내가 먹으려는 걸 어떻게 알고 먼저 먹어요?"

고추잠자리 한 마리 마당을 맴돌다가 정자 위로 날아와 우리 화투판을 기웃거린다. 아내 패와 내 패를 번갈아 가며 살피다가 똥 쌍피를 콕 찍는다.

"저 고추잠자리가 가르쳐 줬어. 하루살이와 모기도 믿을 수가 없으니 패를 꼭꼭 숨겨."

"나쁜 잠자리 같으니라구. 내 편은 하나도 없는 거야?"

"당신 좋아하는 오억이에게 부탁해 봐."

"오억이 재는 광만 팔아 재미가 쏠쏠해서인지 내 편을 안 들어."

하늘에서는 비행기 한 대가 지나가며 꼬리구름을 길게 긋는다. 제철을 만난 단풍나무는 가을로 물들기 전에 참새 몇 마리 품는다. 가는 여름을 아쉬워하며 귀뚜라미가 가을 노래를 곱게 뽑고.

하물며 미물도 가고 멈출 때를 정확히 알고 있다. 하루살이는 애벌레로 1~3년, 성충으로 비록 2~3일 살다 가지만 세월을 붙잡고 더는 살기 위해 사정하지 않는다. 입이 없이 태어났지만 치열한 삶을 살다가 당당하게 최후를 맞을지언정 빠르게 달음박질하는 계절을 향해 애걸복걸하지 않는다. 귀뚜라미도 세상에 나와 가장 고운 목소리로 노래하여 오늘 밤 배우자를 만나면 짝짓기한 후 미련 없이 세상을 버린다. 수컷 사마귀는 짝짓기 후 암컷에게 자신의 몸을 내주고 성스러운 최후를 맞는다. 가는 세월을 붙잡고 멈추라고 목청 돋울 것이 아니라 스스로 때가 되면 멈출 줄 아는 지혜를, 미물을 통해 한 수 배우는 저녁나절이다.

화투판은 결국 내가 큰 점수를 터트린 후 끝이 나고 말았다. 넉 장 두 배로 흔들고 쓰리고에 피박을 씌우니 19점에 16배 하여 3만 4백 원. 아내는 항복을 선언했다.

마지막 돈 안 받고 딴 돈 2만여 원도 돌려줬다. 그 값으로 아내는 세차를 하겠다고 나섰다. 비싼 세차는 아내에게 맡기고 나는 절구통 논에 물을 줬다. 막 벼가 패기 시작하는 논은 따가운 햇볕에 가을이 서서히 익어간다.

저녁은 열무 비빔밥을 비볐다. 진 자도 이긴 자도 없는 고스톱. 광 판 강아지와 말벌, 가을바람도 초대했다. 다 함께하는 비빔밥은 달았다.

풍물패 연습하러 가는 아내를 태워 주고 돌아오는 길에 일주일 전 반달로 왔던 달이 반쪽 찾아 돌아온 보름달과 해후하는 장면을 보았다.

그녀는 환히 웃고 있었다.

두리번두리번
앞산 위에 뜬 반달
낮부터
누굴 기다리나
슬금슬금
산 너머 있는 반쪽
데리고 오겠다며
가버린 밤하늘

—「반달」

아직 반쪽 못 찾은 반딧불이가 밤하늘을 선회하다가 달빛 가리키는 풀숲으로 사뿐 내려앉는다.

낮달에 들킨 마음

"형아, 우리에겐 왜 자유가 없어?"

"자유가 좋은 것만은 아니란다."

"나는 뛰어놀고 싶은데. 저 넓은 마당을 맘대로 돌아다닐 수도 있고 산에도 올라가고 싶어. 도로를 따라 저 멀리까지도 가 보고 싶단 말야."

"우리가 이 집에 온 이상 여기가 우리의 보금자리이고, 이곳을 벗어나면 어떤 위험이 따라올지도 몰라. 너도 조금 더 크면 알게 될 거야."

"난 가 보고 싶은데. 저 아랫집 형과 누나도 만나보고 싶은데…."

"……."

"형아, 형아. 우리 집 주인님과 마님이 착해? 형이 일 년 먼저 왔으니까 잘 알 거 아니야?"

"글쎄? 그냥저냥 해."

"마님이 형을 더 좋아하는 것 같아. 마님이 형을 시장에서 데려왔더랬지?"

"주인님은 널 더 좋아하잖아. 너만 쓰다듬어 줘."

"난 백일도 안 된 아기니까. 그런데 형아, 나 비밀 하나 있다."

"뭔데?"

"어제 마님이 동네 아주머니들을 모아 고스톱을 쳤다."

"그게 무슨 비밀이야? 나도 알고 주인님도 다 알고 있는데, 뭘?"

"사람들은 참 이상해. 남편 흉도 보고 없는 사람을 헐뜯기도 해. 낮말은 새가 듣고 밤말은 쥐가 듣는다고 했는데."

"우리 강아지들은 낮말, 밤말을 다 듣잖아."

"정말이네. 우린 청각, 후각이 특별히 발달해 있으니까."

"난 처음에 주인님과 마님을 따라 산에도 올라보고 온 동네를 돌아봤는데 닭을 혼내고 나서부터 거의 자유를 잃었어. 차라리 지금 이대로가 편해."

"형이 가 봤던 곳을 나도 가보고 싶은데…."

쉬는 날이라 오전에 체육관에서 운동을 마치고 들어오는데 억이와 똘이가 저희끼리 뭐라 뭐라 담소를 나누고 있다. 바깥에서 들어오는 주인에게는 눈길을 주는 둥 마는 둥 평상시와 조금은 다른 행동을 하고 있었다. 저희끼리 긴밀한 대화를 나눴거나 주인 흉을 본 게 틀림없다.

'이놈의 짜슥들, 그런다고 내가 목줄을 풀어 줄 것 같더냐? 너희는 거기가 너희 공원이고 별천지야. 그래도 너희는 주인을 잘 만난 거야. 쾌적한 환경에서 잘 먹고 잘 놀고 복날이 와도 걱정 없고. 한마디로 너희 개 팔자가 상팔자지.'

서방 품에
몰래 안겨
사랑 고백
할까 말까
망설이다가
저녁노을에
얼굴 할퀴어
표독스런
달이 되었다는
슬픈 전설

—「낮달」

미역국과 꽁치찌개, 풋고추를 된장에 찍어 점심을 해결했다. 작열하는 태양에 지레 겁먹고 바람에 흔들리는 신록을 훔치다가 잠시 낮잠에 취해 본다.

꿀잠에서 깨어 밀짚모자를 눌러 쓰고 바깥으로 나왔다. 생각보다 덥지가 않다. 햇살만큼이나 신록과 바람이 초여름 날씨를 달래 준다.

모종을 했다. 지난번에 파종한 오이와 호박을 심었다. 먼저 심은 박과 오이는 벌써 줄기를 뻗고 꽃을 피운다.

오이는 비워둔 밭에, 호박은 공터 여기저기에 심었다. 심을 때는 모르다가 넝쿨이 뻗기 시작하면 온 동네를 휘감고 돌아다녀 아무 데나 호박을 심기가 조심스럽다. 호박이 달려 넝쿨 속에 숨어버리기라도 하는 날엔 저 혼자 고스란히 늙어가는 게 맷돌 호박이다.

박도 옮겨 심었다. 씨를 파종할 때 박과 조롱박을 구분하였는데 표시를 해놓지 않아 혼돈 속에 빠졌다. 작년에도 박 모종과 조롱박 모종이 헷갈려 제자리를 찾지 못했었다. 큼지막하게 글씨로 표시해 두지 않으면 이젠 보름 전 일도 까먹으니 나이 앞에 장사가 없단 말이 꼭 들어맞는다. 분주하게 여기저기에 모종을 옮겨 심었지만, 박 모종과 호박 모종이 태반 남았다.

오디나무가 다 자란 자식이 달라붙어 떠날 생각을 않자 힘겨워 팔을 축 늘어뜨리고 있다. 그 어떤 물감으로도 흉내 낼 수 없는 정열적인 색감으로 유혹한다. 몇 알을 따서 입안에 털어 넣고 요염한 그의 맛에 취해 본다. 4년 전에 한 나무를 사서 심은 딸기나무가 밭둑을 점령하고 서서 먹음직한 열매로 내 입맛을 다시게 한다. 지나칠 수가 없는 유혹에 다가가 그녀와도 짧은 입맞춤을 한다.

쓰르륵. 한 줄기 바람이 쓸고 간다.

사립문 밖을 살핀다. 아무도 오지 않는다. 역시 바람이었다. 잠시 잠잠하던 바람이 다시 일어 고추밭에 잔잔한 파문을 일으키며 지나간다. 해도 점점 서산 너머로 기울어 간다.

지난 주말 가족 모임에 막내딸 내외와 큰딸이 아이 둘을 데리고 다녀갔다. 수원에 사는 둘째 딸은 여건이 여의치 않아 자리를 같이 못 했다.

감기까지 걸린 둘째가 안쓰럽고 손자를 보러 한 사나흘 예정으로 아내가 오늘 아침에 상경했다. 막내딸까지 합류하여 그곳 소식을 카톡으로 알려 온다. 손자의 재롱을 실시간으로 볼 수 있는 시대를 살고 있는 현실이 신기하고 고맙다.

닭장을 한 바퀴 돌아보고 야구나 볼 생각으로 집안으로 향했다. 마지막으로 할 일이 남았다. 산을 향해 돌아서서 주위를 살폈다. 아무도 없다. 지퍼를 내리고 시원하게 볼일을 봤다. 땀으로 흘린 양보다는 많은 분량을 배출했다. 시원하다.

볼일을 끝내고 돌아서다가 언뜻 하늘을 보았다. 조금 전까지는 분명 아무도 없었다. 낮달이었다. 묘한 미소를 머금고 그녀가 물끄러미 내려다보고 있다. 보름달에 가까운 그녀가 지구를 한 바퀴 돌아 거기에 먼저 와 있었다.

창피한 마음에 밀짚모자에 얼굴을 감추고 집으로 들어서는데 강아지가 기침한다. 컹컹. 혹시나 하는 바람으로 사립문 밖을 살폈다. 그러나 아내는커녕 그 누구도 오지 않는다.

벌거숭이 한낮 배추밭

"벌거숭이다! 괴물 벌거숭이다!"

"아니야, 사람인데…."

"이 바보 같은 메뚜기들이라니…. 우리 배추밭 주인 털보 아찌야."

후드득. 배춧잎을 훔쳐 먹던 메뚜기들이 인기척에 줄행랑치며 뱉어내는 단어들을 주워 모았다.

"이놈들 작작 뜯어 먹어. 김장할 것은 남겨둬야지. 내일이라도 살충제를 확 뿌려버리는 수가 있어."

"용용 죽겠지요? 우리 뭐 그딴 살충제 하나도 안 무섭지롱."

"이렇게 도망가면 그만이지요."

"그렇지만 너무 많이 뿌리지는 말아요. 머리 아파요."

메뚜기와 방아깨비, 떼떼 메뚜기가 뛰거나 날아서 자두밭으로 도망가며 약을 올리고 있다.

내일 둘째 손자 돌 얻어먹으러 상경하기에 앞서 이발과 염색을 한 후 속옷 하나만 걸치고 닭 모이를 들고 배추밭을 가로질러 가다가 메뚜기한테 놀림을 당했다. 설마 누가 보랴, 싶어 염색한 머리도 말리고 시간도 아낄 겸 벌거숭이로 나섰다가 창피를 당했다. 보는 눈이 또 있었다. 배추밭 중심으로 고추잠자리 수십 마리가 머리 위에서 난다. 하늘 높이 빠르게 치솟았다가 내려오고, 아름다운 가을 하늘을 빨갛게 물들이는 그들은 한껏 여유로운 듯하다가도 민첩하게 날갯짓을 한다.

"저 고추잠자리도 짝을 찾아 날아다니나 보죠?"

언제 따라 나왔는지 이발사 아내가 내 시선과 하늘에서 마주친다.

"짝을 찾기 위함이긴 한데 그 전에 몸을 만들기 위함도 있나 봐. 하늘 나는 하루살이들을 포획하기도 하고, 단련된 몸을 만들어야 좋은 배우자를 만나 실한 2세를 볼 수 있는 법이거든."

"그런 깊은 뜻이 있었군요. 그런데 당신 그 옷차림 뭐예요. 옷차림이라고 할 수도 없네. 속옷 하나만 걸쳤으니…."

"괜찮아. 누가 본다고 그래."

그렇게 말은 하고 있었지만 고추잠자리 말고도 보는 눈이 또 있었다. 배추흰나비였다. 꽃도 없는 배추밭에 나비가 날아든 이유를 알 길 없다. 산이 있으니까 산에 오른 걸까? 또 한 마리의 배추흰나비가 나불나불 날아와서 꽁무니를 쫓는다.

"배추는 왜 꽃을 안 피워요? 무도 그렇고요?"

"안 피긴, 피지. 모든 종족은 이 세상에 오면서 2세 남길 의무를 띠고 온다네. 사람과 동물, 조류와 식물들 모두는 그 의무를 충실히 수행하므로 이 지구가 멸종하지 않는 이유란다. 종족 보존에 실패한 공룡 등은 지구를 떠나기도 했지만."

"……."

아내가 귀를 쫑긋 세운다.

배추와 무를 여름에 파종하고 늦가을과 초겨울에 수확하여 김장하는 것은 교묘히 종족 보존 시기를 피했을 뿐이다. 무와 배추를 봄에 파종하여 여름까지 키우면 꽃이 피고 씨방도 맺는다. 요즘은 우량한 씨앗을 받기가 어려워 외국에서 대부분 씨앗을 수입하는 실정이다. 뉴질랜드에서 멀리 시집와 풍요롭게 우리 식탁에 오를 수 있는 것도 영광이다. 위대한 한국 김치로 재탄생하는 것이 신기하기도 하고. 내 어릴 적 그 배추씨와 무씨가 비싸서 직접 씨를 받아 여름에 파종하던 선친의 지혜를 보고 자랐다. 한 종지의 씨앗 값이 비싸긴 했지만, 점점 퇴화하는 씨앗보다는 사서 심은 배추와 무가 훨씬 실했다.

선돌길 우리 밭에도 열무꽃이 폈다. 배추꽃은 노랗게 피지만 열무꽃은 흰 꽃이다.

꽃 피는 시기를 피해 우리는 열무김치를 담는다. 인간은 참으로 잔인하다. 강아지풀, 바랭이풀, 쇠비름도 꽃을 피워 저처럼 종족 보존을 위해 안간힘을 쓰는데 무와 배추, 열무는 인간의 방해로 인해 맘껏 우주를 휘어잡을 기회를 놓치기가 일쑤다. 우리 인간으로 인해 지구가 기형으로 가고 있다고 해도 과언이 아니다.

우리가 이처럼 유희에만 깊이 빠지고 종족 보존에 소홀하다가 공룡처럼 지구를 그 어떤 세력한테 내주어야 할지 모른다는 불안한 예감이 드는 건 왜일까? 조류, 곤충, 식물들에게 그 지혜와 열정을 배워야 할 때이다.

우리 부부도 그 중심에 서 있는 건 어쩔 수가 없다.

우리 집에는 열무김치가 세 통이나 익어간다. 아내는 그냥저냥 열무김치를 담는다. '맛있다'고 한마디만 해 주면 꾸히고 만다. 무밭을 솎은 열무로 담은 김치가 일품이다.

우리 지방에는 옹천 열무를 최고로 친다. 전국에서도 빠지지 않을 듯하다. 토질과 기후가 열무 가꾸기에 이곳이 딱 맞아떨어진다고 볼 수 있다. 거기에다가 좋은 씨, 즉 비싼 씨앗으로 파종하여야 맛있는 옹천 열무를 생산할 수 있다. 인근 옹천 지방 농가에서는 우리나라에서 제일인 옹천 열무의 자존심을 지키기 위해 올해도 여름에서 가을을 황망히 간다.

좋은 씨앗으로 파종한 무 솎은 열무는 옹천 열무와 흡사하여 물김치로 담거나 열무김치로 담아도 재료가 좋아 그 맛을 더한다.

배추 모종을 옮겨 심었다
아내가 총총 심어 놓은 배추가

나붓나붓 잎사귀끼리 부대껴서
한 포기씩 솎아
넓은 땅으로 옮겨 주었다
모종비라도 왔으면 좋으련만
먼지잼하고 만다
배춧잎에 내려앉은 배추흰나비
날개 말리는 수고로움
덜어준 건 잘된 일이다

—「귀촌 · 21」

배추흰나비가 짝짓기에 성공하였다. 암컷이 수컷을 업고 배춧잎에 앉아 날개를 쉰다. 몸집이 조금 작은 수컷은 눈알을 천천히 굴리며 날개로 중심을 잡는다. 더듬이로는 연신 암컷 몸을 애무하며 사랑의 세레나데를 연주한다.

어이쿠, 큰일 났다. 머리 감을 시간이 지났다. 30분이나 시간이 흘렀다. 그래도 오늘은 그믐이라 낮달에 들키지 않은 게 다행이다. 지구가 벌거숭이 되기 전에 서둘러 염색한 머리를 감아야겠다.

그네

그네가 외로움을 탄다. 그러나 그걸 씻기 위해 공중곡예 하지는 않는다. 비가 와도 정갈하게 맑은 정신으로 몸을 닦을 뿐이다. 거미나 개미, 인간이 시도 때도 없이 그네에 앉아서 엉뚱하게 수작을 걸기 때문에 정작 가려운 곳은 긁을 수가 없다. 그네는 매일 밤 고독을 날로 씹는다.

밤새 내리던 비는 녹음을 싱그럽게 덧칠해 놓고 한반도를 물러났다. 오후로 접어들면서 하늘에 조각구름만 몇 점 남기고 깔끔하게 청소까지 마쳤다. 단오에 비가 내리면 풍년이 든다고 했으니 올해는 보나 마나 풍년가를 부를 수 있으리라.

그네에 앉았다. 세 개의 그네 중 오른쪽을 선택했다. 특별한 이유는 없었으나 왼쪽은 낮게 어린아이용으로 만들었으니까 나머지 둘 중 하나를 선택했을 뿐이다. 가장자리가 편했던 모양이다.

그네를 탄다. 조금 전까지 미동도 하지 않던 나머지 빈 그네 둘이 덩달아 움직인다. 바람이 와서 툭 치고 간 것도 아닌데. 셋 중 하나가 타면 한 몸체에 연결된 그들은 일심동체, 그리움을 나눠 신나 보다.

산그늘이 마당을 쓸고 간 지 이미 오래다. 그네에 앉은 채 발끝이 닿는 끝까지 뒤로 물렀다가 허공으로 몸을 민다. 보이지 않던 동구 밖이 보인다. 그러나 길 따라오는 사람의 흔적은 없다. 허공을 찼다. 그네는 조금 더 올랐다. 좀 더 먼 길이 보였다. 아무도 오지 않는다.

아내는 단오절을 맞아 마을회관에 갔다. 아침나절, 준비한 음식과 함께 회관에 태워준 바 있다. 올해부터 부녀회장을 맡은 아내는 신바람 나게 마을을 쏘다닌다. 오늘처럼 공식적인 마실 나들이는 내게 당당히 회관까지 태워줄 것을 명령한다.

"짐도 많고 방앗간에서 떡도 찾아야 하니 좀 태워 주이소."

거역했다간 무슨 화를 입을지 몰라 두말없이 충실한 고 기사 노릇을 했다.

어릴 적 우리 마을엔 단오 때마다 그네를 맸다. 음력 오월 초나흘 오후가 되면 장정들이 인경이네 집 앞 느티나무 밑으로 모여들었다. 어른들은 물에 축여 준비해 놓은 짚으로 줄을 꼬기 시작한다. 세 사람이 세 가닥으로 나눠 비틀어 주고받으며 굵은 줄을 길게 꼰다. 손이 부족할 때는 우리 아이들도 거들었다. 짚을 일정하게 나눠 주거나 줄을 잡아 주는 일을 담당한다. 고등학생 시절, 세 가닥 중 한 가닥을 잡고 그넷줄을 직접 꼬아 보기도 했다. 눈썰미가 있던 나는 곧잘 따라 했다.

줄이 완성되어 그네를 매고 나면 장정들이 먼저 그네를 뛴다. 이상 유무를 확인하기 위해서다. 우리는 수릿날 학교에서 돌아온 후 그네를 탈 수 있었다. 처녀 총각이 마주 보며 함께 그네를 타기도 했다. 처녀는 그네를 뛰며 동구 밖을 살핀다. 잘생긴 낭군 감이 뚜벅뚜벅 걸어 들어오지나 않을까 살핀다. 총각은 경쟁하듯 더 높이 오르며 신붓감을 찾는다. 힘을 주체할 길 없는 그들은 그네를 한 바퀴 돌 기세였다.

춘향은 이 도령이 올 줄 알고 그네를 탔을까?

피는 꽃
핀 꽃
예쁘다
아름답다
감탄하면서
지는 꽃
진 꽃
꺾고 마는가
나도 아프다

—「지는 꽃」

반복하여 그네를 탔다. 아직도 선돌길 우리 집으로 들어서는 그 누구도 없다. 며칠 전부터 동산의 인동초꽃이 만개하여 맵시를 뽐낸다. 벌 나비는 어둡기 전에 귀소본능으로 돌아가고 빈 꽃은 밤 맞을 채비를 한다. 꽃향기도 서서히 사그라든다.

고개를 뒤로 젖혀 등 뒤의 산을 본다. 막 피기 시작한 밤꽃 위에 조금 남은 햇살이 걸터앉았다. 마지막 정열까지 남김없이 부어놓고 서산을 넘을 모양이다. 가까운 산에 눈길이 머물자 진 아까시나무 꽃이 볼품없이 풀 죽어있다. 나무를 떠나지 못할 사연이라도 있는 듯. 찔레나무에도 지다 만 꽃들이 안달하듯 거기에 있다. 어젯밤 풍랑에도 끄떡없다. 나무를 떠나지 못할 이유라도 있는 것일까?

해바라기는 해 바라기를 한다. 할머니는 방랑벽이 있는 할아버지를 바라기하며 한평생을 사셨다. 장에 가면 1박 2일이셨던 아버지를 어머니는 남편 바라기로 살았다. 나는 그 할아버지에 그 손자, 그 아버지에 그 아들이 아닐까? 시대가 바뀌었으니 순응하고 살아야 할까? 바로 옆에 비어있는 시소가 멋쩍게 본다. 밤나무보다 키가 큰 소나무 꼭대기에도 햇살은 없다. 이제 남은 건 땅거미 내리는 일과 아내가 집으로 돌아오는 일만 남았다. 그네에서 엉덩이를 뗐다. 요동하던 그는 서서히 평정으로 돌아간다. 오라고 손짓하지 않아도 몰래 와서 이젠 당당히 동산에서 망초가 꽃을 피웠다. 땅거미가 와도 꽃으로 승부를 겨룬단다.

마당을 가로질러 너덜너덜한 발걸음으로 스미는 어둠을 꾹꾹 밟았다.

감나무의 바람기

감나무 하나 현관문 앞에 섰다. 5년 전과 4년 전에 심었던 열 나무 중 유일하게 살아남은 한 그루이다.

우리 지방엔 날씨가 추워서 감나무는 심지 말라는 묘목 상의 조언을 따랐었다. 감나무가 혹독한 추위에 고사하고 고욤나무로 회귀하는 현상을 눈으로 확인한 터라 의심의 여지가 없었다. 그러나 고향 마을 감나무의 기억과 지구가 더워지길 기대하며 귀촌 2, 3년 차에 감나무 묘목을 사들였다. 묘목 상의 말도 틀리지 않았지만 내 결단도 한몫한 결과물이 저 감나무 한 그루이다.

우리 눈길에서 대체로 멀리 있던 아홉 그루의 감나무는 추위에 무릎을 꿇었고, 드나들며 매일 사랑의 눈으로 보듬은 그는 견실하게 섰다. 시련이 없었던 건 아니다. 돌담으로 증축할 때 인부의 손에 의해 발목이 잘릴 뻔했다. 톱으로 반쯤 잘리는 걸 내가 막아섰다. 감나무를 피해서 담을 쌓았다. 그래서 치열하게 사는 법을 감나무에 심어줬고, 추위 따윈 시련도 아니란 걸 일러줬다.

군 시절 왼쪽 발목 부근에 총상을 입은 흔적이 흉터로 남아 있다. 훈련을 마치고 산에서 내려오다가 심 하사가 초 근접하여 공포탄을 훈련화 위로 쏘았다. 괜찮을 것 같아서 쐈다고는 했지만, 손가락만 한 나뭇가지가 동강 나는 위력이란 사실을 몰랐다는 하사의 답변은 궁했다. 서툰 의무병으로부터 PP 주사 맞다가 쇼크사할 뻔했던 사실… 위에서 알까 봐 쉬쉬하며 제대로 치료를 안 해 덧나서 오래 고생했던 기억이 새삼 떠오른다.

감나무와 나는 젊은 시절 아찔했던 순간 때문에 더 치열한 삶을 사는지도 모른다. 나는 천성적으로 손목과 발목이 가늘다.

감나무는 나처럼 하체가 부실하지만 담 안쪽에서 3m 이상 키가 자랐다. 올해 처음 스무남은 열매까지 달았다.

어디서부터 떨림으로 오는가?
네 안에 촉촉한 슬픔을
겹으로 숨겼어도 가슴속까지
파랗게 색칠하지 마라.
민들레 홀씨 품고 훨훨 날아
하늘로 가려면 고난의 길이

여러 갈래로 나 있거늘

소나무 새순이

떨림을 경험하지 않고

온전한 나무로 저 혼자

완성됐다 하겠는가?

사분사분 네가 그랬듯이

나도 떨림으로 왔다가

바람으로 잠재웠으니

—「봄바람 · 11」

일기예보는 빗나가지 않았다. 저녁 7시부터 비바람이 몰아치기 시작했다. 점점 거세지더니 폭풍우로 변했다. 물샐틈없이 창문을 꼭꼭 닫았는데도 바깥의 폭풍우는 굉음으로 들렸다. 안동安東에서 본 태풍도 이 정도는 아니었다.

현관문을 열고 바깥의 동태를 살폈다. 애지중지 감나무가 걱정됐기 때문이다. 아니나 다를까 허리가 휘청휘청 감나무는 갈피를 못 잡는다. 90도 가까이 허리를 꺾는다. 언제 저처럼 허리가 유연했나 싶다. 내 청년 시절에도 저 정도는 아니었다. 급기야 나뭇잎 수십 장을 떨구며 버티기에 들어간다. 나뭇가지 하나까지 부러뜨려 위기를 모면한다. 곁가지 하나쯤 내주는 게 뭐 대수겠는가? 아픔이 있는 발목이 꺾이는 날에는 큰일 아닌가? 잡고 섰을 수도 없는 노릇이다. 사람까지 날릴 기세이니까.

일기예보는 빗나갔다. 후드득! 창문을 깰 듯 요란한 소리는 우박이었다. 세찬 비바람은 예보했지만 우박까지 예보하지 않았으니까.

"저것 좀 봐봐."

"저게 뭐예요?"

데크에 쏟아붓는 얼음덩어리를 가리키자 아내는 놀란 토끼 눈으로 다가온다.

"뭐긴 뭐야, 우박이지."

"저게 우박이란 말예요? 맞으면 아프겠다?"

"얼음 알갱이를 저렇게 많이 본 건 생전 처음이네. 뉴스 그림으로도 본 적이 없어."

"정말 신기하다."

아내의 놀란 토끼 눈은 호기심 어린 신비의 세계로 넘어간다. 그도 그럴 것이 내 평생 몇 년 전 수돗가에 내린 몇 알 우박을 본 게 고작인데 저 많은 얼음덩어리가 하늘에 있었다는데 놀라지 않을 수가 없다. 동이에 쓸어 담아도 넘칠 양의 알갱이들이 데크 위를 평정한다.

밭의 작물, 과일들은 어쩌란 말인가? 오디와 딸기, 앵두 수확하러 내일 오기로 한 우리 남매들은 빈손으로 가야 할 판이다. 90 평생 어머니는 우박이 처음이라 하셨다.

나무도 빈손으로 왔다가 빈손으로 간다. 흙에서 왔다가 흙으로 돌아가는 건 사람과 별반 다르지 않다. 그러나 모두가 우러러보는 고목으로 우뚝 서기란 그리 쉽지 않다. 너무 잘나도 도끼에 찍히고, 연약하게 태어나도 낙락장송 되기가 수월치 않다. 올곧게 자라야 하겠지만 때론 바람과의 적당한 타협도 필요하다. 꼿꼿하게 바람과 맞섰다가는 낭패 보기가 일쑤다. 바람이 다가오면 적당하게 자리를 내어주고, 비켜 가라고 할 땐 분명한 명분을 주어야 한다.

뿌리의 역할도 마찬가지다. 멀리까지 가서 물과 자양분을 가져와야 하지만, 얌체 없이 곡식의 영양분을 몽땅 빼앗다간 마을의 수호신 고목이 될 수 없다. 지혜와 적당한 밀고 당기기를 아는 나무만이 고목으로 몇백 년을 버틸 수가 있다. 그렇다고 불의와 타협하라는 건 아니다.

우리 집 현관 앞 감나무의 100년 후를 상상해 본다. 나와 시대를 쭉 같이 가지는 못하지만, 감나무 자화상에 현재 나를 얹어본다.

강아지가 주인의 성품을 닮아간다고 한다. 나무도 그러리라고 보지는 않는다. 제 할 탓이다.

폭풍우는 지나갔다. 오직 감나무의 바람기만이 그의 성품을 좌지우지할 따름이다. 아침은 한 점 바람과 함께 온다.

작약의 계절

작약을 심었다.

모종은 봄이나 가을에 해야 활착률을 높일 수 있다. 요즘은 계절도 파괴되었지만 결혼도 봄, 가을에 많이 하나 보다. 그래서 봄에 시집가야 잘 산다고 한 모양이다.

어머니와 아버지, 할머니 때는 주로 결혼식을 봄, 가을에 했다. 어머니는 얼음이 녹아 냇물이 졸졸 흐를 때 도랑을 수십 차례 건너서 가마 타고 30리가 넘는 길로 시집오셨다. 할머니도 보리싹이 파릇파릇할 무렵 삼촌과 함께 옷 보따리 달랑 하나 들고 민며느리 되어 우리 집에 오셨다고 한다.

우리 집에서 한 집 건너 아랫집에 혼자 사시는 할머니는 올해 백 살이다. 직접 확인은 못 해 봤지만 분명 봄에 시집왔을 것이다.

할머니는 작약꽃이 필 무렵이면 늘 시집올 때 가져왔노라고 말씀하신다. 언 땅에서 모종을 캐 오지 않았다면 봄 즈음에 시집왔을 터이다. 80년 넘게 할머니 집 뜨락에서 꽃을 피우는 작약은 시집올 때 할머니를 똑 닮았을 거다. 아니 지금도 작약꽃 못지않게 곱게 늙어 가신다. 허리만 조금 굽었지 밭의 잡초를 뽑고, 새벽같이 일어나서 운동하시는 할머니는 앞날이 길다.

할머니는 작약을 이 집 저 집 나눠 주셨다. 이 마을 집집이 작약 한 떨기씩은 꽃 피는 이유가 할머니의 후덕한 인심 덕이다. 질녀뻘 되는 문화마을 도자 씨 집에도 탐스럽게 작약이 핀다.

합강에 사시는 여든셋, 할머니 따님께서 말씀드릴 필요 없이 할머니 댁에서 작약을 가져가라시지만, 아내는 도자 씨한테 부탁하여 모종을 얻어왔다.

오늘 그 작약을 고샅을 지나 집 들어서는 길에 심었다. 초여름 햇살에 숨 가빠하는 모종이 꽃을 피울 날이 언제일지 알 수가 없다.

바람은 싫다
봄바람은 싫다
마음대로 날 수 없잖아
새의 날개는 욕심 안 낼게
나비 날개 한 쌍만 주오

호릉호릉 찻길 비켜
영산홍에 작별 인사
내를 건너 호릉호릉 날아
작약 꽃술에 날개 뉘어
하룻밤 신세 지고

해님 안고 하늘하늘 날갯짓
산을 넘어 호릉호릉 긴 여정
한 사나흘이면
도시 소공원 돌 틈새 벗어나
넓은 들녘에 도착할 수 있을 텐데
—「민들레 홀씨의 하얀 꿈」

운동을 마치고 아내와 집에 들어오는 길이었다. 북문 종점 버스 정류장에 낯익은 할머니 한 분이 아슴푸레 눈에 들어왔다. 고향 마을 나별에 사시는 송 씨 할머니셨다. 어머니와 종씨여서 가깝게 지내던 사이였다. 차를 세우고 타시라고 했더니 손사래를 친다.

"누구신지? 나는 버스를 기다리는 중이시더."

나별 살던 아무개라고 했더니 그제야 알아보고 반긴다.

"집까지 태워 줄라꼬? 나는 두시 반 버스 타고 가면 되니더."

12시 반도 안 된 시각이었다. 날씨도 더운데 2시간 넘게 어떻게 기다리느냐고 아내까지 거들고 나서서 송 씨 할머니를 태웠다.

나별 초입에 들어서자 아내는 그 시절이 파노라마처럼 떠오르는지 잔잔하게 감정 이입된다. 시집살이. 그녀로서는 혹독한 시집살이였을 것이다.

“참 오랜만에 오네.”

“한 번쯤 나랑 온 적 있을 텐데.”

35년 전 포항에서 시집온 새댁은 ‘전원일기’에 나오는 그런 전원생활이 아님을 금세 깨닫게 된다. 차가 도랑을 건널 때쯤엔 한겨울에 시집와서 얼음을 깨고 언 손 호호 불며 빨래하던 그때를 떠올렸을 것이다. 밤이면 새신랑은 동네 사랑방으로 마실 가고, 가로등 하나 없는 캄캄한 암흑의 세계에서 눈물 삼킨 시절을 회상하는 듯.

“마을회관도 깔끔하게 지어놓았네.”

“저 우사牛舍들 땜에 마을을 망쳐놨구만.”

아내와 나는 다른 각도에서 마을을 바라보고 있었다.

사랑방이 있던 맨 꼭대기 송 씨 할머니 댁에 도착했다. 사랑방에서 나오시며 인경 아버지가 우리를 반겼다. 아내가 키 큰 인심 좋은 아저씨로 기억하는 인경 아버지가 쌀 한 말을 내어오시며 갖다 먹으란다. 극구 사양했지만 내놓은 쌀을 되담을 리가 만무했다. 차비를 몇 배로 받은 셈이다.

내려오는 길에 옛집이 있는 쪽으로 차머리를 틀었다. 옛 주인을 기억할까마는 집 앞에서 차가 멎었다.

“많이 바뀐 것 같아요?”

"본채는 그대론데 아래채는 새로 지었군."

큰아이 빈나가 콩 타작하던 마당에서 자전거 타던 그곳은 휑하니 바람 한 점 스칠 뿐 거기에 그대로 있었다.

아내의 2년여 시집살이가 20년 이상의 캄캄한 시집살이로 점철되기 전에 차를 출발시켰다. 전에 없던 담벼락의 갓 핀 작약 한 송이가 배웅한다.

옛집 앞을 출발 집까지 오는 5분 남짓, 우리는 아무 말도 하지 않았다. 차 안의 라디오에선 주절주절 혼자 말할 뿐.

집 앞 비비추 군락 속에서 작약 서너 송이 꽃망울 벙근다.

고라니 가는 길

눈 위에 난 토끼 발자국 따라 하염없이 그를 쫓았던 기억이 있다. 그러나 나 혼자서는 도저히 토끼가 간 끝을 보지 못했다. 왜 그렇게 그 길을 쫓았는지 모르겠다. 물론 토끼를 잡겠다는 일념이었겠지만, 토끼가 나 잡아가라고 기다리고 있지는 않을 텐데 말이다. 먹이를 찾던 그가 지쳐서 잠들어 있으면 고이 안고 올 생각이었을까? 그 생각을 전혀 하지 않은 건 아니겠지만 쉽게 토끼를 낚으리라 보지는 않았다.

산토끼는 재빠르고 영악하지만 겁도 많다. 자신이 하등동물이라고 인식하고 있기 때문에 적으로부터 경계 태세에 만전을 기한다. 토끼는 귀 쫑긋 세우고 수잠을 잔다. 잠결에 바스락 소리만 들려도 달아난다. 토끼는 그가 평상시 구축해 놓은 길로 도망간다. 인간이 올가미를 놓지 않았길 기대하면서 위험한 현장을 황급히 벗어난다.

눈이 많이 내려 쌓였을 때는 예외이다. 토끼 발자국을 따라 가다 보면 지그재그로 가기도 하고 온 산을 누빈다. 그러나 갔던 길을 다시 가지는 않는다. 먹이를 찾아 헤맨 게 틀림없다.

혼자서는 도저히 역부족이었다. 오히려 내가 허기져서 산에서 내려왔던 기억이 있다. 그다음 날 동네 형들과 같이 가서 기어이 토끼를 생포한 적이 있다. 그때만 해도 토끼 한 마리 잡으면 동네잔치를 하였다.

초등 시절과 고교 시절 선생님의 지휘로 토끼몰이를 하곤 했다. 앞다리가 짧은 토끼를 산 아래로 급하게 몰면 몇 바퀴 곤두박질치다가 아이들 손에 낚이곤 했다. 서너 마리씩 잡은 토끼는 어떻게 처리되었는지는 몰라도 토끼몰이 가는 날은 와, 우리 아이들은 신이 났다.

6년 전 이곳으로 귀촌한 이후 농업기술센터에서 토끼 세 마리를 가져왔다. 서너 달 후 새끼를 낳아 토끼 식구가 일곱 마리로 불어났었다. 그런데 한두 마리 바깥을 드나들더니 나중에는 한 마리도 없이 사라졌다. 집토끼가 들로 나가 산토끼가 될 수 없다는 사실을 아는 내게 큰 아픔을 준 사건이었다. 집 나간 토끼의 흔적은 찾을 길이 없었다. 돌아오지 못할 길을 떠난 게 분명하다.

요즘 산토끼 보기가 쉽지 않다. 토끼 길이 지워진 지 이미 오래다. 그 대신 고라니가 길을 내고 있다. 먹이사슬에서 대체로 자유로워진 고라니가 활개 친 게 그리 오래지 않다.

길은 사방으로 흩어졌다가 한 길로 모이기도 하고, 산에서 밭으로 길이 나 있기도 하다. 그처럼 고라니는 여러 갈래로 길을 닦는다. 안전하고 먹을 것이 많은 곳을 고르고 고른 흔적이 있다.

고라니가 그들만의 길을 마다하고 식욕을 채우기 위해 엉뚱한 곳으로 갔다가 낭패를 당하는 걸 자주 본다. 고라니뿐이겠는가? 고라니의 길이 산에서부터 우리 자두밭으로 나 있다. 게으른 농부가 주인인 걸 용케 알고 그가 우리 밭으로 왔다. 숲이 무성하고, 농약 성분이 거의 없는 신성한 풀이 자라고 있으니 이보다 좋은 길이 있을까? 길을 연장하여 보금자리까지 틀었다.

나만의 길 하나쯤
있었으면 좋겠습니다.
집에서 15분 정도 달려가서
닿을 수 있는 길.
어제도 오늘도
또 내일이 와도
내 애마만 갈 수 있는
길이었으면 좋겠지요.
50년생 소나무들이
길가에 즐비하게 서서
솔가지 흔들어 반겨 주고

내가 갈 때마다
피톤치드로 안아 주는 길.
다람쥐 한 쌍 연애질하며
소나무 타도 상관없습니다.
재갈재갈 새들이
합창을 들려줘도 좋고요.

오늘
나만의 길을 찾았습니다.
나 하나 위해 언덕 입구를
멋지게 닦아 놓은 길.
내가
비밀번호를 걸어야 열리는 길입니다.
솔잎 낙엽으로
노란 양탄자 깔고
고불고불 200미터쯤
옆구리 쥐어박히며 달려가면
반환점이 나오는
아무도 모르는 호젓한 산길.
겨울에 가면 더 반가운
돌아올 때
나무 한 짐 해서 올 수 있는
마님도 모르는
비밀스런 길이랍니다.

—「나무꾼 일기」

잠에서 깼다. 해가 중천에 있다. 맑다.

남들은 이 시간에 자고 일어나면 낮잠이겠지만 나는 밤에 덜 잔 잠의 보충이다. 매일 잠에서 깨면 가는 길이 있다. 집에서 마당으로, 마당에서 밭으로, 마당에서 닭집으로.

그 길을 가기 위해 마당에 나섰다. 바람이 스친다. 동산을 둘러싼 화살나무 새순이, 스무 살 처녀의 치렁치렁 머릿결같이 흩날린다. 그 너머로 간간이 꽃잔디의 진분홍 꽃이 보일 듯 말 듯 숨바꼭질하는 처녀의 입술처럼 수줍음을 탄다. 완성도 높은 한 폭의 그림이다. 잘 쓰인 시 한 수를 읊는다. 심호흡을 했다. 폐부로 빨려드는 공기가 달곰하다.

마당을 가로질러 뒤꼍으로 갔다.

"난 또 마실 갔나 했지."

설익은 아내 농부가 채소밭을 매고 있다.

"요즘같이 바쁜 날, 누가 놀아 줄 사람이 있을까? 그나저나 조금 전에 엄청나게 큰 뱀 봤어요."

"그 구렁이인가 보지? 재작년에 집 베란다까지 들어왔던 지킴이가 또 나타났던가 보네. 구렁이는 사람 눈에 잘 띄지 않는데. 집 지킴이는 뱀이라 부르지 않고 구렁이라고 한다네."

밭에도 길이 있다. 밭고랑이 약속된 길이기도 하지만, 뱀이 다니는 길, 개구리, 두더지가 다니는 땅속 길, 개미가 만들어 놓은 집으로 가는 길들이 있다. 무당벌레는 고춧잎을 건너다니고 나비는 하늘길로 다닌다.

무당벌레는 보기 힘들어졌고, 두더지 길은 본 적 있으나 두더지를 본 적은 없다. 뱀 보기도 힘들어졌지만, 먹이사슬인 개구리도 줄어든 건 환경적인 문제 때문이리라.

해가 지면 동물들은 모두 집으로 난 길을 따라 보금자리로 간다. 사람도 마찬가지다. 태초에 우리는 흙에서 왔다. 생물이든 무생물이든 흙에서 왔다가 길을 따라 그곳으로 돌아간다.

고라니가 길을 잘못 들어 아스팔트 큰길에 나왔다가 로드킬 당해 조금 먼저 떠나도 흙으로 간다. 조금 일찍 가고 늦게 감이 뭐 대수겠는가? 그 모두가 지구를 잠깐 빌려 쓴 찰나일 뿐인데.

날개 꺾인 고추잠자리

'부지런한 농부는 일 더미에 파묻혀 살고 게으른 농부는 일 더미에 걸터앉아 논다'라는 말이 있다.

우리 집에는 게으른 농부 둘이 함께 살고 있다. 게으른 농부 집에 사는 닭은 오히려 풍성한 먹을거리와 쾌적한 환경에서 마음껏 뛰어놀 수 있어 신이 났다.

닭 모이를 손수레에 싣고 닭장으로 가는 길에 고추잠자리가 백여 마리 난다. 평화로운 고추밭 위를 곡예 하듯 선회하며 여름 한낮을 만끽하고, 닭들은 고추밭 고랑에서 빨간 고추를 쪼아 먹는다.

고추잠자리는 다가올 가을을 잘 알고 있다. 혹독한 겨울 역시 그들에겐 의미가 크다. 지금 막 세상에 나와 몸을 다듬어야 하는 고추잠자리는 하루살이 등 벌레로 마음껏 식사하고, 완전한 어른이 되었을 때 배우자를 만나 풀숲에 알을 낳는다. 지금이야말로 내년 봄에 알에서 깰 2세 만들기에 온 힘을 다할 때이다.

어른이 되기 위한 길이 결코 쉽지 않다는 것도 잘 알고 있다. 하늘 나는 일을 게을리하지 말아야 한다는 사실도 안다. 비록 늦가을 날개를 접을지라도 조상께 부끄럽지 않은 낯으로 가기 위해선 공중으로 높이 날아올라야 한다.

닭장 가는 길은 밭둑으로 나 있는데 잡초와 바랭이풀이 점령하여 고추밭 고랑으로 돌아다닐 수밖에 없다.

집 나온 닭들은 게으른 농부의 허락 따위는 구태여 받을 필요가 없다는 듯 잘 익은 고추를 따서 쪼아 먹다가 우르르 도망간다. 모이 들고 오는 주인을 마중하여 먼저 가서 기다리겠다는 기세로 달음박질하는 닭들을 좇아갔다. 모이를 내려놓자 경계를 늦추며 다가와서 고추씨보다는 덜 매운 모이를 주워 삼킨다. 닭은 매운 걸 인식 못 한다고는 하지만.

입에 떠 넣어주는 것과 현장에 가서 따먹는 것의 차이는 분명 클 것인데 우리 닭들도 주인을 닮았나 가져다 주는 모이가 더 맛나단다.

모이를 준 만큼 달걀 11개를 수확하여 돌아왔다. 손수레에 걸려 풋고추 두어 개가 떨어진다. 고구마밭에도 바랭이풀이 듬성듬성 키다리로 서 있다. 빨간 고추는 닭한테 내어 주고도 주렁주렁 농부의 손길을 기다리는 그들이 있다. 게으른 농부를 손짓하고 있지만, 그들은 아는지 모르는지 아무 대꾸가 없다.

부지런한 농부의 밭에는 알곡이 익어가고 게으른 농부의 밭에는 풀씨가 여물어간다.

모임에 갔다가 점심을 챙겨 주고 문화마을 미경 씨 집에 고스톱 치러 가는 아내를 속도 없이 태워다 줬다.

지난겨울부터 고스톱 삼매경에 빠진 아내는 일철이 되면 그만 치겠다고 했고, 이젠 고추 딸 때가 되면 바빠서 놀 시간이 없다면서도 여전히 고스톱 삼매경이다. 농사철은 계속되었고 빨간 고추는 벌써 익어가고 있다.

개는 배가 고프면
밥그릇으로 땅을 긋는다
꽁치 대가리 던져 주면
헤헤거리면서 날름 받아먹는다.

나는 허기가 지면 꿇어앉아
아내의 치맛자락 잡고 늘어진다
그녀는 귀찮아하며
밥과 과일을 내놓는다
눈치 보며 무릎 꿇고 앉아
꾸역꾸역 먹어치운다
그것만, 나는.

안방 내어주고 조용히 미끄러져
누구 낚으려고 황토방에 거미줄 친

그네 부부한테 괜한 한풀이했다.

—「허기진 수캐와 날개」

'까톡.' 어제 자정을 바라보는 시각에 스마트폰이 울었다.

'김 서방 닮은 것 같애. 첫딸은 아빠 닮는다. 모리 안녕? 건강히 잘 크거라.'

우리 가족 단체 방에 아내가 띄운 내용이었다. 막내가 뱃속 8개월 된 아이의 사진과 근황을 병원 다녀와서 낮에 알려온 바 있다. 할머니 된 처지에서 8시간이나 지나서 반응이라니.

딸아이들은 이미 잠자리에 든 시각.

'니 엄마 이틀째 오후부터 자정까지 고스톱~ 아무리 생각해도 이건 너무한 것 같애. 무슨 특단의 조처를 내려야 할 듯. 한 달이면 서른두 번 고스톱을 치는 꼴이니….'

내가 응답했다.

'밤에는 집에 있었거든요. 카톡을 늦게 봤네요. 왜 그러세요?'

그러고는 짜증 난 표정 짓는 스티커를 날리는 아내다. 나도 역 귀촌을 해버릴지도 모른다고 협박(?)했다. 두 언니와 8개월 뱃속 아이 사진을 비교해 가며 충언과 신기함을 주고받건만 할머니의 무관심이라니….

'싸우지 마세영.'

'엄빠, 어제 잘 풀었나요?'

'안 풀었을 듯. 엄마 고스톱 못 치게 우리가 안동으로 이사

갈까 ㅋㅋㅋㅋㅋㅋ'

염려와 궁금증을, 막내딸과 둘째, 큰딸이 차례로 올려놓았다.

새벽 5시가 지나서야 와룡으로 핸들을 꺾었다. 길은 예전 그대로였다. 안채를 뒤로하고 아래채 황토방 쪽으로 발걸음을 향했다.

차박차박. 게으른 우리 부부를 대신해서 올라오는 풀을 누르고 있는 자갈이 그들의 존재 가치가 뭔가 알려준다. 둥글둥글, 주인을 닮아가는 돌멩이들은 결코 한자리에 머물 수 없음을 맹세한다. 쉬이 잠이 올 것 같지 않았지만 피곤한 몸을 맨바닥에 뉘었다.

벌레 먹은 자두

'폭염에 건강하신지요? 안동신문 원고를 부탁드리며 시원한 주말 보내시길 바랍니다….'

오전까지 뒤척이며 잠을 자다가 일어나니 어김없이 조 국장으로부터 원고 독촉 문자가 도착하여 있었다. 휴가철이라 혹시나 신문이 한 주 쉬면 원고 준비를 미뤄도 되지 않을까 하는 기대로 미적거리고 있었는데 예외가 없었다. 부랴부랴 오늘 일기를 쓰기 시작했다.

초등학교 시절 방학 숙제 중에 일기 쓰기가 있었다. 이번 주에 대부분 방학에 들어가는 초등학교에서는 지금도 일기 쓰기가 빠지지 않고, 하기 싫은 숙제 중의 하나로 자리 잡고 있는 것으로 알고 있다.

날씨 맑음.

오늘은 아침 일찍 일어나 밥을 먹고 아버지 어머니를 따라 물 주전자 들고 들로 가서 밭을 맸다. 날씨가 무척 더웠다. 땀이 너무 흘러서 일하기가 싫었다. 오후에는 소 꼴을 베며 소를 먹였다. 밭매는 것보다 좋다. 소 꼴을 베고 나서 소를 찾으니 보이질 않았다. 온 산을 뒤져도 소는 온데간데없었다. 아버지 어머니까지 합세하여 깊은 골짝에서 겨우 소를 찾아 어두워서 산에서 내려왔다. 밤늦게 저녁을 먹고 잤다.

매일 일기를 쓰는 건 드물었다. 일주일씩 모아서 쓰기도 하고, 방학 마지막 날, 한 달 날씨를 더듬으며 쓰는 일기란 참으로 곤욕이었다. 그때 일기를 쓸 때면 첫 구절은 으레 '오늘은…' 으로부터 시작된다. 오늘은, 이란 수식어가 사라진 건 최소한 중학교 시절부터였을 게다.

그렇게 쓰기 싫던 일기였지만 중학교, 고등학교로 넘어가면서 쭉 일기를 썼고, 군에 가서까지 수양록이란 이름으로 하루하루 적어간 것이 30년은 족히 일기를 썼다. 지금까지 '귀촌일기'를 쓰고 있는 걸 보면 나도 일기와는 떼려야 뗄 수가 없는 질긴 인연인가 보다.

아까워서 먹지 못하고
잘 익은 자두 골라
나무에 매달아 놓고

방학하면 온다던

손주 기다리다
눈이 다 빠지네

그 먼저 벌레가 와서
반쯤 먹고
장마가 또 할퀴고 가네

벌레야,
좀 천천히 먹어
장마는
언제나 끝나려는지

—「귀촌 · 31」

차 소리가 나서 잠자던 모습으로 밖을 내다보니 이웃집 트럭이었다. 서규 씨 차에 수박이 한 차 실려 있었다. 시내에 운동 갔던 아내도 그 차로 같이 왔다. 순길네 수박이라며 이번 장마에 폭삭 망했단다. 그나마 상품은 두 차 헐값에 내고 비품은 동네에 나눠 먹기로 했다며 수박 두 덩이를 내려놓는다. 나중에 두 덩이를 더 가져와 우리 몫은 일부 꼭지가 마른 네 덩이였다. 냉장고에서 맥주 한 병으로 수박 값을 치르고 두 덩이는 아래채 냉장고에 갖다 넣고 두 덩이는 안으로 가지고 들어왔다.

"농사는 말짱 헛것이야. 때와 판로를 확보 못 하면 씻값도 건지기 힘이 든다니까요."

"아무렴. 우리가 자두나무를 200주 가까이 심어놓고 일찌감치 자두 농사로는 포기했기 망정이지 거기 매달려 있었다간 이도 저도 아닐 뻔했잖아. 벌레한테 인심이나 쓰고 이웃과 나눠 먹는 거로 만족하고 나니 얼마나 홀가분한가?"

"그래도 그렇지, 전지라도 제대로 하고 조금 돌보면 수확을 훨씬 늘릴 수도 있었을 텐데 저게 뭐예요. 키가 너무 커서 나뭇가지도 부러지고 벌레 먹고 썩고 장마에 떨어지고…."

"그래도 그게 어디야. 내 꿈이 자두 한 번 실컷 먹어보는 거였는데 소원 풀었지 뭐. 벌레한테 선심 썼고 무름병으로 썩은 자두는 거름이 되어 내년 자두나무에 힘을 실을 테니 그 또한 나쁘지 않잖아?"

썩는 건 살균, 벌레는 살충이란 걸 서규 씨에게 배웠다.

아내는 집에 들어오자마자 두고 간 전화기를 확인한다. 카톡과 부재중 전화에서 부녀 회원들이 이웃에 모여 논다는 걸 확인한 아내는 서둘러 점심을 차린다.

"그래도 밥을 차려 주는 마누라가 있어서 좋지?"

"……."

"나가면 피부 좋다고 하는데 지금은 당신보다 훨씬 젊은 마누라가 정성껏 밥을 차려 주니 얼마나 좋아?"

"그래 좋다."

아침에 끓여 놓은 미역국과 지난 주말 아이들이 왔을 때 먹다 남은 불고기를 볶아 상추와 함께 내놓고 애교를 떤다. 저 뒤에는 이웃에 놀러 갈 때 차를 태워 달라는 의도가 깔렸음을 미루어 알고 있다.

닭 모이를 주려는데 오늘 새벽에 식당에서 잔밥을 안 가져온 걸 확인했다. 아내를 이웃에 내려 주고 잔밥을 싣고 돌아왔다. 똘이가 잔밥 냄새를 맡고 격하게 반응한다. 잔밥과 꽁치 대가리를 갖다 주니 걸신들린 듯 먹어치운다. 닭 모이까지 해결하고 나서 돌아보니 논에 물이 마르고 벼가 시들고 있었다. 지난 혹독한 겨울, 얼음이 돌에 금을 낸 절구통 논엔 물이 바싹 말라 있었다. 한 3일 뙤약볕에 돌 돼지 죽통은 물론 스티로폼 논에도 물은 반 이상 말라 있어 수돗물을 떠다 바쳤다.

한여름 태양은 이글거리고 녹음은 그걸 덮으려 짙어진다. 화단의 원추리와 참나리꽃은 피었거나 막 몽우리를 터뜨리려 용틀임한다. 계절에 순응하려, 혹은 맞서려고 땅으로부터 기운을 받아 한껏 부풀어 오른다.

숙제 제때 못한 아이는 선생님 눈치를 살피고, 뻔히 속을 들여다보는 선생님은 아이의 마음을 읽고 숙제 검사를 미룬다.

급하게 성의 없는 일기를 쓴다. 우리 집 자두나무도 주인을 닮아 벌레와 장마에 대부분을 내어주고 일부를 남겨 놓았다. 주인은 그것이면 충분하다고 한다. 넘치는 것보다 모자람이 나을 때가 있다.

늘 원고 독촉받고 글을 쓰곤 했다. 나중에 읽어보면 성의 없이 쓴 형편 없는 글이 대부분이다. 그러나 그 모자라는 글이 있어 주위가 빛나고, 벌레 먹은 자두가 맛있다.

나는 오늘도 많이 부족한 글을 위안으로 삼는다.

초여름 밤의 말간 꿈

시래기의 존재가치는 이듬해 초여름 목전에 사라진다. 더 버티려 해도 일찍 찾아든 무더위와 파리, 모기 등 벌레들의 등쌀에 그만 무너지고 만다. 색은 누렇게 변해 가고 먼지를 덮어쓴 몰골은 볼품없는 늙은이 형상이다.

지난해 직접 심었던 무청과 시장에서 사 온 시래기를 보태 원두막 주변에 널어두었다. 몇 번 삶아 국과 볶음으로 식탁에 올라 인기를 누렸는데 어느 날부터인가 무관심 속에 잊힌 시래기가 되고 말았다. 더 늦기 전에 데려가 달라고 절규했지만, 아내는 시래기 따위는 안중에도 없었다. 무청으로 밭에서 싱싱한 청춘일 때가 그리운 시래기들은 우리 집 원두막에 널브러져 계절을 넘으며 분루를 삼켜야 했다.

"저 시래기 어떻게 처리하지, 그래?"

보다 못한 내가 아내에게 닦달했다.

며칠 후 식탁에 내가 좋아하는 시래기 볶음이 올랐다. 왠지 미각에서부터 구미가 당기지 않아 젓가락이 쉬이 가지 않았다. 역시 질긴 데다가 제철 그 맛이 아니었다. 누렇게 퇴색된 겉 부분 시래기들은 닭집에 버려져 있었다. 한물간 그것들을 닭들도 거들떠보지 않아 밟히고 바람에 날려 갈팡질팡한다.

갈무리를 잘해 보관해 두었다면 수명이 조금은 연장될 수 있었겠지만 묵어서 좋은 된장만 하겠는가?

구름 한 조각 떠가다가
땅으로 내려와 울음 멎는다
흰나비 한 마리
머물 꽃 못 찾아 헤매고
붉은 꽃은 벌을 탐하고 만다

꽃은 펴 꽃이기를 거부
나비한테 굴복하고
나비 앞에서 조각구름은
먹구름 되어 기력마저 잃고
땅속에 한숨을 묻는다

—「날개 잃은 나비」

딸기를 땄다.

이사 오던 해 묘목 상에서 딸기나무 한 그루를 사서 심었다.

바로 열린다던 딸기는 말처럼 상큼하고 달콤한 맛을 그해부터 선사하기 시작하여 5년째 만끽하게 했다. 한 그루에서 출발한 딸기나무는 둑과 밭을 점령하여 딸기밭을 만들어 놓았다. 그만큼 수확량도 늘었다.

손이 잘 닿지 않는 둑의 딸기부터 땄다. 한 움큼 따서 입에 털어 넣자니 오묘한 그 맛은 이루 글로 표현할 길이 없다. 대신 가시에 긁히고 넘어지기를 반복한 끝에 작은 한 소쿠리를 채웠다.

오전 체육관에서 헤어진 아내가 해 질 녘에 돌아왔다.

'딸기를 한 소쿠리 땄다'고 자랑했더니 '옷이 그게 뭐냐….'고 나무란다.

"왜? 옷이 뭐 잘못되기라도 했소?"

"그 티가 얼마나 비싼 건데. 빈나가 작년에 외국 가서 사 온 옷인데… 실밥이 나왔잖아요? 가시에 몇 군데나 긁혔어."

"나도 알고 있다. 아깝지만 어쩔 수 없지."

"얘기해도 듣질 않아. 운동할 때나 일할 때도 똑같은 옷을 입고, 외출할 때나 잠잘 때도 그 옷을 입으니까 그렇죠!"

"……."

고스톱에서 졌나, 폭풍 잔소리가 시작됐다. 슬그머니 자리를 피했다. 달콤한 딸기를 얻은 대신 가시에 긁힌 팔의 상처에서는 쓰라림의 선물을 던진다.

집 한 바퀴 돌아 들어와도 저녁 차릴 생각을 않는다. 아내는 치킨이 먹고 싶다고 했다. 흔히 있는 일도 아니어서 동네 치킨

집에서 닭 한 마리를 시켰다.

"따끈따끈하니 맛있네. 이렇게 시켜 먹어야 제맛이지 사다 먹으면 식어서 그 맛을 몰라."

아내는 금세 생글생글 되돌아왔다. 공기 밥 한 그릇을 데크로 퍼내오니 만찬이었다.

딸기와 치킨을 찍어 카톡에 올리니, 아이들은 '2만 원 미만의 그만큼 큰 행복이 어딨느냐'며 칭찬과 부러움의 메시지를 날린다. CCTV를 통해 실시간으로 우리 모습을 보고 있는 아이들의 안방에도 행복이 전파됐다. 그러나 짧은 순간에 행복 바이러스는 얼어붙고 말았다. 저녁을 끝내고 샤워할 때까지만 해도 아니었다. 등을 밀어주던 아내에게 야릇한 미소를 날리던 나는 정체 모를 전화벨에 그만 무너지고 말았다. 아내는 부랴부랴 '밤에 다시 놀기로 했다'며 대문을 나선다. '여우 쫓던 늑대 동구 밖 내다보는 꼴'이 된 내 신세가 가엾다.

외국 관광 일주일에서 돌아온 아내는 이 핑계 저 핑계 대면서 오전에는 탁구, 오후와 가끔은 밤까지 고스톱에 빠져 있다. 외국 가느라 많이 못 놀아 놀고, 낮에는 더우니까 놀고, 비가 오면 일 못 하니까 모여 논다고 했다.

아내가 차려준 밥을 함께 먹은 것은 부제 후 5일 전 일 나가는 첫날 아침과 오늘 저녁이 고작이다.

혼자가 된 선돌길 언덕에서 밤하늘을 봤다. 깜깜하다. 별들도 없다. 오후부터 잔뜩 흐려 있었으니까 별이 없는 것은 당연하다.

오늘은 흐려 있었는데도 오후와 밤까지 마실 간 아내는 뭐라 변명할까? '비가 올 것 같아 논다'라고 할까? '그믐이라 달이 뜨자면 멀었으니 놀다 온다'라고 할까?

우리 집은 달이 떠야 역사가 이루어진다. 2주쯤 기다리면 보름달이 뜨겠지? 그날은 제발 구름이 끼지 말아야 할 텐데….

혹서기를 지나면 반드시 시래깃국이 제철인 그 계절이 오고야 말 것이다. 오늘 밤 유독 옛적 시골에서 먹던 시래깃국이 생각나는 건 왜일까?

마실 간 아내는 자정이 지나면 돌아오겠지. 나는 내일 새벽 일 나가기 위해 그전에 억지 잠을 청해야 할까 보다.

참새 둥지 볕 드는 날

발자취에 놀란 장끼 한 마리가 한 발짝 옆에서 '푸드득' 땅을 힘차게 밀어 올리며 하늘 향해 난다. 주춤 멈췄다가 허공 가르는 그를 머쓱하게 쳐다보았다.

그는 나보다 훨씬 더 놀랐을 거다. 괜히 꿩한테 미안한 생각이 든다. 그도 매일 내가 닭장 가는 길섶인지 모르고 잠시 쉼을 했을 테고, 나 역시 꿩이 집 가까이까지 와서 넋 놓고 있을 줄 미처 몰랐다.

다시 돌아오지 않을, 꿩이 앉았던 자리의 풀은 잠시 누웠고 그의 체취와 체온은 고스란히 남겨 두었다. 그 풀은 조금도 억울한 표정을 짓지 않았다. 서서히 일어나면 키재기에서 절대 뒤지지 않을 자신이 있으니까.

꿩과 풀의 관계는 예사롭지 않다. 우연히 꿩이 와서 앉은 게 아니란 이야기다. 거슬러 올라가면 꿩의 조상과 풀의 시초가 인연을 맺고 있을지도 모른다는 생각이 든다.

우연이란 흔치 않다. 언제 어디서 만날 것이란 필연을 가장하고 있을 뿐이다. 우연히 꿩이 풀밭에 앉았을 거로 생각하지만 필연적으로 그곳에 앉을 수밖에 없었을 거라는 사실을 부정할 방법도 없다.

꿩은 텃새라서 인간과 친숙하다. 그렇다고 사람이 사는 집 근처에서 둥지를 틀지는 않는다. 참새와 달리 예민한 성격을 지녀 사육하기는 닭보다 엄청 어렵다. 야생 꿩과 사육한 꿩의 생김새도 다르다. 마침내 순한 꿩으로 길들여 사람들 곁에 두기에 이르렀다.

야생 어미 까투리를 울타리 안에 가둬 두면 먹이도 먹지 않고 최후를 맞이하고 만다. 어미 다람쥐처럼.

꿩이 특히 좋아하는 먹이는 콩이다. 그뿐만 아니라 논둑과 밭에 콩을 심어 떡잎이 올라오면 꿩이 와서 여지없이 쏙쏙 뽑아 먹는 바람에 농사를 망치기 일쑤였다.

농가에서 꿩을 유해조류로 분류하여 콩에 독약을 넣어 퇴치하기도 했다. 또한, 그 꿩은 훌륭한 인간의 먹을거리였다.

유년, 소 먹이러 산에 갔다가 꿩 알을 주우면 그날은 횡재한 날이었다. 꿩 알에 콩가루를 풀어 찜하면 제일의 반찬이었으니까.

오늘처럼 꿩을 가까이에서 보는 것은 물론 그의 개체 수가 줄어들어 인간과 점점 멀어져 가는 동물로 분류된 후 시골에 와서 상면한 것이 처음 아닌가 싶다.

그런데 오늘 우리 집까지 찾아왔던 꿩과의 인연 또한 예사롭지 않다는 생각을 해 본다. 300년쯤 거슬러 올라가서 우리 10대조 할아버지와 꿩의 100대조 할아버지는 만난 적 있던 사이였지 않을까 미루어 짐작해 본다.

다가서는 산의 몸살이었나

땅속으로
기어 다니면서
키를 잴 순 없어
서럽게 우는 넌,
그 울분 움으로 밀어낸다

비지땀 흘린 산아
우담愚潭에 빠진
거꾸로 가는 세월아
누운 죽순 앞에
배례하는 푸른 오월이여

해 질 녘
죽순처럼 다시 서다

—「죽순, 눕다」

닭에게 늦은 모이를 주고 돌아와도 집은 휑하다. 오늘 아침까지만 해도 아이들과 손주들이 들썩였는데… 서울 쪽 두 아이는 문경새재를 거쳐 상경하고, 큰딸아이네와 아내는 그곳 관광을 마치고 다시 집으로 돌아오는 중이라는 전갈이다.

상주에 탁구회 일로 먼저 떠난 내게도 문경새재 관광을 같이하자는 요청이 있었으나 일행이 있어 여의치 않았다. 집에 먼저 당도한 나는 모자라는 잠을 보충하기 위해 어젯밤부터 밀려난 사랑채 황토방에 들었다.

참새 한 마리가 추녀 끝 전깃줄에 앉아 나를 반긴다. 기와지붕 밑에 둥지를 튼 참새가 틀림없다.

"얘, 너도 혼자니?"

'짹짹짹. 보면 몰라요? 아이들과 아내는 나들이 가고 집 지키는 신세가 됐지 뭐예요.'

"어쩌다가 우리가 이처럼 뒷방 늙은이가 된 거니?"

'체력이 문제지요. 아저씨는 젊은 사람 따라갈 수 있어요?'

"하긴. 그렇지만 나도 한때는 잘나가는 시절이 있었지. 지금은 나이가 들다 보니 그들에게 민폐가 되지 싫어."

'저도 마찬가지예요. 아이들과 아내를 따라다니면 숨이 턱에 닿아요. 그래서 제가 자청해서 집이나 지키는 거예요.'

참새는 '짹짹짹' 연신 대꾸를 한다.

"배고프진 않아?"

'가까운 곳에 가서 조금 주워 먹긴 했어요. 하지만 이곳엔

맛난 먹이가 없어요. 아이들 따라 멀리 가면 세상 구경도 하고 맛난 먹이도 먹을 수 있는데… 아저씬요?'

"나도 그냥저냥 먹었단다."

'우린 서로가 닮은꼴 같아요.'

"글쎄? 그런 것 같기도 하고… 왠지 나도 너희가 낯이 익는구나."

'처음 아저씨 집에 올 때 아는 사람 같았어요. 무섭지도 않았어요. 그래서 자연스럽게 이 기와지붕 밑에 둥지를 틀고 아이들을 낳아 길렀지요.'

"전생에 우리가 형제였을까?"

'그건 잘 모르고요, 아무튼 예사 사이는 아닌 것 같아요.'

우리의 할아버지의 할아버지와 참새의 할아버지의 할아버지의 할아버지와 연줄이 닿아 있을지도 모른다는 생각이 든다. 우리가 최소한 300년 전부터 이곳에서 살았다면 저 참새의 조상들도 이곳 주변에서 쭉 살아오는 동안 할아버지와 같은 집에서 둥지 틀고 살았을지도 모를 일이다. 아니 분명 그럴 것 같다는 확신이 든다.

아까 만났던 꿩도 분명 우리와 비슷한 처지에 우리와 별난 인연을 맺고 있을 것이다.

잠결에 큰손자의 진지 잡수라는 소리가 들렸다. 대구로 떠나야 하는 아이들을 위해 이른 저녁상이 차려진 모양이다.

내게 와준 아이들, 손주들도 예사 인연이 아니다. 그들도 삼라만상과 보이지 않는 연결 고리로 탄탄하게 엮여 있지 않을까?

저녁까지 마친 큰딸아이네가 떠나면서 한마디 툭 던진다.

"다음번에는 아빠 쉬는 날 올 테니 함께 나들이 가요."

'그래. 너희가 이 아버지의 삶의 원동력이고 살아가는 이유란다.'

휘리리릭~

동구 밖에서 참새 네댓 마리 날아든다. 참새 가족의 귀갓길인가 보다. 맨 뒤에서 꽁무니 무는 그가 아내 참새인 듯, 사랑채 추녀 끝 즈음에서 하루의 마침표를 콕 찍는다.

참새는 맨발로 난다

참새는 높이 날지 않는다. 한꺼번에 멀리 날지도 않는다. 목적지가 먼 곳일 때는 나눠서 그곳을 가며 안전 운행한다. 서두르지도 않는다. 항상 여유 있게 가다가 길가에 내려앉아 '콩콩콩' 뛰면서 눈알 굴려 주위를 살핀다. 할아버지 참새한테 배운 대로 먹잇감이 있나, 적이 공격하지나 않을까 항상 사방을 경계한다.

참새가 하늘을 쳐다보고 날지 않고 땅을 내려다보며 나는 이유는 겸손을 알며, 낮은 자세로 살아가는 방법을 터득했기 때문이다. 또한, 공중에서 나는 먹잇감을 낚기보다는 땅 위에서 꿈틀거리는 벌레들에 관심이 많아서다.

우리는 참새한테서 지혜를 배울 때이다. 오르지 못할 나무는 쳐다보지 말며 분수에 맞게 서두르지 말고 천천히 갈 길 가야겠다.

제비는 날렵한 몸매에 긴 날개를 접고 있으므로 무한한 거리를 날 수 있어 참새와 비교된다. 요즘 들어 제비 보기가 쉽지 않지만 먼 여행에 앞서 몸만들기와 영양 섭취에 매진할 때 이곳 선돌길 언덕으로 날아든다. 전깃줄에 나란히 앉아 쉬기도 하다가 공중 곡예 동작으로 고추잠자리와 하루살이로 배를 채운다.

참새는 제비가 부러워질 수도 있지만 분수에 맞게 산다. 어쩌다가 늦잠 자는 고추잠자리 한 마리 낚는 날은 횡재한 걸 기뻐하며 새끼들과 나눠 식사한다. 참새는 벌레들을 잡기도 하지만 알곡을 좋아하는 만큼 가을걷이가 끝나고 나면 방앗간을 자주 간다.

참새가 처음 인간 곁에 올 때는 날개가 짧지 않았다. 농경사회였던 우리 조상들은 참새와 인연 맺는 게 달갑지는 않았지만, 어쩔 수 없이 대대로 가까이에서 같이 살며 친숙한 사이가 되었다.

참새는 농민이 지어놓은 곡식을 훔치기도 하지만, 벌레를 잡아 주기도 하면서 인간 주위를 맴돌다 보니까 깊은 산속 맹수들에 관심 두지 않았다. 텃새로 자리매김하면서 긴 날개를 차츰 퇴화시켜 오늘에 이르렀다.

제비처럼 태평양을 건너왔다 갔다 하면서 철새로 사느니 추위와 더위에도 적응하며 텃새로 사는 삶이 훨씬 낫다는 결론

내린 게 이미 오래다.

태국 황실 마당에서 관광객과 가까이하는 참새는 더위에 익숙하며 세계 여러 인종과도 잘 사귄다. 우리나라 참새는 사계절을 나며 빨리 적응하지만 추위에 가장 민감하다. 최근 혹독한 추위에 겨울을 못 넘기는 참새도 본 적 있다.

참새는 수억 년, 아니 수십억 년 지구에 살면서 종족 번식에 가장 성공한 새이다. 모든 동물이 환경적인 요인으로 개체 수가 급격히 줄어들지만 유일하게 참새만 엇비슷 마릿수를 유지한다. 지구에 인간보다 먼저 오지는 않았지만 우리와 오래도록 같이 가는 새가 참새가 아닌가 한다.

인류와 삼라만상에 아부하는 법은 몰라도 친화력과 적응력으로 그들에게 바싹 다가선다. 참새는 이처럼 영리한 새이다.

먹는 꽃이라며
그녀가 준 꽃씨 서너 알
화단에 심었다.

잡초로 알고
사정없이
도려내 버린 아내.

길숙이, 길숙이 심어 논
한 떨기 한련화
꽃 핀 건 비밀.

—「한련화, 내 뜰에 핀」

째째짹, 째째짹.

내가 사랑채에 든 걸 어찌 알고 참새가 늦잠 자는 문을 두들긴다.

"얘, 너 참새로구나. 내가 여기 있는 걸 어떻게 알았어?"

'그걸 왜 몰라요? 어제 밤늦게 아주머니와 말다툼하고 건너오셨잖아요. 메롱. 안방에서 쫓겨났죠?'

"그럴 턱이 있나? 나 스스로 큰 싸움이 되기 전에 자리를 피한 거지."

'왜 싸우셨어요? 잉꼬부부 아니었어요?'

"그렇지도 않아. 싸운 것까진 네가 알 필요 없고… 자주 마을 다니는 걸 나무란다고 괜히 말꼬리 물며 시비를 거네…."

'아저씨가 좀 참지 그랬어요?'

"그래서 이곳으로 피신 온 것 아니니? 이젠 힘이 없어. 나도 늙었나 봐."

'아니에요. 아저씬 아직 일도 하시고, 가장 역할을 충분히 하고 계셔요. 힘내세요.'

"너도 집을 잘 보고 있잖아? 역할 분담이란 게 있으니까 그 자리에서 충실하면 되는 거긴 하지."

'맞아요. 아이들은 나를 뒷방 늙은이 취급하며 잘 데리고 다니지도 않지만, 아직 저도 건재하거든요.'

"옳아. 나도 쉽사리 날개를 접고 싶지는 않단다."

'아저씨, 일어나셔서 식사도 하고 기운 차리세요.'

여기서 완전히 날개를 접으면 지고 만다. 아내를 이기자는 것이 아니고, 이 치열한 세상과 맞서서 아직은 가고 싶다. 젊은 이와 대적하자는 것도 아니고, 참새처럼 분수를 알고 낮은 곳 적재적소에서 알맞은 쓰임새를 찾자는 것이다. 그렇다고 마지막 남은 알량한 자존심 하나까지 다 내어주고 싶지는 않다. 그 상대가 아내이든 이 험난한 세상이든 말이다.

안채에 들르지 않고, 미처 준비 못 해 양말도 신지 않은 채 일터에 나섰다. 서너 끼 정도 굶으면 어떠랴?

속 좁은 사람이라고 참새가 놀린다고 해도 너이면 괜찮다. 네가 나를 닮으려 하고, 내가 너를 배우려 한다면 아니 가고 배기겠는가?

제비가 나란히 앉던 전깃줄에 참새 세 마리 앉았다. 촌수를 가늠해 본다. 한 마리가 짝 등을 타고 넘으며 묘기 수준의 애정 행각을 펼친다. 참새들의 찬란한 아침이다.

일을 마치고도 사랑채에 들었다. 허기도 잊었다.

흙벽은 두텁다. 안과 밖의 공기는 아직도 냉랭하다. 벽은 큰 태풍에도 무너지지만 예상치 않은 적요寂寥와 작은 울림에도 허물어진다.

며칠 전에 다녀간 대구에 사는 큰딸아이네가 온다는 연락이 왔다. 하는 수 없이 사랑채 문은 열렸다.

전깃줄에 참새 네 마리 앉았다. 화기애애하다. 참새는 닭과 토끼처럼 아무 데서나 애정 행위를 하지는 않지만, 부모 앞에서나 자식 앞에서도 애정 행각은 펼친다.

장마 기간인데도 볕이 좋다. 사랑채에도 참새 둥지에도 모처럼 볕이 들었다.

꿩의 반란

조부는 애초부터 사랑채의 주인이셨다. 앞 못 보는 조모와 금지옥엽 맏손자, 나는 그 할아버지의 충복이 되어 엄중하게 주인으로 모셨다.

네 분 고모를 얻은 후 외동으로 태어난 선친께서 누나 다음으로 얻은 첫아들 나는 할아버지의 사랑을 독차지했다. 자시子時에 태어난 손자를 위해 40리길 달려가 미역 사서 새벽에 국을 끓였다는 일화가 유명하다. 왕복 30km가 넘는 거리를 서너 시간 만에 주파하여 대 미역 세 각을 사 오셨다는 전설 같은 이야기가 전해진다. 한밤중에 건어물집 대문을 두들겨서, 그것도 두루마기에 갓을 쓴 채로 안동장을 다녀오셨다고 한다.

조부는 젊으실 때 전국을 누비면서 건어물 장사와 새우젓 장사, 닥치는 대로 온갖 장사를 다 하셨다. 저녁에 주막에 머물면서 종지 윷놀이로 술 내기를 했다. 승리하는 때가 더 많았지만 억울하게 지거나 수가 틀리면 180cm의 거구에 장사壯士셨던 당신은 힘으로 상대를 제압하곤 했다.

내가 태어날 때 조부의 나이는 예순일곱. 긴 담뱃대를 문 할아버지로 기억되는데 내 나이가 벌써 그 당시 당신의 나이에 육박하고 있음을 인식 못 한다는 게 참 이상하다.

조부의 손자 사랑하는 방법은 엄한 할아버지 상이셨다. 담뱃대로 머리를 때려 훈육하셨고, 이불에 지도를 그리는 날엔 호되게 꾸중하셨다.

두 살 터울 동생이 태어나면서 사랑채로 내려온 나는 엄한 할아버지와 인자한 할머니의 보호 아래 성장했다.

백내장으로 차츰 앞이 안 보이기 시작하는 조모는 한 번도 손자를 나무란 적 없었다. 배가 고파 칭얼대면 당신의 빈 젖을 물려 나를 달랬고, 할아버지의 매를 피해 주셨다. 이처럼 두 분의 손자 사랑법은 달랐다.

이후 여러 동생이 태어나 안채가 비좁아도 나만 사랑방 두 분 사이에서 잤다.

초등학교 1학년 때부터 꼴 베는 법과 나무하는 법을 가르친 것도 조부셨고, 삼태기로 참새 잡는 법을 가르친 것도 당신이셨다.

작대기를 받쳐 삼태기를 6, 70도 기울게 세우고, 그 작대기에 새끼줄을 묶는다. 삼태기 밑에 알곡을 넣어두고, 새끼줄을 길게 늘어뜨려 숨어서 지켜보다가 참새가 모이를 먹기 위해 그 밑에 들어가면 줄을 당겨 참새를 가둔다.

유년 시절 할아버지께 배운 이 방법으로 참새 잡기를 몇 번 시도해 봤지만 한 번도 성공한 기억은 없다.

보리가 누렇게 익어갈 즈음 조부가 보리밭에서 꿩 알을 주워 오셨다. 이맘때는 꿩 알을 줍지 않고 놓아두는 것이 상례였다. 꿩이 두 번쯤 알을 낳아 품다가 사람이나 뱀한테 잃고, 그 해 마지막으로 알을 낳아 품어 대를 잇는 시기이다.

그러나 할아버지는 보리를 베고 나면 노출될 것이 뻔하고, 아까운 그 꿩 알을 그냥 놓아둘 수 없다며 가지고 오셨다. 어머니께 그 알을 몽땅 삶게 해서 혼자 드셨다. 아이들은 이 알을 먹으면 안 된다고 하시며, 내가 보는 앞에서 탁주 안주로 열 개 가까운 꿩 알 모두 잡수셨다.

조부께서는 이 사태를 예측했을지 모른다. 꿩 알을 드신 후 당신께선 앓아누우셨다. 꽤 오래 병환에 누워 계셨는데 수군대는 소리를 들었다. 꿩의 저주를 받았다는 것이다. 영물인 꿩이 그해 마지막 알까지 빼앗기고 통탄했을 거라고 동네 사람들이 쑥덕댔다.

결국, 할머니께서 객귀客鬼를 물린 후 할아버지는 자리를 털고 일어나셨다.

고향, 시골 마을에선 50대 이전부터 벌써 부부는 각방을 썼다. 아버지는 큰 아이들과 사랑방을, 어머니는 여자아이들과 안방을 사용했다. 안방과 사랑방 사이에는 대체로 마루가 있었는데 곡간을 겸하고 있었다. 그곳엔 쥐가 득실거려 밤에 마루를 통과해서 사랑방으로 건너가자면 무서움을 감수하는 수밖에 없었다.

어린 마음에 저처럼 각방을 쓰면서도 동생이 태어나는 게 이상하다고 생각한 적이 있었다.

우리 집이 사랑채가 딸린 큰 집으로 이사한 것이 초등학교 1학년 때쯤으로 기억된다. 학교에서 돌아오니 나의 거처는 사랑방에서 조부가 주인인 사랑채로 함께 옮겨져 있었다.

여든한 살을 일기로 돌아가실 때까지 쭉 그 방의 주인은 조부셨다. 그 후 두 살 아래인 조모께서 내가 군에 갈 때까지 함께 사랑채에 거처하였다.

아무리 부정하려 해도 나이로 보나 손주가 넷이나 되니 할아버지가 틀림없다. 고향 마을 근처에 귀촌하여 황토방 사랑채가 딸린 집을 지었다. 그 사랑채의 주인은 어김없이 내 차지이다. 아이들이 모이거나 아내와 부부싸움을 하면 사랑채로 내려온다. 요즘은 더위를 피해서 사랑채에 들기도 한다.

선돌길 언덕에 사는 참새는
비가 와도 사투리로 운다
째째째째, 아내는
도대체 감이 잡히지 않는단다
반세기도 훨씬 전

할아버지의 할아버지는
마사터널을 지름길로 통과하다가
기차가 달려와서 급한 나머지
쨰쨰쨰쨰 사투리로 외쳐
기차를 멈췄다는 역사가 있다
마사터널로 통하는 참새와
포항으로 통하는 참새는
외국어로 소통하는 기이한 부부,
2천 20년 새 철로가 놓이면
쨰쨰쨰쨰, 쨰쨰쨰쨰
같은 톤으로 울지도 몰라?

—「시골 참새는 사투리로 운다」

‘오늘도 아주머니와 싸우셨어요, 더위를 피해서 사랑채에 오셨어요?’

어디서 보았는지 참새가 참견한다.

“이 녀석아, 우린 부부싸움만 하는 사람인 줄 아느냐? 너 어디 숨었어? 기왓장 밑에 숨었지?”

‘용용, 약 오르지요? 아니면 그만이죠. 더위를 피해 오셨군요? 저는 기왓장 밑 제 둥지에서 더위를 식히고 있지요.’

“오냐. 날씨가 무척 덥지? 거기도 만만찮을 텐데. 아무렴, 너도 쉬려무나. 나도 한숨 자야겠다.”

가끔 큰손주가 할아버지 진지 잡수라고 사랑채에 오긴 한다. 그것이 전부이다. 그러나 명실상부, 사랑채 주인이 된 건 확실하다. 그렇다고 할아버지를 부정하고 싶지도 않다.

와야천 냇물이 흘러 낙동강이 되고, 그 물이 흘러가서 물고기가 유영하는 바닷물이 되듯이 순리를 따르면 그만이다.

생전 처음 우리 부부가, 도지사기 탁구대회 60대 시 대표 선수로 동반 출전하여 영덕 바닷가에서 시원한 밤바람 쏘이며 귀촌일기를 쓴다.

까투리 사랑

뜸부기 보기가 힘들어졌다. 환경적인 요인과 사람들의 극성 때문에 차츰 자취를 감추면서 천연기념물로 극진한 대접받는 신세가 되었다.

여름 철새인 뜸부기는 주로 논에서 서식한다. 물방개와 곤충을 잡아먹고 벼 대여섯 포기 엉켜서 집을 짓는다. 벼 포기를 짓밟아 넘어뜨리기도 하고, 벼 이삭을 훔치기도 한다. 뜸부기는 결코 길조는 못 되었다.

그래서 뜸부기 고기가 맛있다고 소문을 낸 모양이다. 그 누가 사냥해서 먹어본 것 같지는 않은데, 어린 시절 뜸부기만 만나면 논에서 질주하며 그와 숨바꼭질을 했다. 뜸부기를 잡아보겠다는 일념으로.

벼 포기를 요리조리 피해 잘도 도망 다니는 뜸부기를 한 번도 붙잡지 못하고, 멀찌감치 달아나서 흔드는 벼 이삭을 보며 망연자실한 적이 여러 번이었다.

뜸부기가 돌아온 줄 알았다. 집 앞 논둑에서 벼 포기 사이로 숨어드는 그가 뜸부기를 닮아있었다. 까투리였다.

뜸부기 암컷은 까투리와 멀리서는 구별이 잘 안 될 만큼 비슷하다. 물갈퀴와 날쌘 것이 다르긴 하지만 언뜻 그들을 착각하기도 한다.

까투리가 인가 근처 논에 내려온 것이 만무하다는 내 생각은 빗나가고 말았다. 시대가 변해서일까? 더위 때문일까? 둘 다 일지도 모른다. 생애 처음 맞는 염천에 꿩도 목이 타 물을 찾은 것 같다. 꺼병이 여남은 마리도 데리고 왔다. 어쩜 한 달 전쯤 닭 사료 주러 가던 길섶에서 만났던 장끼가 그의 남편이며 아버지일 거라는 생각이 든다.

벼포기 속으로 숨어버린 꺼병이들도 참방참방 어미 따라 신세계를 경험하며 물놀이 삼매경에 빠졌을 테지.

나는 어릴 적 어머니보다는 할머니를 졸졸 따라다녔다. 저 꺼병이들처럼 할머니의 치맛자락 붙들고 어디든 쫓아갔다. 비록 벼포기를 헤집지는 않았지만, 할머니 가시는 곳이면 불 섶도 마다하지 않았던 듯싶다. 부득이 내가 갈 자리가 아니어서 따라가지 못할 때는 문고리를 붙들고 울었던 기억이 생생하다. 왜 문고리였는지는 알 수 없다.

할머니를 따라다니기가 그리 오래가지 못한 것은 안타까운 일이다. 백내장으로 앞이 흐릿해지기 시작하면서부터 내가 할머니를 모시고 들에 간 적이 있다. 1km쯤 떨어진 산에 산초나무를 지키기 위해서 내가 앞장섰다. 대여섯 살 무렵이었을 게다. 대구 큰 병원에 가서 많은 돈을 들여야 수술할 수 있다는 사실에 조모는 캄캄한 세상을 택할 수밖에 없었다.

숙명으로 받아들인 조모는 바깥에 있는 화장실 다니는 일은 물론 바느질까지 곧잘 하셨다. 바늘귀에 실 꿰는 일은 내 몫이었다. 이불 홑청도 시치고 해진 양말도 꿰매 주셨다.

할머니의 친정은 내가 사는 인근 모산골이다. 친정이라고도 부르기 어려운 것이 조실부모하여 여섯 살에 민며느리로 우리 집에 오셨다. 그 당시 우리 집도 가난했지만 무슨 연유에서인지 어린 할머니를 받아들였다.

조모가 우리 집에 오신 지 80년. 60년 동안 자식 낳아 키우며 가난과 사투를 벌이셨고, 엄하고 방랑벽이 있는 조부 밑에서 20년 동안 캄캄한 세상과 상면하셨다.

할머니 가신 지 40여 년. 그해 겨울은 무척 추웠다. 선친이 말씀하셨다. '계속 기다리다가 오늘 낮에 입관했다!' 관보官報를 받고 그제야 도착한 나는 육군 일등병 계급장을 달고 당신 영령 앞에 큰절을 두 번 올렸다. '할매!'를 외치며 오열했다. 통한의 눈물을 쏟아냈다. 갑자기 분위기가 숙연해졌다.

군에 간다는 말을 할 수가 없었다. 치매까지 온 당신에게 끔찍한 손자가 총을 들고 싸우러 간다고 하면 상처받을까 싶어 사실을 숨기고 할머니와 마지막 밤을 보냈었다.

조모의 함자는 朴氏이셨다. 여든여섯을 일기로 떠나셨지만 호적에는 서른 살이 많았다. 행적 착오였겠지만 누구도 상관하지 않았다. 호적대로라면 우리나라에서 가장 장수한 백열여섯 살이었지만 통계에서 빠졌다.

정말 할머니의 이름이 없었을까 싶어 막냇동생을 통해 당신께 물어본 적이 있다. 정애라고 하셨다. 그리고 웃으셨다. 당신께서도 잊을 뻔했던 이름을 막내 손녀 때문에 되새기게 되어 감회가 깊었었나 보았다.

퍽 세련된 이름이었구나, 하는 생각에 미치자 과연 '정애'란 이름이 몇 번이나 불렸을까, 하는 의문도 든다. 부엌데기 대접 받던 당신을 증조할머니와 할아버지께서 얌전하게 이름을 불러줬을까 싶다.

까투리와 꺼병이가 끈으로 엮여 있듯이 할머니와 손자도 질긴 끈으로 이어져 있다. 싫든 좋든 끈에 엮여 이 세상에 온 이상 짧은 획 하나라도 긋고 떠나야 하지 않을까. 비록 먼지보다 작은 점 하나에 불과한 삶이지만 흔적조차 없이 살다 간다면 너무 허망하다. 내 손자의 손자쯤이라도 내 이름을 기억할 수 있는 후회 없는 삶을 살고 싶다.

지금 토방에는
곰방대 늘어뜨린
늙은이가 살고 있다

아버지의 아버지는 말했었지
좁아진 혈관은 훑어내야지만
반쯤 훑어내야지만
적당히 피가 흐를 수 있다고

삐걱거리는 관절, 낡은 의자에 앉아
설대의 니코틴을 훑고 계신 당신은
물부리로 니코틴을 빨며
창자의 중앙 부분을 까뒤집곤 하셨다

대통엔 늘 담배 연기가
꼭꼭 재워져 있었고
폐부에서 심장으로 흐르는
붉은 물줄기는 느릿느릿
구부러진 비탈길로 걸어갔다

지금 토방에는 곰방대 늘어뜨린 늙은이가 살고 있다
—「지금 토방에는」

할머니가 할아버지의 머리를 깎고 있다.
고추잠자리 수십 마리가 호위병처럼 공중을 선회하며 난다.
"벌써 고추잠자리가 왔나 보네."
"저기 날고 있는 게 잠자리였어요? 난 말벌인 줄 알았지요."
"무슨 말벌? 말벌이 우리를 호위한다면 끔찍한 일이지."

아내는 아무렇지도 않게 말벌을 입에 올린다.

"올해는 가물어서 말벌이 많아요."

"옳아. 올핸 비가 오지 않아 모기와 하루살이가 거의 없어. 저 잠자리들은 무얼 먹으러 해 질 녘에 저렇게 나왔을까?"

"잠자리가 하루살이를 먹어요?"

"암, 좋은 먹잇감이지. 그런데 어쩜 좋아? 재들 오늘 저녁 거르게 생겼다."

"고추잠자리가 가엾어요."

이발이 끝날 즈음 고추잠자리도 허기진 배를 잡고 하나둘 숲속, 내일이란 둥지로 숨어든다.

별 볼 일 있는 사람

늦은 저녁을 끝내고 아내가 설거지하는 동안 바깥으로 나왔다. 운동할 때 입는 짧은 반바지면 충분하다. 도심에서야 조금 조심스러운 옷차림이지만, 우리 집에선 누구의 눈치도 볼 필요가 없어서 좋다.

넓은 마당 가장자리에 얌전히 앉은 들마루엔 이슬이 내려 있었다. 걸레로 훔쳐냈지만, 뒤로 벌렁 누우니 맨살 부분의 촉감이 제법 차갑다.

삼면이 나무로 가려 하늘이 자그맣게 보인다. 좁은 하늘에서 별이 마구 쏟아져 내 머리맡에 한가득 부어진다. 조금은 차가우면서 잔잔한 별빛이 어둠 속을 빗살처럼 자꾸자꾸 쏟아붓는다.

반 시간 전에 넘어간 초승달이 차츰 보름달로 바뀔 동안 별이 조금 덜 보여도 아무 상관없다. 자연의 법칙은 별빛 대신 달빛을 내려보낼 테니까.

바쁜 현대인은 별 따윈 거의 잊고 살아간다. 빠르게 전개되는 인터넷 세상에 무슨 별 타령이냐 하겠지만 가끔은 교외로 나가 밤하늘의 별을 쳐다보며 옛 추억 한 토막토막 꺼내 보자. '별 하나 나 하나 별 둘 나 둘……' 하던 때를 떠올려 보는 여유도 가져 봤으면 한다.

나 역시 한 달 전까지 도시에 살 때는 별을 본 기억이 거의 없다. 한 달, 6개월, 1년을 돌아봐도 하늘의 별을 쳐다본 기억이 나지 않는다. 그처럼 삭막하고 바쁜 세상에 내쳐져서 살았던 것 같다. 역시나 별 볼 일 없는 사람이었다.

어느 노시인이
별과 대화하는 사람은
영롱한 시를 쓸 수 있는
시인이라 했다.

아차!
내가 거짓말을 했구나
그제야 깨달았다
내가 별과 대화한다고 했지?

나는
시인이 아니고 별과

소곤대는 방법을 모른다
별에 서툰 솜씨로
말을 걸어보았을 뿐이다.

별과 대화할 수 있는 날까지
시인이 되는 그날까지
그대와 사귀고 싶다.
시인이 되고 싶다.

별아
너는 거기서
시 한 줄 쓰지 못하는
철없는 시인을 꾸짖고 있니?

—「별 · 1」

이 세상에 와서 '별 볼 일 없는 사람'으로 살다 갈 수만은 없지 않은가? '별 볼 일 있는 사람'으로 한 획은 긋지 못할망정 한 점이라도 찍어야 하지 않겠나.

시골로 귀농, 귀촌하지 않아도 얼마든지 별을 볼 수 있다. 현란하고 휘황한 도심의 불빛이 아무리 하늘을 가렸다지만 잠 못 드는 밤 아파트 베란다에서 유심히 살피면 샛별 정도는 확인할 수 있을 것이다.

설거지를 끝낸 아내가 밖으로 나오며 '저기 북두칠성 봐라'라면서 대단한 발견이라도 한 것처럼 신이 나 있다. 국자 모양이 선명한 북두칠성이 하늘 한가운데서 북쪽으로 약간 치우쳐서 보인다. 옛 기억으로는 북쪽 하늘 산 위에 떠 있었던 것 같은데 보는 위치와 시간대에 따라서 약간 다르게 보이는 게 별자리인 모양이다.

"저기, 저것 좀 봐."

"어디, 어디…… 저 불빛 말이에요? 저게 무슨 불빛이죠?"

내가 가리키는 쪽을 향해 아내도 반색한다.

반딧불이였다. 쏟아지는 별빛을 헤집고 깜빡깜빡 산속 풀숲으로 반딧불이 한 마리가 스며든다. 4, 50년 전 시골에서 봤던 반딧불이를 여기서 볼 수 있다는 것도 행운이다.

지금까지 별 볼 일 없는 사람으로 살았다면 이제부터라도 열심히 토끼, 닭 키우고 텃밭 가꾸며 밤하늘도 자주 쳐다보는 별 볼 일 있는 사람으로 살아야겠다는 생각을 하며 아내 손잡고 집 안으로 들어왔다.

썩지 않는 도낏자루

닭들이 놀다간 자리에서 참깨를 쪼던 참새가 인기척에 휘리릭 산으로 날아간다.

"여보, 여보. 깨를 쪄야겠어. 깨가 반은 벌어서 떨어지고 참깨밭이 새와 닭들의 천국이 되고 말았네."

"벌써요? 아직 꽃이 핀 것도 있는데 벌써 수확해야 하나요?"

매일 닭장 가는 길에 밭 가장자리로 지나다녔지만, 참깨가 익어가는지 미처 몰랐다. 꼭대기에는 참깨꽃이 피고 있어 깜빡 속을 수도 있지만, 아랫도리에서는 꼬투리가 벌어져 건드리면 깨가 쏟아진다. 이처럼 참깨는 특성상 적당한 시기를 잡아 수확해야 한다. 더욱이 올해는 비가 잦아 제대로 익기도 전에 꼬투리가 벌고 있다.

도낏자루 썩는 줄 미처 몰랐다. '화장발에 속지 말라'는 말도 있다. 30년 넘게 산 아내의 속도 다 모르는데 진한 화장으로 가린 그 속을 어느 남자가 다 안다 하겠는가. 꽃으로 가린 참깨밭 깊숙한 곳에서 닭과 참새가 모여들어 모이를 쪼고 노는 천국인지 어찌 안단 말인가?

주막집에서 노류장화로 술잔을 기울이는 동안 도낏자루는 썩어갔었지. 주막집에서는 술을 팔아야 경제가 돌고, 닭과 새들이 모이를 쪼며 유유자적 노닐 곳이 있어야 자연의 조화가 완성된다.

수확하기 전까지의 곡식은 내 것이라 할 수 없다.

참깨를 찌기 시작했다. 내가 벤 참깨 다발을 아내가 받아 날랐다. 참깨가 익어갈 무렵이면 여름도 무르익어간다. 선친께서는 고등학교 방학이라 집에 온 나를 앞세워 참깨밭으로 갔다. 당신께서 깨를 찌면 나는 받아서 한곳에 모은다.

몹시 더웠다. 일하기가 싫었다. 빈틈을 주지 않는 아버지가 야속했다. 한시라도 빨리 깨를 쪄야 한 알이라도 더 수확한다는 걸 모를 리는 없었지만.

깻대가 베어지건 말건 여유롭게 깻잎을 갉아 먹는 깨 벌레가 부러웠다. 깨 벌레는 깻잎 색깔을 좇아 초록에서 누렇게 변해 간다. 땅거미가 내려도 깨 벌레는 참깻잎을 갉아먹길 게을리하지 않았다. 징그럽기는 했지만 독충이 아니어서 겁먹을 필요는 없다.

이즈음 깨 벌레 보기가 힘들어졌다. 모기와 하루살이는 여전했다. 해가 기울면서 활동이 활발해진 하루살이는 눈 주위를 맴돌다가 속으로 빨려 들어 최후를 맞이하기도 한다. 독하게 쏘는 모기도 모기지만 하루살이의 극성이 더 성가시다.

"어차피 오늘 끝낼 수 없으니까 그만 마칩시다."

"왜 하기 싫어?"

"아니, 해가 지니 모기도 쏘고 할 일도 많이 남았다니까."

"조금만 더 하고 끝냅시다."

"토란과 고구마 줄기도 다듬어 삶아야 하고…."

내일 어머니를 비롯한 8남매와 우리 아이들이 막바지 여름 더위를 피해 우리 집에 모이기로 하였다. 집 주변 청소와 음식 준비를 하다 말고 예정에 없던 참깨 베는 작업에 돌입했던 터라 자연적으로 음식 준비 등은 우선순위에서 밀렸다.

3분의 1 가까이 남기고 우리는 참깨밭에서 밀려났다. 결국은 어둠에 밀려났다.

허허로운 들판에
홀로 서보지 않고
어찌 춥다 하는가
비울 줄도 모르면서
비웠다 함은
채움에 관한
미련이 남아서다

바보로 사는
연습한 자만이
비움의 미학을 안다
곳간을 비우면
생쥐가 떠나고
마음을 비우면
황소가 걸어 들어온다

새앙쥐가 떠난 곳간에 욕심을 채우면 근심이 쌓인다

—「공」

참깨 단을 묶었다. 혼자였다.

어제 모인 장정들은 동양화에 몰입하느라 겨를이 없었다. 나중에 보니까 막내 제수씨와 막내 여동생이 각기 찌고 나르고 하여 나머지 참깨 베는 일은 마쳐 놓아 다행이었다.

내일부터 많은 비가 예보되어 있다.

"포항 바닷가에 갔다가 회 먹고 올 텐데 같이 갈래요?"

어젯밤 늦게 일 나갔다가 잠 보충하느라 토방에서 자는 내 귓등에 대고 아내가 외쳤다. 대답은 들으나 마나 '안 가'였다.

걱정이었다. 산더미처럼 쌓아놓은 깻단을 묶는 일이 예삿일이 아니었다. 자는 둥 마는 둥 하다가 밭으로 갔다. 혼자서 하는 일이라 시간만 축나고 일은 축이 나지 않았다. 포항에서 전화는 걸려오고. 회를 떠서 간다나 뭐라나….

깨 더미 속은 떠서 열이 나고 있었다. 깨 꼬투리는 시커멓게 변해 가고 깻대는 힘이 없다. 깨가 뜬 만큼 열이 난다. 처음에는 반쯤 묶고 덮어놓을 생각이었지만 도저히 썩어가는 속을 들여다본 이상 그냥 둘 수가 없었다. 그저께에 이어 땅거미가 내릴 때 작업을 간신히 마쳤다.

점심과 마찬가지로 오리 녹두죽으로 저녁을 때우고 늦은 일을 나섰다.

큰아이네는 대구로 돌아가고 그제야 집에 도착한 아내와 막내가 회 먹으러 오라고 성화였지만 배고프지 않다는 핑계로 거절했다.

도낏자루는 썩고 싶지 않다. 하지만 신선놀음에 도낏자루는 썩고야 만다. 누구는 도낏자루가 썩으면 갈아 끼우면 그만이란다. 도낏자루 하나 갈아 끼우는 거라지만 간단하지가 않다. 가을이나 초겨울에 나무를 베서 최소한 6개월은 말려야 한다. 도낏자루로는 물푸레나무가 제격이다. 물푸레나무가 그리 흔하던가. 물푸레나무를 구별할 줄 아는 사람이 또 그리 있던가. 나무 한 그루 베는 게 대수롭지 않다면 무엇이 대수이던가.

귀촌하면서 도끼를 두 개 샀다. 나무 자루 도끼와 쇠자루 도끼였다. 나무 도낏자루는 단단하지 않은 수입 목을 써서 금방 부러지고 말았다. 아내는 부러진 도낏자루를 아는지 모르는지 부지깽이로 쓰고 있다.

선친께서는 도낏자루가 부러져서 잘 빠지지 않으면 불에 넣어 태운 후 부러진 도낏자루를 깎아 끼워서 쓰곤 하셨다.

생각만큼 도끼 쓸 일이 많지 않다 보니 녹이 슬 뿐 부러진 도낏자루는 그대로 방치되어 있고, 쇠자루 도끼는 창고 어디쯤에서 잠자고 있는지 알 수 없다.

도끼는 자루가 부러지거나 창고 구석에서 쓸쓸히 잠자다가 녹이 슬 망정 도낏자루가 썩는 걸 원치 않는다.

홀로서기, 혹은 라면 면발 곧추세우기

찌르르. 맴 매애앰.

여치와 일찍 찾아온 매미가 긴 여운을 남기며 여름 초저녁을 노래한다.

소쪽소쪽.

풀벌레 소리에 장단을 맞추는 먼데 산에서 들려오는 소쩍새 울음소리.

주방에서는 보글보글 양은 냄비가 물을 끓이고 있다. 불협화음인 듯하면서도 이상하게 조화를 이룬다.

라면 한 봉지를 꺼내 와서 반으로 쪼갠 후 끓는 물 속에 넣었다. 그 먼저 수프 넣는 걸 잊지 않았다. 냉장고를 뒤지니 씻어놓은 골고리 배추가 있기에 손으로 잘라서 냄비 속에 투척했다. 다음으로 파를 손으로 썰어 넣고 김치도 몇 조각 넣었다.

한 가지씩 투척할 때마다 잠시 끓는 걸 늦추다가 다시 끓기를 반복한다. 역시 양은 냄비라 금세 달아오른다.

새들과 풀벌레들도 이처럼 사랑할 때는 그 사랑이 달아나지 않게 불타는 사랑을 반복적으로 할까 하는 생각에 잠시 미쳐본다.

마지막으로 유정란 한 개를 깨서 넣고 휘휘 저었다. 밥 반 공기를 밥솥에서 펐다. 이만하면 됐다 싶을 때 냄비를 싸 들고 바깥 발코니로 나왔다. 어둠이 서서히 밀려오고 있었지만, 아직 라면 면발이 곧추서지는 않았다.

와룡면에서 떠나는 선진지 견학(그냥 관광이지 뭐) 간 아내가 저녁까지 해결하고 올 것에 대비해 나 홀로 혼밥을 선택했다. 늦게 온 아내에게 저녁 차려 달라고 하면 좋은 소리 못 들을 게 뻔해 스스로 저녁을 해결하기로 마음을 정했다.

라면 한 봉지에 갖은 채소와 달걀까지 풀고, 밥 반 공기에 이만한 만찬이 어디 쉽던가? 새들과 풀벌레들의 합창이 어우러지고, 자연과 조화를 이루는 스산한 이 저녁에 혼밥이면 어떤가? 아침에 운동 나갈 때 울던 소쩍새도 아직까지 짝을 못 찾은 듯 울어 예는 이 밤이 아니던가? 미물도 그러한데 사람이라고 별반 다를 바 있겠는가. 나는 이만한 만찬을 앞에 두고 있는데.

라면을 처음 먹어본 게 초등학교 저학년 때쯤으로 기억된다. 예천에 사시던, 곡물 장사를 하던 막내 고모께서 할머니를 대접하겠다고 라면 스무남은 봉지를 사 들고 친정에 오셨다. 그

때 라면이란 이름도 처음 듣게 됐지만, 국수와는 엄청 차별화된 고급 음식이었다.

고모가 시키는 대로 어머니께서 가마솥에 물을 반쯤 붓고 마른 솔가지로 불을 땠다. 우리 열 식구는 곱슬곱슬한 희한한 국수가 끓여지기를 학수고대하고 기다렸다. 할머니와 아버지, 우리 남매들은 침을 꼴깍꼴깍 삼켰다. 나머지는 할머니 몫으로 돌려놓고 다섯 개쯤 삶은 것 같다.

멀건 국물이었지만 곱슬곱슬 희한한 국수 맛은 우리의 기대를 저버리지 않았다. 지겹게 먹던 국수 맛에 비할 바가 아니었다. 그때 좁은 소견으로 라면을 만든 사람이 참으로 위대하다고 생각했다.

라면은 시대 변천사에 따라 주식과 간식을 오가면서 많이도 발달했다. 초창기만 해도 위대한 발명품이었지만 시골에서 넉넉하게 사서 먹을 만큼 가격이 수월하지 않았다. 라면 한두 봉지면 국수와 김치, 시래기를 함께 넣고 끓여 우리 식구가 한 끼를 해결하곤 했던 시절이 있었다. 그 스프 맛이 오묘하여 스프 공장을 차리면 큰돈을 벌 수 있겠단 생각을 하기도 했다.

라면 하면 군 시절과 연결하지 않을 수가 없다. 불침번을 서다가 연탄난로 위에 라면 한 봉지를 끓여 친한 전우와 나눠 먹던 그 맛이란.

한겨울에 강원도 양구 방어 고지에 훈련을 나간 적이 있었다. 군 벙커 속의 겨울은 살을 에는 추위였다. 반합에 눈을 가득 담아와 끓여 녹인 후 라면을 넣고 다시 끓여 먹던 그 라면 맛은 평생 잊을 수가 없다. 국물까지 다 비우고 나니 솔방울이 댕그라니 반합 바닥에 나뒹굴었다. 추위를 녹이고 입에 착 달라붙던 라면 맛은 솔방울 하나쯤은 대수가 아니었다.

흰 쟁반 위에
붉은 꽃
한 송이 피우려고
여름이 지는 날까지
그대 뜨락에
꽃대 하나로 서 있습니다.

해가 뉘엿뉘엿할 즈음
당신이 미적거려도
내일 아침
햇귀가 올 때까지
앎치마
여밀 수 없는 까닭입니다.

—「접시꽃」

라면 면발부터 건져 먹었다. 요즘 라면은 잘 불어터지지 않는 게 특징이다. 그만큼 약품을 가미했겠지만, 라면 애호가들이 선호하니 예사로 넘어간다.

라면 국물에 밥을 말았다. 건더기 스프에 들었던 당근과 표고버섯 서너 조각이 감지된다. 젓가락으로 골라 먹는 재미도 쏠쏠하다. 천천히 젓가락과 숟가락으로 냄비를 비워가며 눈길은 동구 밖을 응시한다. 땅거미가 서서히 밀려올 뿐 사람의 그림자는 온데간데없다.

소쩍소쩍.

째째째.

앞산과 먼 산에서는 새들이 어둠을 붙잡아 두겠다며 맹렬히 울어댄다.

가뭄 밭에 피는 꽃

"아니야. 하준이 킥보드 타고 갈 거야."

"안 돼! 산에 가는데 어떻게 킥보드를 타고 간다고 그래?"

"탈 거야, 킥보드."

"안 된다니까."

준이와 제 아버지의 실랑이에 내가 끼어들 수밖에 없었다.

"그냥 타고 가게 놔둬라. 못 타면 내가 들고 올게."

8개월 된 하솔이의 유모차를 차 트렁크에서 꺼낼 때 킥보드가 눈에 띄자 손자는 충동적으로 그걸 타고 싶었던가 보다. 눈앞에 펼쳐진 주차장 아스팔트 위, 그 너머에 전개될 비포장 언덕길을 알 리 없는 4살 손자의 왕고집은 진작 예상됐다. 아이들의 버릇을 조부모가 버린다고는 하지만 준이를 이겨낼 장사가 없다.

앞서거니 뒤서거니 손자의 킥보드 타는 실력은 그럴싸하다.

"하준아, 재미있니?"

할머니가 물어도 선뜻 대답이 없다.

주왕산을 오르는 길은 어린아이가 킥보드를 타고 가도 방해가 안 될 정도로 사람 가뭄이다. 늘어선 식당가는 가뭄이 심각하다. 얼음물로 호객을 해도 파리만 날린다. 준이는 그새 킥보드에 흥미를 잃었나 보다. 할머니 물음에 시큰둥하더니 백 미터도 채 못 타고 킥보드를 짐짝으로 내팽개친다. 하솔이도 유모차보다는 이 더운 날에 엄마 체온을 선호한다.

꽃의 손짓
나비의 날갯짓
화려한 유혹에
오금이 저리다

숲 바위 산새
그들과 심오한
인생을 논해도
청춘의 봄으로
돌아갈 수 없는

내려올 만큼만
꼭 밟아 오르며
꽃도 보고
나비도 만나고
정상에 없는

꽃도 보고
나비도 만나고
―「산」

모내기를 했다. 떡방아 찧던 절구통에 수돗물을 길어다가 모를 심었다. 예년 이맘때쯤엔 절구통이 물로 최소한 반은 채워져 있었을 텐데 물기의 흔적은 온데간데없고 햇볕에 달구어져 더위에 허우적거리고 있다. 가뭄이 심각하다.

며칠 전부터 모내기를 끝낸 이웃집 논 귀퉁이에 모가 소복하게 여유분으로 남아있는 걸 보고 우리 집에 데려와 심어볼까 생각하다가 오늘 실행에 옮겼다.

절구통 두 개와 돌 돼지 죽통 두 개, 스티로폼 박스 두 개에 각각 흙을 적당히 채우고 수돗물을 퍼다 부었다. 모를 심던 솜씨는 아직 녹슬지 않았다.

내가 기억하는 손 모내기 시절로 거슬러 올라가면 반세기를 되돌아가야 한다. 100% 천수답이었던 그 시절엔 모내기 철이 되면 하늘만 쳐다보고 있어야 했다. 비가 제때 내려 논에 물이 채워지면 다행이었지만 7월이 되도록 모내기를 못 한 적이 자주 있었다. 새참 나르기와 못줄 넘기기에서부터 단련된 솜씨는 유년 시절에도 무릎까지 빠지는 논에 들어가 직접 모를 심어야만 했다. 손놀림이 무척 재발랐던 어머니, 정확하게 모를 꽂던 아버지를 적당히 빼닮은 나도 한때는 모심는 솜씨가 남달라 동네 모내기에 품앗이 다니곤 했었다.

모자라는 물에 억지로 논을 삶아 모내기를 했지만 논이 말라 거북이 등처럼 땅이 갈라지면 농심은 타들어 갔다.

49년 농부셨던 아버지께서 사고로 돌아가시자 대구에서 직장생활을 하던 내가 당신의 뒤를 이어 본격적인 농부로 돌아와야 했다. 내가 앞장서서 농사했던 4년 동안도 한 해 농사의 가장 큰 비중인 모내기 때문에 울고 웃던 시절이 아련하다. 비가 제때 내려 순조로운 모내기를 하면 그해 농사는 풍년이 예고되어 웃는 날이었고, 6월을 넘기면 쭉정이 벼를 거둘 수밖에 없어 하늘을 보며 한숨짓곤 했다.

쌀이 주식이었던 그 시절 벼농사가 일 년 농사를 좌지우지했다. 벼농사가 풍년이 들어도 식구가 많던, 오륙 남매가 보통이던 그 시절 쌀밥은 명절이나 생일날, 제사 때나 감질나게 맛볼 수 있었다. 평상시엔 할아버지 상에만 반 이상 쌀이 섞인 밥이 올라가고 우린 꽁보리밥이거나 조밥으로 차린 밥상을 마주하곤 했다. 제일 싫은 밥은 보리쌀과 좁쌀이 반쯤 섞인 꽁보리 조밥이었다.

계곡에는 물구덩이가 여기저기 놓여 있고 숨어서 겨우 물이 흐를 정도였다. 심각한 가뭄을 여실히 보여주는 장면이 여기서도 펼쳐진다. 버들치 몇 마리가 물속에서 산소 부족을 호소하며 헐떡이고 있는 모습이 안타깝다.

용추폭포에서 흐르는 물은 황소 오줌보다 가늘게 흐느적거리며 내려오고 있다.

저 적은 물이 흘러도 하늘은 무심하게 못 본 체 딴전을 피운다. 그나마 계곡엔 사람의 통행이 잦지 않아 쾌적한 기류가 흘러 다행이다. 행렬에 낀 아이도 두엇 있다. 베이비붐 세대인 우리 때는 저 먹을 것은 타고난다고 해서 우리 집만 해도 8남매나 되었지만 정작 풍부한 먹을거리로 쌀이 남아도는 이즈음은 한 집에 아이들이 한둘이다. 예정에 없던 나들이로 어제 안동에 왔다가 오늘 주왕산을 동행하고 있는 큰딸아이는 망설임 없이 남매를 낳았지만 둘째와 셋째는 8개월 손자와 뱃속 6개월 된 손주 한 명씩이 고작이다. 아직은 진행형이어서 더 이상의 손주를 기대할 수 있을지 모르지만 장담할 수가 없다.

강수확률 0%. 비는 감감무소식이고 휴일 주왕산을 찾은 사람도 가뭄이다.

"준아, 넌 커서 어떤 사람이 될래?"

"아빠처럼 키 큰 사람…."

맞다. 35개월 된 너에게 무얼 바라겠는가. 빨리 어른이 되어 킥보드를 마음대로 탈 수 있는 큰 사람이 되면 그만이지. 아이를 많이 낳으라고 부모가 강요할 수도 없는 오늘이 아닌가.

나뭇잎 사이로 햇살이 빼꼼 내려다본다. 아내는 빈 유모차를 밀고 나는 킥보드를 끌고 하산을 했다. 주왕산을 빠져나온 차는 가을로 가는 길 위를 부지런히 달린다.

아무리 가물어도 절구통의 벼는 풍년가를 부르고 마당에는 손주들이 뛰어놀고.

닭들의 오판

닭 모이 주러 가는 길엔 고개를 숙인다. 100m나 떨어진 닭집에 가기 위해서는 현관을 나와 감나무와 반갑게 인사하고 마당을 가로질러야 한다. 뒤꼍 수돗가를 끼고 상추가 먹음직스럽게 자라고 있다. 가지와 토마토, 고추가 우박 피해를 씻고 건재함을 보여준다. 땅콩을 누르고 박이 사방으로 줄기를 뻗는다. 온 밭을 호령할 기세이다. 키만 머쓱하게 자란 옥수수는 저리 가라는 듯 거침없이 천지를 헤집는다.

감자를 캐낸 빈 밭엔 뒤질세라 바랭이와 비름나물, 도꼬마리가 활개친다. 감자를 캔 후 전혀 손을 보지 않아 무서운 기세로 풀들이 자란다. 며칠 안에 밭을 덮고도 남을 듯하다. 웬만큼 밟아도 오뚝이처럼 일어서는 잡초들이다. 인간으로부터 곡식과 채소에서 분리된 그들은 울분을 악착같은 삶에 천착한다.

둑을 따라 닭집으로 한 발짝 다가서면 양옆으로 복숭아나무와 자두나무가 키재기를 한다. 초크베리 나무는 키 큰 나무 등쌀에 기를 못 편다. 환삼덩굴까지 점령하여 한없이 작아졌다. 그러나 파란 열매를 빨갛게, 검게 익혀 우리의 환심을 사려 애쓴다.

복숭아나무와 자두나무 사이를 뚫고 가야 닭집에 닿는다. 길을 막는 가지를 모조리 쳐내었건만 하루가 멀게 쑥쑥 자라 사나이 가는 길을 막아선다. 고개를 숙일 수밖에 없는 이유이다.

닭의 수명이 7년에서 13년이라고 한다. 우리 집에 처음 들어온 닭이 남아있다면 거의 7년. 할아버지, 할머니가 되었을 터, 내가 고개를 숙여야 하는 이유이다. 구분할 수는 없지만, 최소 4년은 되어 모두가 어른이니 존중해야 마땅하다. 겨우 소년이지만 나무가 그렇게 가르치니 따를밖에.

닭장 문을 열고 안으로 발을 들였다. 우, 닭들이 몰려온다. 이상했다. 모이를 쪼지 않는다. 모이를 주고 돌아서기가 바쁘게 걸신들린 것처럼 쪼던 닭들이었다.

암탉 여덟 마리에 수탉 한 마리밖에 남지 않은 우리 닭장. 대장인 수탉이 무슨 암시를 보낸 듯하다. 닭장 안으로 들어왔던 닭들이 대장 수탉을 감싸며 바깥으로 몰려간다. 빠르게 눈알을 굴린다. 내가 무슨 낌새를 준 것도 없는데 이상했다.

2년여 저들을 해친 적이 없다. 자연사 혹은 병사한 동료 닭들은 있어도 내 손에 잘못된 닭들은 최소한 2년 안에는 없는데 말이다.

열흘 전과 이틀 전에 각각 한 마리씩 그들 동료가 하늘나라로 갔다. 그 두 마리의 죽음에 의문을 가진 걸까? 내 행동이 그들에게 뭔가 수상하게 보였을까? 가장 적은 숫자로 줄어든 식구들의 안위를 너무 걱정한 나머지 과민 반응한 걸까?

그들의 오판이다. 내가 모이 그릇 들고 그들 집에 올 때마다 고개 숙이는 사실에 의문을 품은 게 틀림없다. 울타리 너머로 내 행동을 주시하던 그들이 내린 결론은 '주인이 수상하다'인 모양이다.

열흘 전에 세상을 떠난 닭은 자두나무 밑에 묻었으나 알 수 없는 짐승이 꺼내 갔다. 그래서 이틀 전 그 닭은 감자밭에 깊이 묻어준 게 잘못이라면 잘못이겠지. 겁 많은 닭들의 오판이 분명하다.

달걀 세 알을 수확하여 빠르게 닭장을 빠져나왔다. 더는 오해받고 싶지 않았기 때문이다. 그곳엔 나보다 더 어른들이 살고 있을지도 모른다는 나무의 가르침에 고개를 숙였을 뿐인데. 괜히 미안하다. 할아버지 닭과 할머니 닭들에게.

먼발치에서 오는 발소리
귀신같이 알아듣고
야단법석 떨던 닭
모이 놓고 돌아서는 주인을

닭 쫓던 개 지붕 쳐다보듯 한다

—「귀촌 · 25」

아내는 때가 되어 돌아왔다. 바쁘게 저녁상을 차렸다. 난타 연습이 끝나고 '밥 먹으러 오라기에 가서 조금 놀았다'며 설레발이 턴다.

"배고파 죽는 줄 알았네."

"밥 먹으러 갔다면서…."

"혼자 어떻게 먹어요? 다른 사람은 벌써 먹고 치운 다음인데…."

"매일 치면 지겹지 않나?"

닷새마다 오는 꿀맛 휴무일에 재는 뿌려졌지만 여기까지는 그래도 괜찮았다. 9시 20분경에 온 전화가 화근이었다. 이웃 마을 고스톱판에서 걸려온 전화였다. 아내는 '갔다 오면 안 되겠냐?'라며 내게 제스처와 눈으로 묻고 있었다. 나는 단호하게 '오늘 저녁에, 그것도 이웃 마을 고스톱판에 가면 이혼이다!'라고 저음으로 대답했다.

전화가 끝나기 바쁘게 '쨍그랑' 접시 깨지는 소리가 났다. 한 개 두 개… 귀촌한 후 가장 많은 접시가 깨졌다. 더는 깰 접시가 없어 문을 나섰다. 아래채로 가기 위해서다.

멍멍멍.

억이가 원망스러운 목청으로 나를 향해 짖었다. 접시 깨지는 소리를 들은 게 분명했다. 안방에서 나는 사랑의 세레나데도 듣는 강아지인데 천둥소리로 난 접시 깨는 소리를 못 들었을 리 만무하다.

벼는 익을수록 고개를 숙인다고 했는데 우리 주인님은 그 반대라며 청년이 된 억이가 나무라는 것 같았다. 낮에 소년 나무의 가르침으로 배운 고개 숙이는 법을 금세 까먹은 내가 한심하여 강아지 앞에 한없이 고개를 떨궜다.

초승달 진 밤하늘에선 무겁게 어둠이 내린다. 돌덩이가 된 어둠이 폐부 속으로 파고든다. 아프다.

반딧불이 소동

“저기 저것 좀 잡아 줘요!”

“그게 뭔데?”

좀 퉁명스럽게 묻자 설거지를 하던 아내가 작은방 쪽을 가리키며 소스라치게 놀란다. 사마귀였다.

“무서워요. 사마귀가 너무 크다니까….”

“괜찮아.”

“사마귀가 눈에 오줌을 싸면 봉사가 된다고 했어….”

“그거 터무니없는 낭설이야.”

내가 늑장을 피우자 아내가 신문지를 말아 사마귀를 가격한다. 그는 용케도 비껴갔다.

내가 사마귀를 붙잡아 바깥으로 버리는 동안 아내는 질겁을 하고 주방 구석으로 비켜선다.

어릴 적 사마귀를 잡아서 손등에 난 사마귀를 뜯어 먹게 한 기억이 있다. 사마귀가 손등에 난 사마귀를 뜯어 먹으면 그 흔적이 없어진다는 풍문을 들은 터라 행동으로 옮겨 보았지만, 효과를 보지 못했다.

사마귀 소동이 끝나고 얼마나 시간이 지났을까, 이번에는 반딧불이 소동이 벌어졌다. 거실 천장을 반딧불이가 선회하다가 쿡쿡 쥐어박는다. 이번에는 내가 먼저 발견했다.

"저기 반딧불이가 들어왔네. 저것 좀 봐."

"어디 봐요? 어디, 어디… 정말이네! 진짜 반딧불이구나. 어떻게 여기까지 들어왔지?"

조금 전 사마귀가 날아들었던 걸 상기하고 살피자 작은방의 창문과 방충망이 함께 열려 있었다.

"이리로 들어왔구먼."

"아휴, 예뻐. 신기하기도 하지."

반짝반짝 황록색 빛을 점멸하며 거실과 주방 쪽을 마구 선회하는 반딧불이가 신기해 아내는 어쩔 줄을 모른다.

스마트폰을 들고 와서는 따라다니며 플래시를 터트린다. 그러나 그는 카메라의 사정권 안에서 도망 다니고, 아내는 쫓아다니며 야단법석이다.

나도 덩달아 동영상으로 전환하여 반딧불이를 쫓아 나섰다. 우리 집 거실 풍경은 장관이다.

1cm 조금 넘는 곤충 한 마리를 놓고 산만한 두 사람이 스마

트폰을 각자 들고 그를 조준하느라 이리 뛰고 저리 뛰고 야단이 났다.

"불 좀 꺼 봐요."

"알았다."

거실의 조명을 꺼보기도 하고, 명도를 높였다 낮추기를 거듭하며 침입자 개똥벌레를 못살게 했다. 그러나 그는 우리에게 선명한 자신을 보여주지 않으려 안간힘을 쓴다. 저도 이 사람이 사는 거실이 낯설었을 테고, 무시무시하게 생긴 큰 동물들이 희한한 물체를 들고 자신을 공격해 오자 질겁하는 건 당연하다.

암컷 반딧불이를 찾아 짝짓기하려다가 잘못하여 괴상한 건물 속으로 빨려 들어온 걸 탄식하고 있는 그는 도망 다니기가 바쁘다.

"저 반딧불이가 왜 여길 날아들었을까요?"

"글쎄. 날아다니는 저 반딧불이는 수컷이라 하네. 암컷은 풀숲에서 보았던 그 반딧불이고… 저 미물들도 짝을 찾아 최고로 아름다움을 뽐내며 하늘을 날다가 실수로 열린 창문을 통해 우리 집을 방문한 모양이야."

"너 오늘 스타 됐다. 사람한테 이처럼 환영받는 줄도 모르고 도망은 왜 다녀?"

"저 녀석은 우리 부부를 괴물로 봤을지도 몰라?"

그럴 법도 했다. 자기 몸집보다 수백 배 큰 산만 한 물체가 마구 쫓아오니 겁이 날 수밖에 더 있었을까.

반딧불이는 딱정벌레목 반딧불잇과로 개똥벌레라고도 불리며, 우리나라에서는 멸종 위기 곤충으로 분류돼 있다고 한다. 무주군 설천면 남대천 일대에 주로 서식하고 있으며, 이곳을 천연기념물로 지정 보호하고 있을 정도로 청정지역에서만 겨우 명맥을 유지하고 있다.

제1회 무주 반딧불이 축제에 둘째 아이 이름이 '반디'라서 우리 가족 모두 초대를 받은 적이 있었다. 아쉽게도 참석을 하지는 못했다.

낮달 본
사람은 있어도
낮별 보았다는
이는 만나지 못했다.
나는 보았다.
그녀의 도톰한
산딸기 입술
아담한 키에
가녀린 수세미 몸매
어둠 품어야만
찾아오는 당신
마냥 기다릴 수 없어
청아한
하늘에 곱게

금가루 뿌리면
우윳빛 속살 드러내며
수줍게 미소 짓는 그녀는
내게만 오는
낮별

—「별 · 2」

경계를 좀 늦추자 어디 갔다 보이지 않던 반딧불이가 안방 창가에 서성인다. 다가서자 우리 부부 침대에 살포시 내려앉는다. 정말 암컷 반딧불이를 찾고 있는 수컷 반딧불이가 맞는 모양이었다.

"짝을 찾는 반딧불이가 맞는가 봐?"

"그럴 거야. 저 반딧불이도 침실에서 사랑을 나눌까?"

"보내줍시다."

"부디 오늘 저녁 사랑하는 짝을 만나거라."

아내가 창문 열어 반딧불이를 날려 보냈다.

반딧불이가 반짝반짝 날아가는 쪽으로 열이틀 달빛이 내려와 그를 빨아들인다. 상현달은 별들과 숨바꼭질하며 우리 부부를 물끄러미 내려다본다. 그러다가 술래가 된 달은 별을 찾아 두리번두리번 우주 여기저기를 살핀다. 찾다가 못 찾아도 괜찮다는 듯 조바심은 없다. 사흘 후 보름달로 다시 뜨면 별들은 빤히 그들 뒤에 숨어 있을 테니까.

"여보, 저 달이 우리를 비추고 있으니까 너무 설레요. 잠이 올 것 같지가 않아."

"어서 잡시다. 자정이 넘었다."

그러나 아내는 이내 잠이 든다. 아마 꿈속에서 별, 달 숨바꼭질하는 틈새에 끼어든 반딧불이를 만나고 있을지도 모를 일이다.

토끼가 쓰는 동화 1

— 세상 구경하기

"엄마, 엄마. 우리도 아빠처럼 세상 구경 가요."

"안 돼. 세상은 너무 넓고 무서워. 길을 잃을 수도 있고 사나운 동물을 만나면 어쩌려고…."

"아빠는 세상 구경을 자주 다녀오잖아요."

"아빠는 어른이잖니? 걸음도 너희보다 빠르고, 조심해서 다니거든. 그렇지만 위험하기는 어른도 매한가지야."

오늘도 아이들이 세상 구경 가자고 성화입니다.

"사람들은 안 무서울 것 같아. 털보아찌는 우리에게 먹을 것도 주고 혼내지도 않잖아?"

"털보아찌는 우리 주인아저씨니까 그렇지만, 나중에 너희가 크면 사람들이 잡아먹을 수도 있어."

"우리를 잡아먹는다고…! 나쁜 사람들이구나. 털보아찌도 믿을 수가 없어."

"믿을 사람이 어디 있니? 개와 고양이, 독수리, 매, 너구리, 삵 등 모두가 우리의 적이야. 저 병아리들만 괜찮아. 그러니까 위험할 땐 얼른 땅굴 속으로 숨어버려."

아이들은 큰 귀를 쫑긋 세우긴 했지만 내 말을 심각하게 받아들이려 하진 않았습니다. 열심히 빨던 젖도 팽개치고 울타리 쪽으로 쪼르르 달려갑니다.

세상에 나온 지 이제 겨우 한 달, 곧잘 부드러운 풀도 뜯어먹을 줄 아는 아이들은 엄마 품 안보다는 세상 구경하는 것이 더 재미있는가 봅니다.

아직 우리 네 명 아이들이 모르는 것이 너무나 많아요. 세상이 어마어마하게 넓다는 것도 말이에요. 시장도 있고 아파트도 있고, 도로에는 차들도 씽씽 마구 달린답니다.

우주 만물을 다 알 수는 없지만, 우리 눈에는 이 모든 것이 신기하고 너무 커요.

내가 태어난 곳이 정확히 어딘지는 잘 모르겠어요. 그때는 워낙 어렸기 때문에 우리 주인이 시장에 팔러 나온 것밖에 아는 게 없어요.

"엄마, 우리 토끼 사줘."

어머니 손을 잡고 시장에 따라온 아라 눈에 우리 남매가 띄었던 것입니다. 아라 공주는 우리 두 번째 주인인 셈이죠.

아라 공주 집에 사는 1년 반 동안은 그런대로 행복했어요.

아라 공주가 우리를 무척 귀여워했거든요. 그런데 집이 너무 비좁아 아이들을 낳을 때마다 난리법석이에요.

참, 제 남편은 아라 공주네 집에 함께 온 친오빠예요. 사람들이 이해할지 모르겠지만 토끼 세계는 그게 현실이랍니다.

그동안 네 번 아이를 낳았는데 모두 스무 명이나 돼요. 하지만 집이 좁아 친척 집이나 친구 집으로 아이들이 분양되어 가곤 했답니다.

그러던 어느 날 아라 공주 어머니, 아버지가 나누는 청천벽력 같은 소리를 들었습니다.

"여보, 이제 토비와 토룡이를 없애야겠어요."

"왜요?"

"너무 늙었고 볼품이 없어졌어. 새끼 두 마리만 남기고 저놈들은 갖다 버리자."

"어떻게 그렇게 해요? 아라가 알면 큰일 나요."

"아라한테는 잘 이야기하면 될 거야."

"그런데 어디 갖다 버려요?"

"글쎄. 내가 알고 있는 토끼장이 한군데가 있긴 한데…."

유치원에서 돌아온 아라 공주를 설득한 아버지, 어머니와 함께 우리 부부는 농업기술센터 토끼장으로 이사를 왔습니다.

'아저씨들, 우리 토비, 토룡이 잘 부탁해요.'

아라 공주가 눈물을 글썽이며 남기고 간 쪽지였습니다.

이곳은 아라 공주네 토끼장에 비해 넓긴 했지만 맛있는 식사가 그리웠습니다. 그때는 건초 티머시와 알팔파, 펠릿 사료 등 맛난 음식을 많이 먹었습니다. 여기에 와 보니 소 사료가 고작이었습니다. 여름이 되면 아저씨들이 가끔 풀을 뜯어다 던져 줄 때가 있긴 하지만요.

농업기술센터 토끼장에서 1년을 살다가 털보아찌 집으로 남동생 둘과 함께 오게 되었습니다. 전 남편과는 남남이 된 지 오래됐습니다.

사람들은 참 이상해요. 처음에는 귀엽다고 애지중지하다가 싫증이 나면 우리를 헌신짝처럼 버리거든요. 농업기술센터에서도 불어나는 식구가 많아 잘 관리가 안 되나 봐요. 누구든 우리를 원하면 분양해 주거든요. 그렇게 해서 털보아찌 집에 오게 됐습니다.

토실한 열매 따는
그녀의 볼우물에
발그레한 햇살이
넘쳐흐른다
마치 천진난만한
소녀의
말간 미소처럼
—「보리수」

우리 주인 털보아찌와 착한 아주머니, 공주들이 궁금해 하는 게 하나 있어요. 우리 아이 아버지가 누굴까 하는 것 말이어요. 우리 아이들도 정확히 몰라요. 큰아버지와 작은아버지가 있거든요.

세상 구경을 하러 가고 싶어 하던 우리 아이 중 한 명은 돌아오지를 못하고 있어요. 제 아버지인 줄 알고 있는 작은아버지 따라 세상 구경 갔다가 길을 잃고 지금은 털보아찌 콩밭과 참깨밭에서 살고 있나 봐요. 우리 토끼들은 어릴 때 길을 잃고 며칠이 지나면 곧잘 잊어버려 혼자서는 집을 찾을 수가 없어요. 그냥 그곳이 집인 양 살아요.

더 궁금한 이야기와 더 재미난 이야기는 나중에 기회가 되면 들려줄게요. 안녕히 계세요.

토끼가 쓰는 동화 2

– 일처다부제

우리가 처음 털보아찌 집에 왔을 때는 한 평짜리 철망 집이 우리 세 식구의 보금자리였습니다. 보름 정도 그곳에 갇혀 살았는데 답답해서 혼났습니다. 배도 고팠지만 털보아찌가 주는 개 사료와 풀 나부랭이가 전부였어요. 그러던 중 큰 집이 지어지고 넓은 땅에 울타리가 쳐지더니 엄청 많은 병아리가 들어찼습니다. 너무 많아서 숫자를 셀 수가 없어요. 우리 집을 옮겨와 그 안에 따로 울타리를 만들어 토끼의 터전도 만들어졌습니다.

'와우! 우리의 보금자리도 멋져!'

지금까지 살던 집에 비하면 궁전 같은 별천지였습니다. 풀과 나뭇잎을 뜯어 먹을 수도 있으니 금상첨화예요. 우리 닭과 토끼들은 서로 집을 왔다 갔다 같이 살아요. 이곳에 옮겨와서 우리 네 아이가 태어났어요. 좁은 땅굴을 파서 네 아이를 낳았는데 이젠 그 땅굴도 메꾸어버렸어요. 아이들은 이 멋진 집을 놔두고 바깥세상을 동경하는군요.

"엄마, 엄마아. 바깥세상에 다녀오면 안 되나요?"

"안 돼. 저 개들도 무섭고, 도둑고양이가 돌아다니며 호시탐탐 너희를 노리고 있어."

처음에는 한 녀석이 고추밭을 제집인 양 살고 있더니 그곳에 두 녀석이 나가 살고 있고, 또 두 녀석은 반대쪽 울타리 바깥 연통 속에 보금자리를 마련하고 우리 집을 들락거려요. 한 달 조금 지나고부터는 제 엄마 젖도 마다하네요. 사실 젖이 많이 나오지도 않아요. 우리 아이들은 유별나게 독립심이 강한가 봐요.

아무래도 바깥세상이 더 위험하답니다. 흰둥이, 누렁이라 불리는 울타리 바깥 개가 무서워요. 며칠 전에는 야단법석이 났습니다. 누렁이가 뒷걸음치다가 목줄에서 빠져나와 우리 닭과 토끼가 사는 울타리 안으로 돌진해 왔어요. 평상시 우리가 왔다 갔다 할 때마다 약 올라 했거든요. 눈에 보이는 닭들을 마구 물어대요. 우리는 혼쭐이 나서 굴속으로, 토끼장 구석으로 숨어서 숨을 죽이고 있었는데 닭들은 쫓기다가 아홉 마리나 물려서 죽었어요.

그땐 털보아찌가 집을 비운 사이였고, 전화를 받고 헐레벌떡 뒤늦게 달려온 털보아찌가 겨우 수습을 했어요. 누렁이는 털보아찌 앞에서 오줌을 찔끔 흘리면서 결국 꼬리를 내리고 말았어요. 그 후 개들이 짖을 때마다 우린 깜짝 놀라곤 해요.

이제 우리 두 남편 이야기를 해야겠어요. 우리 셋은 운명적으로 털보아찌 집에 오게 되면서 그냥 동생들이었는데 부부가 될 수밖에 없었어요. 사람들은 모를 거예요. 우리 토끼들은 친남매도 부부가 되고, 자식 부모 간에도 부부가 되기도 한다는 걸 말예요. 보통 남편 한 명이 여러 부인을 거느리기도 하지만 우리처럼 여자가 나 혼자라면 두 남편을 섬길 수밖에 없어요. 자기들끼리 서열은 분명히 있지만 누구를 더 예뻐할 수도 없는 노릇입니다.

선돌길 언덕배기
선회하던 나비가
별 안으로 날아들어가
무지개 일곱 빛깔 꿈꾼다

나비가 별을 꿈꾸고
별이 꽃 꿈을 꾸고
꽃이 나비를 꿈꾸니
파란 네 꿈속에 내가 있다

—「나비 꿈」

우리 네 아이의 아버지는 나이 많은 큰남편이에요. 아이들은 잘생긴 젊은 남편이 제 아버지인 줄 알아요. 형님한테 밀려난 둘째 남편은 아이들과 많이 어울려 놀아주면서 공을 들여요.

지금도 큰남편이 둘째 남편을 쫓고 자기가 늘 내 옆을 지키려고 하지만, 그가 잠시 자리를 비우면 둘째 남편도 나를 무척 사랑해줘요. 사실은 두 남편 모두 똑같이 싫지도 좋지도 않아요. 이제 나도 너무 늙어 또 아이를 낳을 수 있을지 모르겠어요. 우리 남편들은 시도 때도 없이 애정행각을 펼쳐요. 털보아찌와 착한 아주머니가 보고 있어도 부끄러운 줄도 모르고 말예요. 너무 성가시다고요? 그러나 우리는 떳떳해요. 사람들은 숨어서 사랑을 나누면서 아름답지 못한 짓을 하기도 한다면서요? 난 사실 털보아찌가 제일 좋아요. 넓은 집도 마련해 줬고 맛있는 사료와 풀도 많이 주거든요. 딱딱한 개 사료는 맛도 괜찮지만 이빨 관리에도 도움을 줘요. 풀은 왕고들빼기가 맛이 제일 좋고, 명아주, 뽕잎, 비름나물, 쇠비름, 배추 시래기 등 아무거나 잘 먹어요. 정작 토끼풀은 먹어보지 못했지만 별로 맛이 없을 것 같아요. 오늘도 우리에게 맛있는 풀과 사료와 물을 떠다 주는 털보아찌가 사랑스러워 발에 키스를 해줬어요.

참 오늘이 무슨 날인가 봐요. 털보아찌 집에 손님이 많이 왔어요. 잘난 공주, 예쁜 공주, 못난 공주가 건장한 남자를 데리고 왔군요. 공주들은 누렁이와 흰둥이를 더 좋아하고, 잘생긴 남자들은 닭과 우리 토끼에게 관심을 가져요.

"저기 토끼 새끼 봐 봐."

"어디, 어디……."

"저 밭에 토끼 새끼가 있어. 너무 귀여워."

볼품없이 늙어버린 나는 거들떠보지도 않고 고추밭을 헤집고 다니는 우리 아이들을 가리켜요.

오늘 이야기는 여기서 마칠게요.

토끼가 쓰는 동화 3

– 집 나간 남편

남편이 집 나간 지 벌써 일주일이 지났습니다. 처음엔 낮 동안 잠깐씩 바깥세상을 돌아보고 밤이 되면 집에 들어오곤 했습니다. 어느 날은 하룻밤을 꼬박 새우고 돌아온 적도 있긴 했어요.

우리 토끼들이 울타리를 넘어 집을 나갈 때는 안쪽의 환경보다 바깥 환경이 훨씬 나을 때거든요. 다시 말하면 울타리 안 집에 사료와 풀, 물 등 먹을 것이 여의치 않고 사람이건 닭이건 우리를 성가시게 하면 바깥세상을 동경할 수밖에 없다는 얘기예요. 바깥세상에 사나운 짐승 등 우리를 노리는 적들이 많다는 걸 모두 헤아릴 수는 없는 노릇이잖아요.

저기 큰 집 닭들은 저녁이 되면 모두 집으로 모여들어 잠을 청합니다. 닭들은 밤눈이 어두워 저녁에는 거의 꼼짝도 안 하고 잠을 자곤 한답니다. 그러나 미련한 사람처럼 깊은 잠에 곯아떨어지지는 않아요. 예민한 닭들은 바스락 소리만 나도 잠에서 깨어 방어 태세를 취합니다.

우리 토끼들도 밤이 되면 귀소본능으로 집에 돌아오긴 하지만 쿨쿨 소리 내어 잠을 자지는 않아요. 닭에 비하면 밤눈도 밝아 그들이 먹다 남긴 배추 시래기 등을 여유 있게 먹을 수도 있어요. 털보아찌는 닭들이 제집으로 들어간 이후 사료와 물을 떠다 주거든요. 맛난 풀, 왕고들빼기도 가끔 던져주어요. 닭들이 들어간 저녁이야말로 우리들의 만찬 시간입니다. 뽀작뽀작 깨물어 먹는 개 사료 맛은 이빨 관리에도 도움을 주지만 그렇게 달지는 않아요. 닭들은 꿀꺽 삼켜 버리니 그 맛이나 알까요?

며칠 전까지 두 아이도 이 시간에 들어와 사료를 먹기도 하고 나오지도 않는 빈 젖도 빨곤 했는데 이놈들마저 오지 않으니 우리 세 식구가 전부입니다.

세 식구만의 만찬도 오늘이 마지막이 될 줄 미처 몰랐습니다. 셋이서 사이좋게 사료를 먹고 있었는데 갑자기 큰남편이 둘째 남편을 쫓는 겁니다. 질투의 화신일까요? 큰남편이 잠깐 자리를 비운 사이 둘째 남편이 나와 다정스레 보낸 시간을 은근슬쩍 질투한 것 같아요. 둘째 남편은 도망 다니고 큰남편이 쫓고 야단법석을 떨어요. 저의 남편들이 언제 저렇게 달리기를 잘했나 싶을 정도로 쫓고 쫓기는 추격전은 계속되었어요. 집

안을 몇 바퀴 돌던 둘째 남편이 뚫린 울타리 밖으로 도망가고 나서야 남편들의 추격전은 끝이 났습니다. 둘째 남편은 이날을 마지막으로 집에 돌아오지를 않고 있어요. 화가 잔뜩 났나 봐요? 내가 그때 도와주지를 못했거든요.

옆집 강아지
그렇게 짖어도
눈 뜰 기미조차 없더니
수컷 여치 애달픈 가락에
암술
고개 길게 뽑고 마는구나
—「참나리꽃」

'둘째 남편은 이제 다시 집에 들어오지 않는 걸까? 밖에 나가서 잘못된 건 아니겠지?'

걱정이에요. 한번 찾아가 봐야겠어요. 큰남편이 원망스러워요. 농촌기술센터에서 셋이 함께 털보아찌 집에 와서 그동안 단란한 가정을 꾸리며 아이들도 태어나고 했는데 한 식구가 곁에 없으니 허전하기 짝이 없네요.

사실 둘째 남편이 더 잘생기고 정이 많고 나를 아껴주는, 심성이 착한 남편이었습니다. 조금 소심하고 나이가 어려 형님인 큰남편에게 서열에서 밀려 둘째 남편 자리에 있긴 했지만, 언젠가 아이들의 아버지로 거듭날 수도 있었는데 말이어요.

'어디에 있나요? 왜 안 돌아오세요?'

오늘따라 둘째 남편이 더 보고 싶네요. 온종일 입맛도 없고 해서 귀를 쫑긋 세우고 남편 발소리만 기다리다가 잠을 청합니다. 요즘 들어 낮잠을 자지고 않았는데 잠도 오지 않았습니다.

날이 밝자마자 집을 나왔어요. 둘째 남편을 찾아보기로 했습니다. 털보아찌 고추밭을 뒤졌습니다. 보이지 않았어요. 참깨밭도 돌아봤어요. 남편은 보이지 않았습니다. 들깨밭, 콩밭도 찾아봤지만 둘째 남편의 흔적을 찾을 수가 없었습니다.

"아니 너희들은 누구니?"

"아주머니께서는 누구세요?"

두 아이를 콩밭에서 만났습니다. 어릴 때 집을 나와 한 달 이상 지났기 때문에 나도 아이들도 서로 알아보지를 못했습니다.

"너희 아저씨 토끼 보질 못했니?"

"못 봤는데요."

엄마와 자식 간의 대화는 이렇게 끝이 나고 말았습니다.

우리 토끼들은 긴 날이 지나면 부모와 자식 간에도 서로의 냄새를 잊어버려 알아보지를 못한답니다.

'그렇다면 둘째 남편이 저 산으로 갔단 말인가?'

그러나 오늘은 날도 저물고 산이 너무 커서 더는 남편을 찾아볼 수가 없을 것 같아요.

약속한 큰남편은 집에서 편안히 사료를 깨물어 먹고 있군요.

그는 집 나간 동생과 아내를 기다리기나 한 걸까요?

내일 날이 밝으면 다시 집을 나가 온 산을 모두 뒤져서라도 둘째 남편을 찾아봐야겠어요.

만일 나까지 집을 나가 돌아오지 못하고 큰남편만 남아 집을 지킨다면 <토끼가 쓰는 동화>도 이번을 마지막으로 막을 내려야 할지도 모르겠어요.

큰남편도 혼자 남아 우리를 기다리다가 지치면 집을 나오겠죠? 그럼 우리 토끼 가족은 바깥세상에서 각자 치열한 생존 경쟁을 펼치며 또 다른 삶을 살아가야 하나요?

2부 가을

들깨 터는 여심女心

가지 마세요

가지 나무를 뽑았다. 기대고 있던 들깨를 베고 나니 덩그렇게 가지만 남았다. 아직 이파리는 무성하니 성했지만, 왠지 찬 이슬에 떨고 있을 밤이 안쓰러워 그만 뽑기로 했다. 그 먼저 숨어서 자란 마지막 가지를 땄다. 여남은 개나 숨어있을 줄 미처 몰랐다.

영차, 첫째 포기와 맞섰다. 안간힘을 쏟았지만 쉽사리 뽑히질 않았다. 반년이나 정들었던 보금자리를 떠나고 싶지 않은 까닭일까, 땅까지 들썩인다.

일년초인 가지는 나무일 수는 없지만, 나무 그 이상으로 자라 장정 힘으로도 당해내기가 버거웠다. 지난여름의 긴 가뭄으로 땅속 깊이 다리를 뻗어 뿌리 깊은 나무가 된 그는 흙을 10kg 좋이 품고 일어선다.

가지는 지난 계절 혹독한 더위와 싸우면서도 많은 가지를 뻗었고 많은 가지를 달았다.

이젠 떠나야 할 때임을 그도 알고 있다. 처음엔 떠나지 않으려고 버티기도 해 봤지만, 그래서 품었던 흙을 놓지 않으려 안간힘을 썼지만 때가 왔음을 감지하는 순간 체념한다. 하나둘 가지 나무는 내 앞에서 무릎을 꿇었다. 각기 버티기는 했지만 체념에 들어간 그들은 결국 내게 차례로 굴복하고 만다.

그런데 여덟 번째 마지막 가지 나무는 달랐다. 내가 그의 곁에 다가서는 것까지 틈을 주지 않으려 애쓰는 기색이다. 내 손아귀가 그의 몸에 닿으려는 순간 이파리들이 일제히 일어나서 막아선다. 그냥 물러설 나도 아니다. 가지 나무 허리춤을 노렸다. 뽑으려는 자와 뽑히지 않으려는 자의 사투는 시작됐다.

그는 내게 팔 하나만 내어주고 만다. 나는 가지 나무의 끊어진 가지 하나만 손에 달랑 쥐고 엉덩방아를 찧었다. 1회전은 나의 판정패였다. 2회전도 마찬가지였다.

"어림없지. 이번만큼은 결코 너의 뿌리를 보고야 말 테다. 기다렷!"

"호락호락하지 않을 텐데요."

가지도 당당하게 맞섰다.

"너는 가지 나무일 뿐이야. 우리 인간이 지배하는 세상에 내 의지에 따라 잠시 왔을 뿐이라니까."

"우리도 이 세상에 잠시 왔다 가지만 우리의 임무는 완수하고 가야지요."

처음에는 그의 말뜻을 몰랐다.

"알 바 아니고 나는 너를 뽑고야 말 것이야."

"아직은 안 된다니까요."

막아서는 이파리를 헤치고 다시 한번 그의 허리춤을 잡았다. 영차, 영차!

가지 나무는 허리를 꺾어 나를 넘어뜨렸다. 순간 내 눈에 들어오는 것이 있었다. 늙은 가지였다. 짙은 갈색이어야 할 가지가 반쯤 누렇게 익어서 이파리들의 보호를 받으며 보물처럼 숨어있었다.

조금 전 가지 나무의 말을 상기했다. 떠나긴 떠나겠지만 아직은 떠날 때가 아니라고 했다. 그렇다면 2세 가지 씨앗을 남기고 떠나겠다는 뜻이었을까?

그랬다. 가지가 달리는 족족 아내는 그 가지를 따서 나물로 해 먹고 무침과 전을 만들어 상에 올렸다. 그들은 우리가 얼마나 야속했을까? 세상에 온 이상 2세를 남기고 떠나야 하는데 씨앗이 여물기도 전에 모조리 따서 말려 버리기까지 하는 인간이 얼마나 야속했을까? 한 개라도 숨겨 씨앗이 여문 후 내년을 보장하면 떠나겠다는 가지의 갸륵하고 숭고한 뜻을 왜 몰랐을까?

비록 허리는 꺾였지만 뿌리와의 소통은 가능할 것 같았다. 아직 덜 여문 가지의 가지 나무 앞에 작아지는 나를 보았다. 식물 앞에서도 고개를 숙여야 하는 때가 있다는 사실 앞에 내가 몹시 왜소해 보였다.

지구는 몸살 중이다. 인간이 뿌려놓은, 더 더워지고 더 추워진 계절 앞에 내쳐진 흙은 매우 아프다. 6개월 동안 오롯이 정을 줬던 가지 나무에 '가지 마세요'라고 절규했지만 되돌아온 대답은 한없이 숙연해진 계절뿐이다.

함초롬 첫새벽에 핀 꽃 보았는가?
파리한 잎사귀 접지 못하고
구겨진 별자리 헤아리지 못하는
짧은 생을 마친 유성처럼
눈 맞춤도 그렇게 끝났다.
꿈속에서 헤면
온종일 피웠을 꽃을 본 게 어디야?
—「핀 꽃 밟으면 됐지」

나의 들은 늦가을이다.

오늘 들깨가 베어지고 허리 꺾인 가지 나무 하나가 누워있는 들녘이지만 절대 외롭지 않다. 버팀목으로 배추와 무가 빈자리를 채워주고 있다.

노래 가사처럼 고장 난 시계는 멈췄지만 세월은 멈추지 않는다. 가는 세월을 붙잡을 생각도 없다. 식물도 그러하듯이 인간도 이 세상에 왔다가 보일 듯 말 듯 작은 점 하나 찍으면 그만이다.

보름달이 떴다. 머리 위에 뜬 보름달 때문에 들녘이 환하다.

돼지감자 꽃잎이 달빛 비추는 밭둑 아래로 떨어져 팔랑인다. 노란 달빛이 꽃잎을 감싼다.

꽃잎 떨군 자국에 흔적으로 남는다. 뭐라 뭐라 속삭이며 달은 그곳으로 가 미래를 심는다.

허리 꺾인 가지 나무에도 달은 내려와 앉았다. 익어가는 가지를 감싼 이파리들은 이슬을 덮으며 달빛의 기운을 그에게로 전달한다.

내일부터 보름달은 기울겠지만, 그믐이 되기 전에 가지와의 약속은 반드시 지켜낼 것이다.

늦가을, 보름달은 더 높이 떠올랐다.

참새가 쪼고 간 참깨

깨를 쪘다.

태풍 솔릭이 한반도를 스쳐 지나갔다. 예보일 때만 해도 우리나라 전역을 할퀴고 갈 태세였는데 다행히 솔릭은 순한 양이었다. 최소한 우리 지역만큼은 그랬다. 태백산맥을 넘으려던 솔릭은 할딱할딱 숨이 차고 넘쳐 그만 포기한 모양이다.

집 앞 농협 마당에서 오늘 있을 예정이었던 제15회 풋굿 축제가 취소된 바 있다. 축제하기에 오늘처럼 좋은 날씨가 또 있었을까. 바람 한 점에 비 두어 방울, 구름이 떠다니는 처서지절, 얼마나 좋은가?

그러나 축제는 언론의 호들갑에, 당국의 안전 제일주의 탁상행정에 의해 20여 시간 전에 전격 취소되었다. 이로 인해 준비하던 음식과 홍보 업체와의 계약 등 많은 혼선이 빚어졌다.

무엇보다도 시민과의 약속이 어긋난 데 대한 원망은 하늘을 쳐다보며 하는 도리밖에 없었다.

덕택에 우리 동네는 마을 회관에서 부녀회와 청년회, 경로회가 어우러져 조촐하게 풋굿(호미씻이)을 먹었다.

아내는 회관에서 내 뒤를 곧 따라 내려왔다. 주말에 큰 손님을 초대해 놓아 걱정도 되고, 참깨 벨 때가 된 걸 감지한 모양이다.

나는 깨를 베고 아내는 뒤따르며 묶었다.

선친은 베고 나는 날랐다. 깨를 벨 땐 무척 더웠던 기억과 무척 고되었던 기억이 생생하다.

항상 일손이 모자랐던 그땐 학교에서 돌아오는 나를 앞세우고 들로 가셨다.

참깨는 아랫도리 꼬투리 서너 개가 벌면 수확을 시작하는데 시기를 놓쳐 반쯤 벌었을 때 베곤 했다. 선친께서 한 움큼 베면 7, 80도 비스듬히 세워 나는 그 깻대를 받는다. 한 아름이 차면 돗자리를 받친 지게로 옮겼다. 어른 엄지보다 더 큰 깨 벌레는 더위에 비하면 무섭지가 않았다.

자칫하면 알곡 깨를 땅에 쏟기가 다반사다. 선친은 그런 나를 나무란 적은 없었다. 땅에 떨어진 참깨는 참새가 와서 쪼아 먹겠지, 하는 여유로움이 몸에 배어 있던 선친이셨다. 한 톨 쌀이 귀하던 그때였는데도 말이다.

내가 참깨를 베는 속도보다 아내가 묶는 속도가 빨랐다. 서두르자니 먼저 나온 참깨가 땅 위로 쏟아졌다. 아버지가 그랬듯이 상관할 계제가 아니었다. 들숨 날숨을 쉬고 있는 해는 서녘에 걸려 있다. 저 참깨를 다 베자면 새참 먹는 시간도 아껴야 했다. 토마토를 따서 옷에 쓱 문지르고는 베어 먹었다.

날숨 쉰 햇살이 내려와 비운 밭고랑에 내려와 납작 엎드린다. 흘끔흘끔 우리 눈치를 보던 참새 댓 마리가 빈 밭고랑에 슬쩍 내려와 앉는다. 빈 밭고랑을 쪼고 있다. 널린 참깨 알곡을 쪼고 널린 햇살을 쫀다.

우리는 그들을 무시했다. 아니 무시하는 척했다. 넘어가는 해를 붙잡을 수도 없으니 참새 따윈 관심 밖이었다. 우리가 경계를 늦추니 그들도 경계를 늦춘다. 서로 좋지 아니한가.

우린 언제부터인가 가족처럼 지내는 사이가 되었다. 서로를 무시하는 척하지만 사실은 그렇지가 않다. 간섭하지 않을 뿐이다. 밥 먹는 개도 안 건드린다고 했는데 식사하는 참새는 관심 밖인 척하는 게 상책이다. 그러니까 그들도 우리가 하는 일을 최대한 방해하지 않고 조용히 식사만 한다.

참깨 베고 간 밭고랑에
햇살 내려와 엎드린다
할아버지가
흘린 깨알 몇 톨
참새 서너 마리 날아와서
걸신들린 듯 먹은 후

빈 밭고랑 자꾸 쫀다

—「해를 먹는 참새」

"오늘 다 벨 수 있을까? 아무래도 무리인 것 같은데…."

"늦어도 오늘 마쳐야지요. 내일은 시간이 없어요. 당신은 일 나가야 하고, 나도 음식 준비해야 하니까요. 청소도 해야 하고 일이 산더미예요. 그 많은 손님을 청해 놓곤…."

"저 참새들한테 일손을 보태라고 할까? 바쁠 땐 부지깽이도 한몫한다고 했는데 참새가 도움이 되지 않을까?"

"농담할 시간 없어요. 서둘러 베기나 해요. 묶는 건 내가 책임질 테니까요. 참새한테 방해나 하지 말라고 해요."

올해는 가지깨가 아니라서 그런지 아직 꽃이 피어있다. 밑쪽은 다 익어 꼬투리가 벌고, 꼭대기엔 꽃이 남아있다.

고교 시절 자취할 때가 생각난다. 연탄불 위에 냄비 밥을 잘못하면 3층 밥이 된다. 아깝지만 탄 밥은 버리고, 2층 밥을 먼저 먹고 고두밥은 삶아서 먹곤 했다.

먼저 벌어 땅에 쏟아진 참깨는 깨소금이나 고소한 참기름으로 재탄생하지는 못하지만, 새들의 귀한 양식이 되니 소임을 못 했다고 나무랄 수만은 없다. 적당한 시기 적당한 위치에서 열매를 맺은 꼬투리는 금수저만 물고 태어났을까? 그도 아니다. 신혼부부가 깨소금을 볶기도 하고 그렇지 않을 때도 있다. 금수저를 물고 태어난 참깨도 국적을 둔갑해 매를 맞기도 하는 세상이니까. 시기를 몰라, 시기를 놓쳐 늦게 꽃으로만 피었다가 지지만 그도 최선을 다해 거룩한 삶을 살다 간다. 피지도 못한, 봉오리도 맺지 못한 경우를 너무도 많이 보지는 않았던가.

필 때 피고 질 때 지는 게 상책이긴 하다. 느긋하게 일찍 와서 여유를 누리다가 떠날 땐 부랴부랴 지는 해를 붙잡으려 한탄하면 무슨 소용이겠는가. 늦게 와서 치열한 삶을 살다가 떠밀려 낭떠러지에 서서 짧은 생을 안타까워한들 돌이킬 수 없지 않은가.

이도 저도 한 삶이다. 순간순간 최선을 다하고 짧은 시간이든 긴 세월이든 회한이 없는 삶을 살면 그만이다.

하나의 씨알이 밀어낸 깻대 서너 개에서 수많은 꼬투리가 달린다. 그중 튼실한 씨알과 적당히 살찐 씨알, 쭉정이도 탄생하지만 각기 소임이 있다. 새들의 양식이 되기도 하고, 신혼부부 틈바구니에 끼어들어 깨소금 냄새를 풍기기도 한다. 쭉정이는 하다못해 내년 새움 트는 씨알의 밑거름이라도 된다.

야단났다. 시간을 앞당겨 내일 새벽부터 비가 온다는 예보이다. 땅거미가 내리도록 깨를 베어 전부 세워 놓았건만 미처 비닐을 준비 못 해 덮을 수가 없다. 고스란히 알몸으로 서서 비를 맞는 수밖에.

열나흘 달이 떠올라 들숨 날숨을 쉰다. 내일부터 일주일간 비가 내린다 해도 나는 저 달과 흔쾌히 숨바꼭질할 테다.

들깨 터는 女心

점심 먹고 한숨 자고 일어나니 아내는 보이지 않고 저녁상이랑 밤참이 차려져 있다. 주먹밥과 찐 고구마, 미숫가루 보온병과 깎은 과일이 식탁 위에 가지런히 앉아 주인을 기다리고 있었다. 자다가 일어나면 저걸 챙겨 가서 돈 벌어 오라는 아내의 무언의 강요가 함께 놓여 있다.

깎은 과일만 들고 밖으로 나가 아내를 찾았다. 그녀는 들깨를 털고 있었다.

"올핸 들깨를 털긴 터나 보네? 작년에는 베어 묶어 놓곤 털지도 않아 새 모이로 다 내놓고 선심을 쓰더니…."

"일어났네, 벌써."

"당신, 오늘 무슨 날인지 알아?"

"오늘, 목요일이잖아. 특별한 날인가? 당신 생일, 내 생일. 아니잖아?"

깎은 사과를 입에 넣어 주며 동그랗게 뜬 그녀의 당황한 눈을 보았다.

떠나지 못한 노랑나비 한 마리가 떠나려는 가을을 붙잡으려는 듯 나불나불 아내 머리 위를 난다. 최후의 날갯짓에 안간힘을 다하는 나비가 안쓰럽다. 그러나 가물가물 계절은 멀기만 하고 지려는 꽃은 어스름 저녁으로 달린다.

"오늘은 남편 노는 날. 6일 만의 달콤한 휴일도 나가서 돈 벌어 오라는 당신은 악처였던가?"

"그럴 리가요? 나는 내일이 당신 쉬는 날인 줄 알았지, 미안."

아내는 미안한 마음의 표현을 활짝 웃음으로 대신한다. 나도 만면의 환한 미소로 화답했다. 늘 호탕하게 소리 내어 웃으라는 아내에게 꿀밤 하나를 안겼다.

"들깨는 이렇게 탁탁 두들겨야 잘 털리지."

내가 시범을 보였다.

"팔에 힘이 없어서… 이 도낏자루가 무거워서 그래."

아내는 부러진 도낏자루로 들깨 단을 거꾸로 세워 붙잡고 두들겨 패고 있다.

"내가 미웠을 때를 생각하고, 들깨 단이 남편이다, 하고 두들겨 패면 힘이 나지 않을까?"

아내는 여전히 힘없이 들깨 단을 두들긴다.

왜 없었겠는가? 가장의 역할을 제대로 못 하던 남편의 그 시절을 어찌 잊겠는가? 세 살, 다섯 살, 일곱 살 어린아이를 두고 건설 현장을 나갔던 시절. 급식비를 제때 못 줘서 울며 학교 가던 아이의 뒷모습을 보며 눈물 훔쳤던 그때가 왜 잊혔겠는가?

아내는 잊고 싶었을 게다. 아니 잊은 척하는 게다.

"힘들어. 도낏자루가 무거워."

"내가 미운 적이 없었던 건 아니고… 탁구할 땐 힘이 펄펄 나더니만."

가까운 곳에서 눈에 띄는 낫을 가져와 도낏자루와 바꿔 주었다.

탁탁, 아내는 들깨 단을 두들긴다. 팔에 힘이 좀 오른 듯하다. 그러나 들깨 단의 비명은 들리지 않았다. 양손에 장갑을 끼고 들깨 단과 낫 든 아내 입에 사과 한 조각을 다시 넣어 주었다. 평상시 아내가 하던 대로 따라해 봤다. 모이 물어다 주는 엄마 새의 먹이를 받아먹는 새끼 새처럼 아내는 잘도 받아먹는다.

말라가는 것이 아니라
사위어가는 것이라 쓴다
우리 조상들이
사위어가는 불씨를 살리려고 갖은 애를 썼듯이
수많은 꽃이 피고 지기를 거듭하여
뿌리만 남기고 지려 한다

사위어가는 생식기 앞에서
벌은
단말마처럼 꽃을 외쳐댔다
겨울이 빨리 왔을 뿐이라고
단풍이 낙엽으로 지는 것이
흙으로 돌아가기 위함이고

새가 쪼고 간
씨 톨 하나 남긴 자리에
배설물을 심어 놓듯이
감나무엔 까치밥이 홍시로 익는다

봄이 일찍 올 걸 알고 있는
벌은 동트기 전부터
진 수국 앞에서
그대 오길 기다리기로 했다
땅의 심장 소리 듣기로 했다
—「벌이 훔친 수국」

하늘에서 학 한 마리가 난다. 그 뒤를 쫄래쫄래 또 한 마리가 따라간다. 틀림없이 뒤따르는 학이 수컷일 거라는 생각을 하며 똘이와 억이의 식사를 챙겼다. 닭 모이를 주고 집 안으로 들어와 주섬주섬 밥과 보온병을 챙겨 들고 바깥으로 나와 택시 시동을 걸었다. 일터를 향해 집을 나서려는데 억이가 컹컹 급하게 짖었다. 평상시 배웅을 할 때와는 사뭇 다른 기척이었다.

"컹컹컹. 주인님 오늘은 쉬는 날인데요."

'아차, 깜박했구나. 네가 깨우치지 않았다면 하마터면 일 나갈 뻔했구나.'

집 앞 창고 마당에서 차를 돌려 집으로 돌아왔다.

아내의 망각증이 내게로 전염됐나 보다. 망각증과 치매의 경계는 좀 모호하긴 해도 분명 선이 그어진다. 약속을 잡아놓고 잊은 후의 표현에서 구분된다. 약속을 어긴 후 깨우쳤을 때, '아 참 내가 깜빡했구나' 하면 망각증이고, '내가 언제 그런 약속을 했지?' 하면 치매 초기 증세란다. 아직 우리 부부는 그 정도는 아니니까 치매는 아닌 듯하다.

사람을 가리켜 '망각의 동물'이라고 했다. 누구에게나 잊고 싶은 게 있고 잊지 말아야 할 게 있다. 누구로부터 크나큰 은혜를 입었다면 평생 잊어서는 아니 된다. 갚지는 못 할지언정 잊고 살면 인간이 아니다. 은혜를 준 건 잊어도 상관이 없다. 그 사람으로부터 기억해 달랄 필요도 없다. 그냥 잊고 살면 된다. 큰 슬픔이 있다면 잊을 필요도 있지만 잊지 말아야 하기도 한다. 큰 슬픔은 누구에게나 찾아오지만 그걸 치유하는 것도 망각이 아니라 같은 슬픔을 되새김하지 않는 방편이 될 수 있기 때문이다.

지나간 계절은 오롯이 추억이다. 잊힌 계절이든 잊히지 않은 계절이든 반복할 필요는 없다. 다가오는 계절을 열정으로 맞으면 그만이다. 우린 그 계절을 선뜻 다가서려 하지 않으면서 세월에 묻혀 간다. 또 그 세월을 망각하면서 새로운 지평으로 한 걸음 다가선다.

아내는 들깨를 서 되나 털었다고 자랑한다. 큰 수확이다. 망각의 세월 동안 아내와 우린 들깨 서 말이 아닌 서 되나 수확한 선돌길의 부자이다. 올겨울은 따뜻하게 보낼 수 있을 것 같다. 화목 보일러에 불을 지폈다. 새들도 하나둘 보금자리로 찾아든다. 따뜻한 겨울나기를 위해 울타리를 단장하고 월동 준비에 박차를 가한다. 똘이와 억이도 두 주인이 집을 지키고 있으니 걱정할 게 없다며 각자 그들의 방으로 들어가 빼꼼 밖을 보며 조금은 느슨한 경계에 돌입한다.

어스름 밤이 서서히 온다. 겨울로 가는 시골의 밤은 깊다.

별 마중 달마중

나는 함부로 별을 노래했다. 누구의 허락도 받지 않고 내 글 속에 달을 등장시켜 내 잣대로 가늠해 보고 함부로 험담을 늘어놓았다. '별 하나 나 하나 별 둘 나 둘……' 감히 남의 시 구절을 흉내 내며 별을 다 아는 것처럼 마구 떠들어 댔다. 별과 달이 거기 있다고 생각했고, 그에게로 다가서지 않고 편안히 앉아서 그들을 따오기도 했다.

지금이라도 경솔했던 내 행동을 반성하고, 겸손하게 별 마중 달마중을 나서야겠다.

저녁 8시 7분.

거실 조명등 하나만 남겨 놓고 집을 나섰다. 종종걸음으로 버스 정류장을 향했다. 벌써 가로등이 이글거리고 있다. 그새 가을옷으로 갈아입은 계절은 뿜어 놓았던 습한 기운을 삼키고

까슬까슬한 밤공기를 쏟아낸다.

난간 없는 작은 다리 밑으로 콸콸 어김없이 시냇물이 흐른다. 대부분의 만물이 낮 밤을 가리지만 저 도랑물만은 아랑곳하지 않고 쉼 없이 흘러간다. 콩밭과 고추밭을 지나고 높은 건물을 지나자니 큰 다리가 나온다. 이 다리를 건너면서부터 시나브로 차들이 어둠을 가른다.

8시 12분.

조명을 환하게 밝힌 버스가 때마침 정류장에 와서 멎는다. 고등학생쯤으로 보이는 여자아이와 한 중년 여자가 손가방과 종이 가방을 각각 들고 차에서 내린다. 시내에서 8시에 출발하는 막차를 타고 와 매일 이곳에서 내리는 아주머니가 먼저 아는 체를 한다.

나는 좀 멋쩍게 그녀를 마중한다. 그녀도 버스를 타고 오면서 아내 기다리는 남편의 마중을 기대하고 있었나 보다. 1년 만에 만나는 견우와 직녀도 아닌데 우리들의 별 마중 달마중은 그렇게 애틋함으로 다가선다. 내가 무거운 가방 하나를 받아 들자 아내는 곧장 팔짱을 낀다, 그것도 능숙하게.

"뭐 했어요?"

"그냥…."

"보고 싶지 않았어?"

"별로…."

겉으로는 퉁명스럽게 말하고 있었지만, 마음속으로는 '수고 했어, 사랑해, 보고 싶었어….'라고 대답한다.

와야천 새맑은 물속에
두둥실 보름달 떴다
계곡 타고 바람 한 점
망설임으로 지나치는 길목
주름살 패인 민망함 끝자락에
휘영청 달이 멋쩍다
봄 새 한 쌍 한가로이
달 속으로 비상하고
교교히 흐르는 와야천 거슬러
버스 한 대 일그러지며 멋자
달덩이 방긋 수줍게
차 안에서 빠져나온다

—「달마중 봄 마중」

체육관에서 헤어진 것이 한 시경이었으니까 불과 일곱 시간 지났을 뿐이다.

큰 다리 건너고 작은 다리를 지났다. 어둠 속에서 조 이삭들의 출렁거림이 감지되었다. 너무 익숙한 길이어서 조밭은 물론 막 팬 벼 이삭들도 선명하게 눈에 들어온다.

"낮에 참새들이 떼 지어 날아와 조알을 마구 헤집어 놓던데 제대로 수확할 수 있을까 모르겠다?"

"저게 조라는 것도 올해 처음 알았어요. 요즘은 거의 심지를 않는 것 같던데…. 새들이 너무 극성이야. 우리 깨밭에도 새들이 마구 날아다니던데요?"

"저 벼들도 알곡이 여물어 고개를 숙일 때쯤 참새들의 낙원이 되겠지? 올 추석에는 햅쌀이 어림도 없겠네."

"참새가 벼도 쪼아 먹나 봐요?"

어릴 적 논에서 참새 쫓던 풍경을 아련히 그려보았다. 오일장에 갔다가 밤이 이슥하도록 돌아오지 않으시는 아버지를 마중하러 초롱불을 밝히고 어머니와 함께 찾아갔던 때도 떠올랐다. 어김없이 아버지께서는 주막집에 계셨고, 거나하게 술에 취하셔서 '뭐하러 왔노!' 하시며 자리를 털고 일어나곤 하시지만 맏아들과 아내를 든든하게 여기는 것 같았다.

할머니만 한 분씩 계시는 두 번째, 세 번째 집을 지나 우리 집을 향하는 동안 적막 깨뜨리는 풀벌레 소리가 귓전을 때리다 못해 귀청을 멍멍하게 한다. 여치, 귀뚜라미… 그 외 이름 모를 풀벌레들의 합창은 오케스트라의 웅장한 화음을 방불케 했다.

"재네들은 왜 저렇게 슬피 울까요?"

"글쎄… 꼭 운다고만 볼 수 없지… 짝을 찾는 구애의 노래일 수도 있고… 우리에게도 하루하루가 있듯이 풀벌레들의 일상일 거야, 아마. 매미들은 애벌레로 땅속에서 6, 7년을 있다가 나와서 1년 살다 가지만, 풀벌레 대부분은 세상에 와서 1년 동안 열심히 살았다는 뭐 그런 걸 남기고 싶었을지도 모르지…."

우리 집의 불빛에 점점 다가서자 컹컹 개 짖는 소리. 우리와 마찬가지로 내외가 사는 아랫집의 개가 아는 체한다.

주렁주렁 호박이 흐릿한 가을빛으로 바뀌는 하우스 옆, 길섶에서 반짝반짝 작은 점들의 불빛이 선명하다. 아내와 다투어 풀을 살짝 헤치자 암컷 반딧불이가 배 부분 꽁무니에서 파란빛을 뽐내고 있다. 한 마리뿐만 아니라 여기저기서 불빛을 수놓고 있었다. 하늘로 날아올라 빠르게 공중을 선회하는 불빛도 보였다. 지난 이른 여름에 왔던 반딧불이가 여태까지 우리 곁을 맴돌며 지켜주고 있었다.

반딧불이 불빛과 마주하고 있던 초가을 초저녁 별빛이, 널찍한 우리 집 마당에 살포시 내려앉는다. 그 포근한 별빛이 별마중 달마중하고 마당에 들어서는 두 주인을 마중하며 각자의 품에 와락 안긴다.

열쇠구멍으로 들여다본 풍경

대문이 고장 나고 녹슬면 고치면 그만이다.

대문을 오래도록 여닫고 버려두면 녹이 나고 삐걱거리기 일쑤다. 손때가 묻어 변색할 정도로 수십 년 드나들며 한 번도 색칠하지 않고, 손을 보지 않았다면 그 대문에서 좋은 소리를 듣기란 어려울 것이다. 오랜 시간 부려 먹었으면 그 대가를 지급해야 하고, 고마움에 보답하는 예를 갖춰야 그도 그 주인의 충실한 심복으로서 도적도 지켜 주고 집의 위용도 뽐낼 게 아니던가.

대문은 단순히 바람막이와 도둑을 지켜 주기 위해 그 자리에 서 있는 게 아니다. 그 집을 에워싼 담을 중심으로 한가운데 버티고 서서 외부인들로부터 그 집에 사는 사람의 인품과 가려진 그 집의 내막을 적절히 비춰주는 거울 같은 것이기도 하다.

대문을 활짝 열어놓고 사는 사람은 그 배포와 배려심이 온 동네를 휘감고 있다고 봐야 한다.

열쇠 구멍으로 그 집을 들여다보면 캄캄하기도 하고 형형색색 휘황찬란한 보석들이 가지런하게 여기저기에 놓여있기도 하다. 사람은 속옷 바람으로 집 안을 오가며 온갖 추태를 연출하기도 한다. 그러나 그 집안에서의 자유를 누가 왈가왈부하겠는가?

더는 기다릴 수가 없어 오묘한 열쇠를 구멍에 밀어 넣으면 그 집안의 풍경과 실체가 적나라하게 펼쳐지고, 그 집 주인은 하던 행동을 멈추고 정갈하게 옷매무새를 고쳐 입는다.

"안녕하세요? 어디로 모실까요?"

"서문교회 뒤로 가 주세요. 가다가 내가 죽으면 010-6452-0000번으로 연락해 주세요."

뜬금없다.

"예?"

생뚱맞은 손님의 말에 내가 반사적으로 되물었다.

"내가 집까지 못 가고 죽을지도 모르니까 이리로 연락해 주시라니까요."

손님은 전화번호가 적힌 메모지 한 장을 내밀며 목소리는 단호했다.

"웬 별말씀을요. 돌아가시긴 왜 돌아가신다고 하세요? 지금 멀쩡하신데요."

"멀쩡하긴요. 다 됐어요. 간 4기에 폐 4기, 심장은 두 배로 커져 있고…."

택시에 오를 때 좀 굼뜨기는 했다. 지팡이에 의지한 몸에 짐까지 있었으니까 뒤차가 클랙슨을 울릴 정도로 시간이 지체됐던 게 사실이다. 짐은 가게 주인인 듯한 아주머니가 실어줬다. 그렇다고 택시로 이동 중 절대로 잘못될 것 같지는 않았다.

"웬 농담도 잘하시네요. 집까지 안전하게 모시겠습니다. 요즘 의술이 얼마나 좋은데요. 그깟 병쯤이야 아무것도 아니에요."

"감사합니다. 오래 살 생각도 없어요. 낼모레면 여든인데 여한이 없습니다."

그는 긴 한숨을 내쉬었다.

"자녀분은 안 계세요? 사모님은요?"

"없어요, 아무도."

그는 짧은 대답 후 한참 동안 창밖을 내다봤다.

"쭉 혼자 사셨다는 말씀입니까? 결혼도 안 하시고요?"

"…결혼은 했지요."

그는 뜸을 들이다가 어렵게 입을 뗐다. 다음 말이 기다려졌다.

"……."

"할마이는 오래전에 죽었고 아들 둘과 딸 하나가 있었는데 30년 동안 연락이 없어요."

"30년이나요? 무슨 사연이 있길래…."

"할아버지 돈을 다 갖고 갔어요. 옛날에 선친이 돈을 많이 벌었는데…."

무슨 기막힌 사연이 있긴 있는 모양인데 왔다 갔다 하는 그의 말에서는 감이 잘 오지 않았다.

"처음에는 자제분이 하나도 안 계신다고 하시더니… 그동안 정말 삼 남매, 그 누구한테서도 연락이 없었단 말입니까?"

"내가 죄인이죠. 이제 죽는 날만 기다려야 할까 봐요."

"그럼 이 전화번호는 누구 거예요. 죽으면 연락하라고 했으니 선생님 전화는 아닐 테고…."

"아니에요. 그거 도로 주세요."

그는 전화번호 쪽지를 되찾아갔다. 말로는 죽어도 여한이 없다고 했지만, 누구로부터 연락이 오길 기다리고 있거나 전화로나마 목소리를 듣고 싶은 가족이 있는 게 분명했다. 그 전화번호가 수소문 끝에 알아낸 장남 전화이거나 딸의 전화일지도 모른다는 생각이 들었다. 죽어야 한다고는 하지만 이대로는 눈을 감을 수 없다는 확고한 의지가 그의 말속에 녹아있다. 그 누군가와의 소통, 닫힌 대문을 활짝 열고 싶은 욕망이 안경 너머 그의 눈망울 속에 회한으로 가득 차 있는 게 보였다.

이윽고 차는 목적지에 닿았다. 그의 대문 앞에 차를 세우고 그를 부축했다. 나의 부축과 지팡이에 의지해서 대문 앞으로 다가선다. 철 대문은 낡아 있었다. 오랜 풍상에 낡고 녹슬어 볼품없는 몰골을 하고 서서 주인을 맞는다. 그는 주머니에서 열쇠를 꺼내 닳고 닳은 구멍을 찾는다. 제대로 갈 곳을 가지 못하니까 열쇠 꾸러미가 바닥으로 떨어진다. 내가 열쇠를 주웠다.

"대신 좀 열어 주소."

그가 말했다.

열쇠 구멍으로 안을 들여다봤다. 캄캄했다. 그런데 깊은 곳 어디쯤 반짝 불빛이 보여 열쇠를 꽂으니 찰칵 대문이 열렸다. 손바닥만 한 마당이 나섰고 그는 뚜벅뚜벅 걸어가더니 문 하나를 더 연다. 세월의 때가 덕지덕지 묻어 있었다. 백여 년이나 됨직한 흔적들이 파노라마처럼 매듭지어 펼쳐진다. 개조된 거실과 주방이 한눈에 들어왔다. 싱크대는 그럭저럭 치워져 있다. 짐을 내려놓고 서둘러 그 집을 나섰다. 골목길에 세워 둔 차가 걱정되어서였다.

"안녕히 계세요."

"잘 가세요. 고마워요, 기사 양반."

그의 목소리가 잦아들 때쯤 담벼락 밑에서는 방금 몽우리 터뜨린 노란 국화 서너 송이가 말갛게 미소 지으며 손을 흔들고 있다.

꽁보리밥 한 양푼을
베 보자기에 구겨 넣던 유년,
뽕 방망이 서너 방에
허기진 배 부여잡던 시절.

할머니 빈 젖 빨며
스르르 잠을 청할 때,
보릿고개 넘어갈 길
먼 산 뻐꾸기 섧게 울었지.

—「공기압이 낮습니다」

작년 가을부터 올봄에 이르기까지 솟을대문을 세웠다. 아직도 미완성이긴 하지만 그 위용은 집을 초라하게 가라앉혔다. 아내는 솟을대문이 어울리지 않는다고 투덜대지만, 어차피 그 자리에 서고 말았으니 이제 주인을 닮아가는 모습을 지켜볼 따름이다. 내 뜻에 따라 대문은 달지 않고 쪽문만 붙였다.

덕불고필유린德不孤必有隣이라 했다. 비록 덕은 쌓지 못할망정 좋은 이웃이라도 만들어야 하지 않을까.

살아가는 동안 나에겐 대문은 없다. 나는 언제든 문을 활짝 열어놓고 살고 싶다.

반 아니면 밤

자정이 가까워져 오는 시각, 바깥으로 나갔다. 마당을 몇 바퀴 돌았다. 저녁 먹은 것도 그렇고 조금 전에 먹은 과일이 걸렸다. 소화액을 분비하여 조금이나마 위 운동을 도와주려는 속셈에서였다.

바스락 소리가 들렸다. 그믐이라 캄캄한 산 쪽에서 나는 소리가 정적을 깨며 순간 머리칼이 꼿꼿이 섰다. 소리의 경중으로 봐서 작은 동물임이 감지되자 오히려 오기가 발동했다. 전화기의 전등을 켜고 산을 올랐다. 그저께 한 말 가까이 주운 밤나무 밑으로 갔다. 명쾌한 알밤들이 풀숲에 다소곳이 앉았다. 초등학교 소풍 때 찾은 보물인 양 밤을 헤집은 밤은 쏙쏙 환희의 내 주머니 속으로 들어왔다.

밤은 언뜻 보아 모양이 비슷비슷하게 보이지만 제각각 생김

새가 다르다. 둥글게 타원형을 이룬 녀석이 있는가 하면 반달 모양과 삼각형에 가까운 녀석이 있다. 그중에 가장 이상적인 녀석은 반타원형인 반달 모양이다.

애초에 씨방에서 밤송이를 형성할 때는 셋으로 출발한다. 차츰 생장기에 들어서면서 현명한 선택으로 셋에서 한 개의 밤톨을 결정한다. 한 알의 밤톨로 자랄 것을 결정한 밤송이 속의 밤은 둘을 밀어내고 독식하며 혼자 외톨이로 자란 만큼 실한 알을 형성한다. 하지만 둘 몫을 다 챙긴 처지라 나처럼 배만 볼록하니 볼품이 없다.

그런가 하면 세쌍둥이 밤을 키워낸 밤송이는 힘에 겨워 기진맥진 가시까지 제 역할을 못 해내고 헤벌쭉 나자빠진다. 알밤은 어떤가. 양쪽에 거느린 밤은 부실하고, 중간에 낀 그마저 등쌀에 홀쭉하니 삼각형 모양을 하고 부끄러이 낯을 붉힌다. 어쩌다가 일부 이 처를 지향했던 중간에 낀 그는 제대로 알을 맺지 못해 다람쥐에게도 외면받는 신세가 되기도 한다.

제격은 반쪽씩 나눠 가진 두 개의 알을 품은 밤송이다. 밤송이만 봐도 준수하니 두 개의 정상적인 알을 품은 것임이 드러난다. 길쭉한 듯한 왠지 기형아처럼 생긴 송이는 힘겹게 세 톨을 품은 밤송이고, 골프공처럼 단단하게 생긴, 찔러도 피 한 방울 안 날 것 같은 송이는 하나만 품은 밤송이가 틀림없다.

아무래도 혼자는 외롭고 둘을 거느린 셋은 힘에 겹다. 내 반쪽에 반쪽을 보탠 하나이면 더할 나위 없다.

우린 하나로 태어나는 것이 아니라 조물주는 반만 형성하여 세상으로 내보냈다. 반은 스스로 채워갈 것을 명령했다.

그러나 그걸 부정하고 일가를 이룬 사람들이 제 잘난 탓만 하는 걸 더러 본다. 뭐가 맘먹은 대로 안 되면 조상 탓하고.

그릇은 꽉 채우는 것보다는 조금 비워두는 것이 인간적이다. 꽉 찬 그릇에는 더 담을 수가 없으니 외면하고 만다. 재기 넘치는 장 시인이, 경북문인협회 시화전 중 만찬장에서 '물잔이든 술잔이든 반만 채우는 것이 맞다'라고 했다. 나머지는 마음을 담는 것이라고. 사랑하는 마음이든 존경하는 마음이든 칭찬하는 마음이든 많이 빈 잔에 더 많은 걸 담을 수 있는 거란다. 한 수 배웠다.

낮에 아내와 탈춤 축제장을 찾았다. 마침 휴일이고 내 노는 날이라 그냥 지나치면 서운할까 봐 우리 고장에서 열리는 대한민국 대표 축제 '안동 탈춤 페스티벌'을 구경하러 갔다.

"손잡고 가요. 이 많은 사람 중에 남편 잃어버리면 어떡해?"

아내가 내 손을 슬쩍 잡는다. 못 이긴 체 잡혀 주면서도 간을 친다.

"버려놔도 누가 주워가지도 않을 고물인데 뭘. 길을 잃는다고 해도 반쪽 찾아 집으로 가겠지."

"아니야. 잘난 내 남편, 아직은 쓸 만한 곳이 많아. 누가 업어가면 안 되지."

"그 콩깍지 언제 벗기려나?"

안동의 날 행사가 진행 중이었다. 시장님의 인사말과 내빈의 축사가 있고 난 뒤 축하 공연이 펼쳐졌다. 정말 아내가 보이지 않았다. 한참을 찾아다녔지만 보이지 않아 전화를 해도 깜깜무소식이다.

신유가 앙코르곡으로 '반'을 열창한다. 아내는 군중 속에서 어깨춤을 덩실덩실 흥을 돋우고 있었다. 밤과 낮이 반반이듯 우리 부부도 반만 같이 가면 되는 것이 아닐까? 나도 멀찌감치서 공연 속으로 빨려 들었다. 이어지는 무대는 김민교의 '마지막 승부'였다. '마지막 승부' 한 곡으로 23년을 버텨왔다는 그의 위트와 무대 매너는 군중을 사로잡고도 남음이 있었다. 열광하는 관중들은 반쯤 혼을 빼놓고 무대 위로 내달린다.

머릿속이 하얘
생각이 없을 땐
닭장으로 간다
낮이든
저녁이든
새벽이라도 좋다

일기를 쓰지 못한 새벽녘
닭장에 불을 밝히면
대장 수탉
처음에는 시큰둥하다가
옳다구나, 남는 건 힘밖에 없지

열 번째 처를 깨워
잘난 볏으로 유혹한다
싫다고 내빼던 암탉
목덜미 잡히고 나서는
헤벌쭉, 잠에서 달아난다
내일 새벽에도 깨워달라
넌지시 눈짓하는 수탉이
아홉 번째 마누라 옆구리 찌른다

—「귀촌 · 8」

한밤중에 밤을 한 됫박이나 주웠다. 네 주머니를 알밤으로 꽉 채우고는 배추밭을 가로질렀다. 낮에 그렇게 날뛰던 메뚜기들은 어디 가고 귀뚜라미 떠난 듯 조용하다. 간헐적으로 배추들의 숨소리가 들리는 듯. 치열한 삶을 사는 것은 무와 배추들뿐인가 싶다.

닭장에 가 보았다. 열세 마리 닭들은 하나같이 눈을 동그랗게 뜨고는 경계를 늦추지 않는다. 아무리 주인이라지만 이 시각에 나타날 리 만무하니 저들 동료가 그랬듯이 잡혀갈까 봐 전전긍긍하는 눈치다. 그들의 눈초리가 따가워 바로 돌아 닭장을 나왔다.

이제 갈 곳은 한 군데뿐이다. 집 안. 반쪽이 있는 그곳을 향해 내 반쪽을 데리고 어둠이 쫓아올까 봐 황급히 뛰었다.

허수아비와 알밤 줍기

가을은 논두렁을 넘어서 온다.

익은 벚나무잎 입은 개구리 한 마리가 어기적어기적 논둑으로 기어올라 물기를 턴다. 벼 포기를 요리조리 피해 유영하던 개구리가 갑자기 차가워진 물에 놀라 거대한 논을 밀어낸다. 빼꼼히 내려보는 햇볕에 잠시 몸을 맡기고 눈알 굴리며 경계에 돌입한다. 바쁠 것도 무서울 것도 없다고 판단한 그는 혹독하게 무더웠던 지난여름을 돌아보며 한시름 놓는다.

귀뚜라미 암컷이 땅 구멍에서 나와 더듬이로 세상을 훑으며 개구리를 응시한다. 별로 놀라는 기색은 없다. 그들은 진작부터 알고 지내던 사이였나 보다.

하늘길은 선명하고 가을빛은 맑고 명쾌하다. 고개 숙인 벼이삭은 누렇게 겸손을 읽는다.

이맘때가 되면 선친은 허수아비를 만들어 지게에 지고 들로 가신다. 논둑과 논 한가운데 허수아비를 세우고 참새를 부탁한다.

"이 녀석들아, 논을 잘 지켜래이. 참새가 날아오거든 나를 흉내 내며 춤을 추면 된다. 허어이 허어이 세상을 향해 팔을 흔들면 된다카이."

그러나 참새는 아버지가 떠나면 용용 죽겠지, 하며 맛난 벼를 까먹고 허수아비 어깨에 앉아 쉬다가 가곤 했다.

참새가 남긴 벼를 수확하여 동생 학비를 대던 당신은 이듬해 봄, 집에서 키우던 소한테 잘못되어 세상을 떠나셨다. 암내 내는 소를 몰고 황소가 있는 이웃 마을 큰집으로 식전바람에 황급히 가셨다. 아침 식사하고 교미를 붙이자는 종질의 말에 따라 전봇대에 소고삐 묶으려 엎드린 선친에게 육중한 몸을 실어버린 소였다.

선친은 그길로 대구 큰 병원까지 갔지만 끝내 내 품에 안겨 한세상 마감하셨다. 그때 연세가 마흔아홉. 그 연세에 우리 8남매와 외손주 셋을 남기고 어이 눈을 감았을까? 늦둥이 막냇동생과 외손주가 당신 나이에 육박하고 있고 나머지 우리 7남매는 모두 선친 나이를 앞질렀다.

당신 떠난 지 어언 40년. 우리 모두 아부지, 엄마가 되고 할아버지가 되어가지만, 선친이 비운 자리는 가히 크다.

선친은 눈을 감으면서까지 끝내 소를 원망하지 않으셨다.

나를 빤히 쳐다보시며 검은 눈동자가 흰 눈동자로 바뀌는 동안 많은 말씀을 하고 계셨지만, 우리가 알아듣기에 너무 늦어버렸다. 차마 감지 못한 눈을 쓸어내린 어머니께선 통곡했다.

추석이 2주 앞으로 다가왔다. 벌초와 성묘 철이다. 기사리 봉우재에 증조모와 종조모 산소가 나란히 자리하고 있다. 추석 한 주 전에 벌초하는 우리 삼 종반은 지역 배정 때 주로 내가 벌초하러 가는 곳이 봉우재이다. 가파른 산을 뚫고 산소를 찾아 힘겹게 오르지만, 늘 조상들의 살아온 흔적을 더듬을 수 있어 힘든 줄 몰랐다. 지금은 산림이 울창하지만, 선친과 그곳에 성묘하러 갈 때만 해도 헐벗은 산이었다. 지게에 제물과 떡을 지고 도보로 봉우재까지 하루 만에 다녀오자면 서둘러 새벽녘에 집을 나서야 했다. 아버지와 나는 번갈아 가며 지게를 교대로 지고 그곳에 갔다.

한결 가벼워진 지게를 지고 돌아올 때 아버지는 내게 이런 저런 우리 집안이 살아온 내력을 들려주셨다. 3백 년 전 이곳 고향에 자리를 잡은 후 기사리로 가게 된 사연과, 다시 그곳에서 독 하나만 지고 야반에 고향 근처로 돌아오게 된 사연도 들려주셨다. 할아버지가 집성촌 과부 주모를 겁탈했다는 억울한 누명을 씌워 그곳에서 쫓아냈다는 것이다. 정작 주범은 그 집안사람들이었다고 했다.

빈 지게도 교대로 졌다. 앞세운 내가 조금만 힘겨워하면 당신이 지게를 빼앗듯이 받아 지며 이야기는 계속됐다. 8남매 장남인 내게 들려준 이야기는 고향 마을에 돌아와서도 얽히고설킨 것들이 많았다. 대하소설을 쓰고도 남음이 있다. 언젠가는 선친이 들려준 우리 집 내력을 소설로 써야겠다고 하면서도 쉽사리 손을 대지 못하고 있는 내 게으른 탓을 탓한다.

당신은 늘 인자하고 커 보였다. 오일장에 가셨다가 1박 2일 만에 어머니와 나의 호위를 받으며 돌아오실 때도 당신은 당당했다. 어머니와 부부싸움으로 이어지지만, 한결같이 커 보이던 당신이셨다. 우리 8남매 누구도 당신을 넘어서지 못했던 선친의 키는 160cm를 조금 넘었을까 말까 할 정도로 정작 우리보다 작았다.

> 15센티미터 높은 굽 구두 신은 그녀가 외나무다리를 건너가고 있다 아버지는 증조모님 산소 벌초하러 가는 날엔 맏이인 나를 앞장세웠다 시오리를 걸어 닿은 낙동강이 무섭다는 나를 업고 다리 건너는 당신은 먼 산을 바라봤다 용케도 그녀는 비껴갔고 강은 천연덕스럽게 여자의 화장기를 씻어 물속에 풀어 제낀다 어른은 무섭지 않을 줄 알았는데 아버지 등엔 흥건히 땀으로 젖었고 당신한테서 그 여자 분 냄새가 났다 그녀는 고급 승용차에 기대어 오고 있지만 아직 다리를 건너지 못했다
>
> —「9월」

"깨를 빨리 털어야 한다니까요?"

아내가 연신 닦달한다.

"아직 멀었어. 더 꼬투리가 벌면 한꺼번에 털어도 돼."

"참새가 와서 다 쪼아 먹어요."

"좀 먹으라지. 걔들도 먹고살아야지. 참새도 한 철인데 이때 맛난 벼와 참깨를 먹지 않으면 언제 배불리 먹노?"

아버지께서도 허수아비를 세우면 참새가 벼 이삭을 훔치지 못할 거라 믿었을까? 아니다. 이 가을엔 농부의 마음은 부자이다. 벼 이삭을 줍기까지 하는 성실성과 근면성도 있었지만, 동물들에게도 이 가을만큼은 후했던 조상들이다.

논두렁을 넘어온 가을은 선돌길 따라 우리 마당까지 왔다. 고추를 말리고 깨 꼬투리를 터뜨린다. 무질서하지만 정연한 동산에 가을꽃을 피우고 억새 보드라운 수염을 쓰다듬는다.

언제 왔는지 아침 햇살이 곱다. 가을이 피운 나팔꽃에 질투하며 정열을 불태운다. 참새, 이 소나무 저 소나무 날고 귀뚜라미 이제까지 운다. 2주 후 추석이면 당신의 후손 서른여 명이 이곳에 다녀갈 테지.

밤송이 스멀스멀 익어가며 바깥세상 엿보는 선돌길 언덕엔 가을은 얕지도 깊지도 않다.

할아버지 밤나무

"할비 어디 가쪄?"

추석을 맞아 친정에 왔다가 동생 하솔이 데리고 친구 만나러 간 엄마는 찾지 않고 할아버지의 행방을 물어왔습니다.

"우리 준이 이제 일어났어? 밥부터 먹자."

"할아버지 돈 벌러 가셨어."

낮잠에서 깬 하준이가 두리번 주위를 살피다가 택시 운전사인 할아버지가 안 보이자 시큰둥 눈을 비비며 일어나 앉습니다. 외할머니와 이모가 차려 온 밥상은 그렇게 달갑지가 않습니다.

"얼른 점심 먹고 앞산에 밤 주우러 가자."

아빠가 채근하였습니다.

"할비랑 밤 주우러 같이 가고 싶다니까."

올해 네 살인 하준이는 뭐든 척척 해 주는 할아버지의 빈자리가 커 보였습니다. 왠지 따가운 밤송이도 잘 깔 것 같은 할아버지가 보고 싶습니다.

"할비 언제 와?"

"조금 전 준이가 잘 때 일 나갔으니까 이따 밤에나 들어오실 거야."

"우리 밤 많이 주워서 할아버지와 엄마 오시거든 군밤 해 먹자."

할머니와 이모가 구운 갈치 가시 발라 투정 부리는 하준이를 달래며 밥을 떠먹입니다.

"인이도 이유식 먹고 저렇게 잘 놀잖아."

엉덩이로 방바닥을 닦고 다니는 사촌 동생 아인이를 가리키며 아버지가 닦달합니다. 밥투정이 심한 하준이는 할머니가 떠먹이는 밥숟가락에는 큰 관심이 없습니다. 잠 덜 깬 탓을 할아버지 보고 싶다는 핑계로 돌려놓는 꾀 많은 하준입니다.

"자, 우리 하준이만 남겨 두고 밤 주우러 가자."

이모부도 거들고 나섰습니다.

"나도 갈 테야. 준이도 데리고 가!"

"그럼 얼른 밥을 먹어야지."

자식 주려고 산 송이
다 핀 한 뿌리 감질나
눈먼 송이 있을까

뒷산에 올랐다가
다람쥐도 안 가져간
알밤 한 자루 주워 가네

—「귀촌 · 22」

이윽고 준이네 식구는 완전 무장하고 앞산을 향했습니다. 아인이는 엄마한테 대롱대롱 매달리고도 기분이 썩 좋은가 봅니다. 연신 함박웃음을 날립니다. 하준이도 마지못해 뒤따라 나섰습니다.

마당을 가로질러 앞산에 다다랐습니다. 앞산은 정말 가까운 눈앞에 있었습니다.

"여기 알밤이다! 밤이 엄청 많아요."

맨 먼저 산에 오른 하준이 아버지가 외쳤습니다.

"알밤 어디 있어. 나도 주우러 산에 올라갈래."

맨 나중에 따라나선 하준이가 알밤이란 소리에 귀가 쫑긋했습니다.

"너는 안 돼. 위험해. 거기 마당에 있어. 내가 주워서 던질 테니까 자루에 주워 담아."

할머니가 밤을 주워서 마당으로 던졌습니다. 하준이는 신기한 듯 그 밤을 주워 모았습니다.

조금 전까지 잠투정하던 하준이는 온데간데없고 해맑은 아이가 까르르 웃으며 폴짝폴짝 알밤 쫓아 뛰어다닙니다. 하준이를 따라 쑥부쟁이꽃도 까르르 웃었습니다. 마당 가운데 동산에

막 핀 억새도 함빡 미소를 머금었습니다. 잠꾸러기 봉숭아도 고개를 내밀고 까르르 하준이 웃음을 쫓아 달립니다.

"알밤 정말 많다. 어제 할머니와 삼촌들께서 주워 가시고도 이만큼 남아 있네."

이모부도 신기하고 신이 나서 밤 줍기에 여념이 없습니다. 이모는 아인이를 업고 실시간으로 동영상 찍어 10월 1일 여동생을 순산하여 서울 조리원에 있는 막내 이모와 택시 운전하는 할아버지께 전송하느라 정신이 없습니다.

할아버지 밤나무는 흐뭇한 표정을 지으며 밤을 줍는 하준이 식구들을 내려다봅니다.

'네가 하준이로구나. 넌 아인이고… 하솔이는 엄마 따라 시내에 나갔다지? 내년에는 한 돌 맞은 막내 손녀까지 데리고 오렴. 내년에도 알밤을 많이 내려보낼 테니까.'

하준이는 밤나무를 쳐다봤습니다. 밤나무 할아버지가 뭐라고 말하는 것 같았습니다.

밤은 헤아릴 수 없이 많았습니다. 추석인 어제 한 차례 알밤을 주웠는데도 오늘 하준이네 식구는 알밤을 한 말이나 주웠습니다. 다람쥐와 청설모가 먹을 양식은 남겨 두었습니다.

'걱정하지 말아라. 이 할아버지가 다람쥐 양식은 충분하게 가지고 있다. 벌써 다람쥐가 도토리와 알밤을 주워서 땅속에 숨겨 놓았느니라. 하준이처럼 동생한테 장난감을 양보 안 하는 욕심쟁이 다람쥐는 너무 많이 감춰 뒀다가 찾지 못해 싹이 터

서 참나무와 밤나무로 자라기도 하지.'

엄마와 하솔이, 할아버지가 돌아오셨습니다.

"할비, 할비. 택시 운전하여 돈 많이 벌어쪄요? 우리 밤 많이 많이 주웠다. 할미랑 아빠, 이모부랑 하준이가 알밤을 이만큼 주웠어."

하준이가 할아버지 손을 이끌고 가서 밤 자루를 가리킵니다.

"그래. 우리 준이 기특하기도 하지. 밤 많이 줍고 밥도 많이 먹었어?"

그제야 하준이는 엄마한테로 쪼르르 달려갑니다.

"조금 전에 하준이 증조할아버지가 다녀가신 것 같은데…. 너희 증조할아버지는 엄마가 태어나기도 전에 돌아가셨는데 엄마 고향 마을 나별, 고늑골에 밤나무를 백여 그루나 심으셨지. 지금도 여기서 멀지 않은 그곳에 가면 밤과 감이 주렁주렁 달려 있는데 따 먹지를 않아. 증조할아버지는 너희 사는 모습을 늘 하늘에서 지켜보시며 보살피고 계시단다. 아까 너희가 밤 주울 때는 위험할까 싶어 밤송이를 하나도 떨어뜨리지 않고 밤나무 위에서 지키고 계셨단다."

"할아버지, 밤에 또 돈 벌러 가? 밤에 하준이랑 밤 구워 먹고 택시 운전 가지 마떼요."

"응. 그러자꾸나."

고단했던 하준이는 저녁을 먹고 금세 쌔근쌔근 잠이 들었습니다. 할아버지는 잠이 든 손자를 뒤로하고 밖으로 나와 택시 시동을 걸었습니다. 열엿새 달이 가장 보름달스럽게 하늘에 떠서 밤나무 사이로 빼꼼 내려다보며 씨익 웃고 있습니다.

선돌길 언덕을 비껴가던 바람 한 점이 그네를 밀었습니다. 미세한 움직임이 감지되었습니다. 도토리와 알밤이 시소를 탑니다. 미동도 하지 않습니다. 과거와 현재, 미래가 줄다리기를 하나 봅니다. 현재가 중심을 잡고 한복판에 앉아 과거와 미래를 번갈아 살핍니다. 눈에 보이지는 않지만 과거 쪽으로 기우는가 싶더니 다시 미래로 기울기를 반복합니다. 시소 중앙에 앉은 한가위 보름달은 그들의 씨름을 지켜보는 재미가 쏠쏠합니다.

자두나무에 열린 사과

자고 일어나니 뒤뜰 고욤나무에 주홍색 감이 주렁주렁 달렸다. 시나브로 익어가는 홍시는 입맛을 다시게 하고도 남음이 있었다.

유년, 늦잠에서 깬 나는 소매로 입가에 흐른 침을 훔쳤다. 고조할아버지뻘 되는 고욤나무는 그냥 그 자리에서 감이 아닌 고욤 열매에 맺힌 찬 이슬을 잎으로 쓸어내느라 여념이 없었다.

꿈에서 본 감나무 풍경이 이불에 그려진 걸 한참 후에 알았다. 내의도 젖어있었다.

감나무가 있는 친구 집이 부러웠다. 가을이 오롯이 익어가는 이맘때쯤 잘 익은 홍시가 햇살과 어우러져 고운 자태를 뽐내는 감나무는 선망의 대상이었다. 침이 꼴깍꼴깍 넘어갔다. 우리 집 고욤나무가 감나무였다면 얼마나 좋을까 늘 소원했고,

쥐 불알만 한 고욤 대신 감이 열리는 꿈을 자주 꾸곤 했다.

겨울철 고욤 씨째 먹은 후 배설물을 통해 고늑골 들에 뿌려져 움튼 어린 고욤나무가 즐비했다. 선친께서 3학년 담임이셨던 종환네 아버지께 감나무 접붙이는 법을 배워 50여 그루의 감나무가 탄생했다. 내가 먼발치에서 배운 실력으로 집 앞 담벼락에 참하게 자란 고욤나무를 베어내고 접붙였다가 아까운 나무만 희생시키고 만 적이 있다. 고욤나무 껍질과 가지에서 잘라낸 감나무 묘목 껍질이 밀착돼야 감나무 새싹이 움트는데 그걸 소홀했던 것 같았다.

우리 집에도 드디어 감이 열릴 때쯤 선친께서 사고로 세상을 먼저 버려 우리 가족의 슬픔은 이만저만이 아니었다. 홍시가 대수던가.

훗날, 이웃 마을에서 이사 온 두회네 아버지가 사과나무를 심었다. 우리 마을에도 사과가 열리기 시작했다. 그때까지만 해도 사과는 먼 지방에서 재배하여 비싼 돈 지급하고 제사와 명절 때나 구경하는 과일인 줄 알았다. 옆집 경자 누나의 홍조 띤 볼처럼 발갛게 익어가는 사과가 어린 시절 나의 구미를 돋웠다. 이제는 우리 집 감나무에 사과가 열리는 꿈을 꾸기 시작했다. 고늑골 들에 갈 때 하나 서리해서 먹던 사과 맛은 아직도 잊을 수가 없다.

선돌길로 귀촌하면서 자두나무를 200여 그루 심고 뒤늦게 사과나무 다섯 그루도 심었다. 사과 농사는 자신이 없었다. 올해 꽃사과 몇 개 수확이 고작이었다. 자두 농사도 매한가지. 약을 제때 치고 전정을 제대로 해 주고 공들여야 함에도 정성과 기술이 부족하여 자두 농사도 실패를 거듭하고 있다.

기후가 바뀌면서 우리 지방에서는 감나무가 추위에 견디지 못하고 고사하는가 하면 매실, 자두, 복숭아가 시내보다도 열흘이나 꽃이 늦게 피어 튼실한 열매를 맺을 수 없다는 사실은 뒤늦게 알았다.

초승달마저 저버리고
재 넘어온 사과밭엔
늦가을이
아장아장 걸어가고 있다

주렁주렁 매달린
빨간 비밀 주머니
탈탈 털어 내니
파란 속이 하얘진다

볼그레한 양 볼
안경 너머 말간 미소
포개놓은 두부처럼
부서질 듯 연약한 그녀

꽃사과 한 입
베어 물고 싶어도
씨방 없는 열매는 달기 싫어

꾹꾹 눌러 참고 돌아섰다

—「옥산 사과」

우리 집 자두나무 열매는 벌레에 내주었더니 대신 사과가 주렁주렁 열렸다. 아내가 이웃 사과밭 일 거들어 주고 사과를 얻어왔다. 우리 집엔 작년과 재작년에 심은 사과나무 다섯 그루가 고작인데 사과가 쌓이기 시작했다. 한 상자, 두 상자에서 열 상자가 넘어갔다. 아이들과 부산 처형께 부쳐 주고도 넘쳐 사과즙을 내기로 했다.

"여보, 도저히 이 사과가 감당이 안 되니 작년처럼 사과즙을 냅시다."

"자두나무에 사과가 열린 꼴이 됐구려. 어쨌든 자두나무에 사과가 열리니 그보다 좋을 수가 없고, 나눠 먹을 수가 있으니 금상첨화 아니겠소? 오래 보관하는 데는 즙을 내는 게 젤이지요."

이번 주말에 우리 8남매와 어머니를 초청해 놓았고, 아이들이 모두 모이기로 했으니 선돌길 언덕이 시끌벅적 두 번째 내린 눈을 녹이고도 남을 것 같다.

고향 마을, 고욤나무가 버티고 선 나별에 8남매라는 익어가는 홍시가 주렁주렁 열렸다. 비록 큰 나무 선친께서는 우리 곁을 먼저 떠났지만, 그 열매는 충실히 제자리에서 잘 익어가고 있다. 우리 8남매의 장남인 나는 비록 고향 마을은 아니지만 이웃인 선돌길에 새롭게 터전을 잡고 셋의 열매를 키웠고, 곁가지를 쳐서 다시 손주 넷이 탄생했다.

선돌길이란 큰 나무에 열매가 튼실하게 주렁주렁 열려 잘 익어가는 걸 보면서 우리 부부는 올망졸망 예쁜 동산을 가꾸고 있다.

나무는 거름 듬뿍 주고 잘 가꿔야 토실토실한 열매를 많이 맺는다. 어떻게 가꾸느냐에 따라서 고욤나무에 감이 열리기도 하고 배나무에 모과가 열리기도 한다. 개천에 용이 나는 시대는 갔다지만 용은 어디서도 날 수가 있다. 정성과 간절함이 있으면 자두나무에서도 사과가 열리는 법이니까.

자두나무에 열린 사과는 달다. 우리 가족, 많은 지인과 나눠 먹을 수 있어서 특별히 더 달다. 우리는 오르지도 않고 산이 높다 한다.

추위를 유별나게 타는 아내는 이번 주말 아이들이 모일 때는 난방을 빵빵하게 해 놓자고 신신당부한다.

오늘도 산에 올라 나무 한 짐을 해 왔다. 지게 지고 산에 오를 때와 나무 한 짐 지고 내려올 때 숨은 찼지만, 조롱조롱 달린 열매들의 따뜻한 보금자리를 위해서는 하나도 힘에 겹지 않았다.

산새들이 째째째 응원을 보낸다.

염일방일拈一放一이라 했다. 하나를 가지려면 하나를 놓을 줄 알아야 한다. 소나무가 익은 잎새는 품에서 떨궈 자연으로 돌려보내고 겨울나기 위해 여린 잎새만 쓸어안으며 앞산을 호령한다.

알밤과 초란

눈을 뜨자마자 습관처럼 닭장으로 향했다. 길섶에, 8월 하순에 파종한 무와 배추가 나 보란 듯이 아침 이슬을 머금고 싱그런 자태를 뽐내고 있다. 머지않아 다가올 겨울을 품기 전에 땅힘으로 솟구쳐 올라 하루가 다르게 쑥쑥 성장하는 게 눈에 보인다. 논에서 쫓겨온 메뚜기들이 가뭄에 물 만난 물고기들처럼 신나게 뛰어놀고….

닭들이 우르르 몰려오며 오늘도 주인을 반긴다.

병아리와 개에게 먼저 사료를 주고 큰 닭이 있는 닭장으로 가서 문을 열어젖혔다. 이처럼 반겨 주는 닭들이 있으니 쪼르르 닭장부터 달려오나 보다.

닭들이 모이를 쪼는 틈새로 알밤들이 그 누구의 손길을 기다리고 있었다. 어제 늦은 밤까지 가을치고는 엄청 많은 100㎜

의 비가 내려 조금 일찍 밤송이 품 안을 떠난 토실토실한 알밤들이 땅바닥에 즐비하다. 닭들은 모이 쪼는 것에만 몰두하고 알밤은 거들떠보지도 않는다.

그들은 알밤을 까서 속살을 빼내 먹을 만큼 교활하지 않다. 내게 양보라도 하는 것처럼 보였다. 비닐봉지에 밤알을 부지런히 주워 담았다. 재미가 쏠쏠했다. 한 되는 훨씬 더 되어 보였다.

예전에 토끼들의 집이다가 이제는 닭들의 쉼터가 되어버린 보금자리에 달걀 두 개가 놓여 있었다. 산고를 겪은 듯한 초란初卵에 약간의 얼룩이 있다. 저 알을 탄생시키기 위해 얼마나 고생을 했을까?

갓난 병아리로 우리 집에 와서 5개월 넘게 살아남아 수탉을 만나 뱃속에 어린 알을 품고 열흘 이상 곱게 키워 이 세상에 나오게 하기까지 부모로서의 사명을 다한 산고도 환희였으리라. 달걀에는 아직 어미 닭의 체온이 따스하게 남아있다.

방금 주운 알밤과 초란 두 개를 포개 놓고 스마트폰으로 사진을 남겼다.

같은 알이지만 너무나 성격이 다른 두 가지 그것을 포개 놓고 보니 이상하게 조화를 이룬다. 같은 생명체라는 데는 의심할 여지가 없다.

닭 한 마리 사라져
울타리 바깥 한 바퀴
낙엽 품고 앉아

불빛에 움찔 놀라는 녀석

밤눈 어두운 그 녀석
닭집으로 몰아넣자
달걀 한 개 나뒹굴어
따스한 체온 오롯이 남아있다

낮에 낳은
육신보다 귀한 보물 하나
추운 밤에 얼어 버릴까 봐
무서운 밤도 품었노라

주인한테
분신 넘겨주고
마음 놓고 집으로 간 녀석
천하를 품었었나

—「천하를 품다」

"여보, 오늘 오후에 밤 주우러 가요?"

"그럴까?"

"오늘 마침 휴무니까 있다가 산에 한번 올라가 봅시다."

"모처럼 오늘 날씨도 좋을 것 같으니까 그렇게 하지 뭐."

식전에 닭장에서 초란과 함께 밤을 주워오자 신기해하며 아내가 오후에 밤 주우러 갈 것을 제의했다.

오전에는 아내의 다친 손을 치료하고 시골 마을을 한 바퀴 돌아 집에 와서 점심을 먹었다. 다행히 오른손은 성하니 우리 두 사람의 식사 정도는 아내가 차리지만, 설거지만큼은 보름째 철저히 내 몫이다.

알밤 줍기는 뒤곁에서부터 시작되었다. 산을 오르기도 전에 뒤안에서 뒷 도랑으로 알밤이 널려 있었다.

한 알 두 알…. 알밤을 천천히 자루에 주워 담았다. 누가 쫓아오는 것도 아니니 급하게 서둘 것도 없다.

어제까지 추적추적 가을비가 내려 스산하던 날씨는 언제 그랬냐는 듯이 화사하고 청아한 전형적인 가을 그 자체였다.

심호흡을 하자 알싸한 풀내음이 폐부 가득하다. 채워줬다가 비우기를 거듭하며 심신을 맑게 닦아 주고, 잠자는 영혼을 일깨우기에 충분하다. 오이 향 풋풋한 봄풀 내음에 비하면 가을의 향내는 중년 여인네 몸에서 풍기는 은은하면서 알싸한 수세미꽃 향 같은 것이다.

한 알 두 알…. 가을을 주워 담았다. 처음부터 자루를 가득 채울 생각은 없었다. 너무 많이 주울 필요도 없다. 남겨 두었다가 그 누구도 주워 가지 않으면 나중에 천천히 거둬들이면 그만이다. 산 중턱을 올라갈 때쯤 아내가 집을 나서며 나를 불러 세운다.

"어디 있어요? 밤이 많아요?"

"응, 여기… 그런데 그 차림으로 무슨 밤을 줍겠다고 그래?"

정작 아내는 준비도 없이 슬리퍼를 끌고 종이 가방 하나만 달랑 들고 나온다. 밤 주우러 가는 사람치고는 옷차림이 집 안에서 입던 그대로여서 높은 산은 오를 수 없을 것 같다.

"높은 산은 올라가지 말지 뭐."

"그러게나. 손도 불편하니 밭 가장자리와 산언저리에서 떨어진 밤이나 줍구려."

그때쯤 아이들이 카톡으로 어머니 아버지를 찾길래 제 엄마의 밤 줍는 모습을 찍어 보냈더니 난리가 났다.

'엄마, 엄마 손은 괜찮아? 무리하지 마….'

'엄마, 실밥은 풀었어?'

'밤 많이 떨어졌나 봐? 그래도 보기 좋다.'

휴대전화를 들고 나오지 않은 아내는 밤 주워 담기에 여념이 없다. 구태여 비탈진 산까지 오르지 않아도 되니 손쉽게 가을걷이를 한다.

이제 막 떨어지기 시작한 밤알, 가을이 깊어 가면서 차츰 알밤도 영글어 가겠지? 노릇노릇한 밤송이들이 늦가을을 노래할 때쯤 저만치에서 초겨울이 서서히 다가서며 다정한 손을 내밀겠지?

"인제 그만 줍고 갑시다. 다 먹지도 못해."

"조금만 더 줍고…."

"나머지는 내일 또 주울 수도 있고… 다람쥐랑 청설모 양식으로 남겨 둬야지."

"네, 알았어요."

산그늘을 길게 드리우며 가을 해는 벌써 뒷산을 넘어갔다. 금싸라기 햇살은 서산 너머에서 머뭇머뭇 서성일 거야.

초란을 낳기 시작한 닭들도 서서히 보금자리로 한 마리 두 마리 찾아들고….

서쪽에서 불어오는 하늬바람이 우리의 옷깃을 여미게 한다.

나는 추희가 좋다

나는 자두를 좋아한다. 한 입 베어 물면 새콤달콤 혀끝에서 느껴지는 즙에서 배어나는 상큼함이 경이롭다.

이른 봄, 인고의 계절을 기다려 두꺼운 표피를 뚫고 나온 꽃은 생전 처음 느껴보는 나비의 유혹에 부끄러운 몸을 내어 주고 열매를 잉태한 지 여러 날, 드디어 내 앞에 얌전한 자태로 다가온다.

내가 자두를 처음 접한 것은, 책에서 본 기억은 없고 뒷집 종환네 자두밭이다. 종환네 아버지는 4학년 때 담임을 한 교사셨다. 그 당시 교과서에서는 자두를 다루지 않은 듯싶은데 선생님께서 일찍이 우리에게 자두를 산 교육으로 먼저 가르쳐 주셨다.

우리 집 앞이 바로 종환네 자두밭이었는데 봄에는 흰 꽃이 만발하여 소년의 마음을 설레게 하더니 한여름이 오기 전에 나무에서는 먹음직한 자두가 익어가고 있었다. 어린 내 주먹만하게 자두가 몸집을 키우는가 싶으면 볼에는 홍조를 띠고 노리끼리한 것이, 먹을 것이 풍성하지 못했던 우리 아이들의 미각을 자극하고도 남음이 있었다.

그전까지 우리 마을에는 과일나무라고는 감나무가 고작이었다. 그것도 서너 집에 고목에 가까운 감나무가 한 그루씩 있어 감꽃이 떨어질 때면 새벽같이 일어나 음지마을까지 가서 그 꽃을 주워 강아지풀 꼬치에 끼웠다가 두고두고 먹었던 기억이 있다.

우리 집엔 고욤나무가 한 그루 있었다. 가을에 고욤을 따서 항아리에 넣어두었다가 겨울 야밤에 꺼내 아껴 먹던 그 시절이 그립다. 할머니가 특히 겨울에 먹던 그 고욤을 좋아하셨다. 할머니께선 당신의 몫인 고욤을 우리 손주들한테 나눠 주시며 입맛만 다시곤 하셨다. 맏손자인 내게 많이 남겨주셨던 걸 기억은 하지만 별로 사양했던 것 같지는 않다.

그만큼 먹을 것이 귀했던 그때라 아이들은 낮에 굵고 잘 익은 자두를 눈독 들여놨다가 초승달이 지길 기다려 자두 서리를 하곤 했다. 일찍 익은 자두 속엔 큼직한 벌레가 들어 있기도 했지만 아랑곳하지 않았다. 그까짓 벌레 따위가 대수겠는가? 내 것보다는 훔쳐 먹는 떡이 더 맛있다고 그 누가 말했던가, 명답이다.

우리 옆집에는 자두를 닮은 나보다 한 살 위인 누나가 살고 있었다. 흰 피부에 홍조를 띤 그녀는 자두꽃처럼 환하게 웃곤 했다. 고교 시절 시내에서 자취하다가 토요일에 집에 오면 봉긋한 가슴에 처녀티가 나는 그녀는 담 너머에서 말없이 따뜻한 미소로 반겨 주었다. 나는 수줍게 씩 웃으며 고개를 돌리곤 했던 기억이 있다.

나는 자두꽃을 닮은 누나를 좋아했다.

까치발하고
초승달 지길 기다렸다가
집 앞 종환네 자두밭
서리해서 먹던
자두 한 알의 새콤달콤
그 맛.

촌에 집 짓고
맨 먼저
자두나무 심었다.
새콤달콤 그 맛,
벌레들이 서리해 가고
휑한 자두밭.

—「귀촌 · 17」

4년 전 귀촌하면서 자두나무를 맨 먼저 심었다. 첫해는 스무 그루. 그다음 해인 3년 전에는 180그루나 심었다. 고사목도 있고 나무를 제대로 가꾸지 않아 올해 수확은 별로 못 했지만, 쑥쑥 커가는 자두나무를 바라보면 마음이 풍성하고 뿌듯하다.

내년 봄엔 온 밭에 매화를 호령하며 흰 꽃이 만발하겠지? 벌나비가 날아들고 벌레들도 열매와 함께 커갈 거야. 저 많은 나무에서 열매들이 익어갈 때 벌레들도 익어가야지. 암, 벌레들이 먹고 남은 것들을 사람이 먹어도 풍족한 세상에 살고 싶다.

나는 추희秋姬가 좋다.

너희보다 4, 5일 늦게 와서 안방 차지는 못 했지만 나는 그녀가 좋다. 일본에서 1970년대에 발견되어 1991년에 정식 등록된 그녀는 초가을 내게 와 구미를 돋운다. 9월 초중순을 기다리며 아직 내 곁에 오지 않았지만 뜨거운 태양을 이겨낸 만큼 속이 꽉 찬 넌 풍만한 가슴과 혀끝의 달콤한 속삭임으로 내게 올 것을 믿고 있다.

나는 그녀가 좋다.

고늑골 가는 길

논둑 넘어 슬금슬금 걸어 나왔던 가을이 서산 너머 저녁놀로 진다. 오라고 애절하게 손짓하지 않았건만 그렇게 왔다가 노랑 빨강, 각양각색 채색했던 가을의 흔적을 주섬주섬 주워 떠나려 한다.

가을이 가장 먼저 당도한 곳은 우리 집 자갈 마당이었다. 돌 틈새 돋아난 비단풀 잎사귀에 귀 대어 속삭이곤 곁눈질하는 화살나무 곁으로 다가간다. 그가 다녀간 후 알밴 비단풀은 귓불이 빨개지며 부끄러움이 극치에 다다라 고개 들지 못하고 자갈밭을 긴다. 아무도 화살나무와 연애질했다고 놀리지 않았는데 덩달아 화살나무마저 붉게 달아오른다.

이윽고 동산에 올라 구절초를 피우더니 해당화 씨 톨에 입맞추고 간다. 잠시 싸리나무에 머물던 가을은 동산을 내려와 시소에 걸터앉는다. 미동도 하지 않자 시소를 내려온 가을은 그네를 탄다.

'바람아, 바람아. 그네 좀 밀어주렴.'

조금 전까지 꿈쩍도 하지 않던 그네가 서서히 움직이기 시작한다. 저 건너 지리산에서 쉬고 있던 바람이 가을의 말을 알아들은 걸까? 참새 한 마리 비상하더니 가을의 말을 물어다가 지리산 바람에 전했는지도 몰라?

바람은 변덕쟁이.

그네 타기에 싫증 난 바람은 앞산으로 올라 보송보송 핀 밤송이를 툭 건드리곤 온 산을 헤집는다.

논둑을 넘지 못한 가을이 있다는 사실엔 우리는 둔감하다. 논둑을 못 넘었으니 가을일 수도 없다. 한여름에서 멈춘 그들도 수두룩하다.

초가지붕 용마루
깁고 가는 세월,
강물도 아닌 것이
강물인 척

강은
거슬러 흐르지 아니한다
잠시 머물다가
아장아장 가는 저녁놀

—「댐과 세월 사이」

선친은 오십 고개를 넘지 못했다. 마흔아홉에 생을 마감한 당신은 아직도 여름이 멈춘 논에서 유영하고 있을까?

수원에서 개최하는 문학 행사와 맞바꿔 아내와 20리 밖 고향 마을 고늑골로 밤 주우러 갔다.

"수원 안 가는 대신 고늑골 가서 밤이나 주워옵시다. 감도 달렸으면 따오고."

"내일 시장기 탁구대회도 있고 하니 장거리 가는 걸 포기하길 잘했어요."

40년도 전에 선친께서 심어 놓은 아름드리 밤나무 밑에는 알밤이 즐비했다. 청설모와 다람쥐가 겨울 양식까지 챙겨놨을 테지만, 사람 손을 타지 않은 고늑골엔 알밤이 지천으로 널렸다.

"아부지가 밤나무 심으실 때만 해도 먹을거리가 많지 않은 시대였지."

"이 많은 나무를 아버님이 다 심으셨다고요?"

"밤 수확은 해 보지도 못하시고…."

"내년에도 밤 주우러 와요. 아버님이 살아계셨으면 얼마나 좋아하실까…."

감도 땄다. 기온 변화로 인해 감나무가 많이 고사하여 몇 그루 남지 않았지만, 홍시처럼 달곰한 선친의 흔적만은 고스란히 남았다.

까치가 쪼다 만 감도 있었다. 긴 장대를 만들어 휘둘렀지만 꼭대기의 감까지 딸 수가 없다. 그래서 못 따 남긴 감은 까치밥이 될 터였다. 5년 만에 와서 까치밥과 다람쥐 양식을 축낸 것 같아 그들에게 괜히 미안한 생각이 든다.

선친은 밤나무와 감나무를 각각 40그루 이상씩 심어 우리에게 남기셨다. 우리가 다 수확하지 못한다 해도 까치밥과 다람쥐, 청설모의 양식이 되리라고 믿으셨으리라.

비록 가을 문턱을 넘지 못하고 세상을 뜨셨지만, 한 시대를 풍미한 유명한 배우보다도 우리에겐 더 많은 유산과 지혜를 주셨다. 그 유업을 이어야 하는 우리, 아니 나는 과연 바른길을 가고 있는가, 반문해 본다.

작은 씨 톨 하나라도 남겨 후세에게 기억되는 나무로 자라고 싶다. 선친이 그리하셨듯이 많은 나무는 심지 못할망정 제대로 된 나무 한 그루라도 심어 가꿔야겠다.

집으로 돌아오는 길은 어둑어둑 저녁 녘이었다. 아버님의 유명을 달리하게 했던 옛 재종숙 집 앞 전봇대를 지나 내가 태어났던 가야리 길로 차가 인도했다. 오솔길이 넓은 포장도로로 바뀌어 있었지만 내 기억 속의 옛 흔적은 그대로였다.

해는 짧다.

이후 집으로 오는 길은 낙엽만 뒹굴 뿐 침묵의 시간이었다.

서산 너머로 빛진 가을이 진다.

고추잠자리와 나무꾼

"눈이 부시게 푸르른 날은 그리운 사람을 그리워하자. 저기 저기 저 가을 꽃자리 초록이 지쳐 단풍 드는데…."

인터넷 라디오 미니mini를 통해 억새 깃털, 부드러운 감촉이 송창식 님의 '푸르른 날은'이란 노래에 실려 산허리를 휘감아 돈다. 가을 끝자락을 꼭 부여잡고 놓지 않으려는 빨간 단풍의 부르짖음이 메아리 되어 온 산에 울려 퍼진다.

때마침 고추잠자리 한 마리가 날아와 상석 위에 살포시 내려앉길래 반가워 따라갔더니 두 마리, 세 마리가 무리 지어 억새 깃털에 간지러워하며 산소 주위를 맴돈다.

내일 오후부터 모레까지 가을비를 예고하고 있기는 하지만 오늘만큼은 눈이 부시게 푸르른 날에 황혼으로 가는 가을을 꼭 붙들어 놓고 싶은 심정이다.

톱으로 다시 나무를 잘라 지게에 올려놓았다. 벌써 다섯 짐째. 고사했거나 산소 주위에 잘라 놓은 아까시나무와 잡목들이 즐비하여 장작을 한 짐 하는 데 그리 시간이 오래 걸리지는 않았다.

산 아래에서는 막바지 집짓기가 한창이다. 간간이 타일 자르는 기계음 소리와 개 짖는 소리가 뒤섞여 톱질하는 나무꾼의 귓전을 때린다.

지게를 져 본 지 30년이 가깝다. 서른두 살에 농사를 뒤로하고 고향을 떠났으니 지게도 그때 나를 떠나면서 역사의 뒤안길로 영원히 사라지려나 싶었다.

내 나이 쉰여덟, 이제 다시 촌놈(?)으로 돌아가면서 지게와의 26년 전 끈을 이으려 한다. 비록 지금은 나무 지게가 아닌 알루미늄 지게이긴 하지만 나무꾼이기는 매한가지.

그때 시골에선 땔감으로 나무가 대부분이었다. 자랄 여가도 없이 나무를 너무 베어버려 산이 헐벗고 풀마저 남아나지 않았다. 풀을 베어 말려서 땔감으로 쓰던 시절엔 밥을 하면서 동시에 구들을 데워 난방을 겸하고 있던 데 비해 지금은 밥은 전기밥솥에 맡기고 보일러용으로만 장작이 필요하다.

초등학교 1학년 때 지게를 지기 시작하여 32년간 땔감을 지게로 해 날랐으니 나무하는 선수였다. 욕심이 많았던 나는 학교 갔다 온 틈틈이 나무를 해오면 동네 어른들이 태산이 지나간다고 할 정도였다. 지금에 와서 까맣게 잊고 있던 지게를 대하는 감회가 무척이나 새롭다.

나무꾼의 솜씨가 그때만큼은 못하지만 그리 때 묻지는 않았건만 세월을 비껴가지 않은 모양이다.

카톡을 통해 아이들이 나무꾼 아버지를 본 소감을 적고 있다.

'에헤이… 지게꾼 고재동 ㅋㅋㅋ….'

'할아부지 나무해왔니껴?'

'아빠 힘 안 들었어?'

할아버지라며 놀린다. 아내와 어머니는 '모자라도 쓰지?' 하시며 '할아버지'란 말에 조금 민감한 반응이다.

굴뚝에
연기가 나는 건
사랑이 식지 않았기 때문입니다

나무꾼이
나무하러 산에 오르는 건
존재의 이유 때문입니다

장작을 베어
지게에 올려놓으면서
생채기로 남았습니다

두레박엔
세월을 퍼 담아

하늘로 길어 올렸습니다

선녀 위해
오늘도 나무꾼은
아궁이에 군불을 지핍니다
—「선녀와 나무꾼」

내일 비가 오고 나면 추워진단다. 이제 겨울도 머지않다. 며칠 전 이곳 와룡 땅은 벌써 얼음이 얼었다.

"눈이 내리면 어이 하리야 봄이 또 오면 어이 하리야…."

시인 서정주 님은 추운 겨울을 걱정하고 있다. 더해가는 한 살 나이가 두렵단다.

여덟 번째 나무를 지고 내려와 쌓아놓고 장작더미를 덮었다. 이번 겨울을 나려면 턱없이 나무가 모자란다. 그러나 걱정은 없다. 산에 오르기만 하면 지천으로 나무가 널려있으니까….

고추잠자리는 많이 쇠잔한 모양이었다. 스마트 폰 카메라가 가까이 다가가도 쉽사리 도망가지 않은 걸 보면….

이제 후세를 남기고 고추잠자리도 깊은 겨울 속으로 잦아들겠지. 유난히 포근한 겨울 속으로….

송창식은 누구도 따라 할 수 없는 그만의 색깔로 노래를 끝맺는다.

"눈이 부시게 푸르른 날은 그리운 사람을 그리워하자."

넝쿨째 굴러온 당신

"신기하기도 하지? 이렇게 큰 호박을 어떻게 저 가는 줄기로 키워 냈을까?"

느닷없이 아내가 마당 가장자리에 가만히 앉아 졸고 있는 맷돌 닮은 늙은 호박을 가리킨다.

"정말 그러네. 예사롭게 봤었는데 생각할수록 자연의 오묘함이란…."

"저처럼 큰 덩치를 키워 내자면 어지간히 양식을 날랐을 텐데…."

"땅속으로 깊이 뿌리 내려 저 줄기로 열심히 영양분을 공급했겠지. 당신도 시인이 다 되어가는군. 시가 뭐 별거더냐? 그 신기한 발견 자체가 바로 시 아니겠는가?"

아내의 위대한 발견으로 우리는 자연의 섭리까지 논하게

됐다.

유년 시절부터 흔하게 보아왔던 호박인지라 씨를 심으면 그냥 호박이 열리는 줄로만 알았지 어떻게 가는 줄기로 어른 머리 두 배나 됨직한 덩치를 키워 내는지 생각해 본 적이 없다.

지난 6월 초, 좀 늦게 호박씨를 하우스 안에 심었다. 동시에 산기슭에 직접 씨를 심고 버팀목을 한 후 비닐로 씌워 놓았다. 우리 집 마당에서 산언저리로 올라갈수록 녹음이 짙어 그늘이 일찍 드리운다.

하우스에 파종한 호박씨는 금세 싹을 틔워 산기슭으로 옮겨 왔지만 직파했던 호박씨는 한참 후에 싹을 틔운다. 두 호박은 경쟁했지만 풀숲에 묻혀 기력을 잃은 쪽은 직파한 호박 넝쿨이고, 이식한 호박 넝쿨은 곧잘 팔을 뻗는다.

호박은 특성상 덩굴이 위로 기어 올라가게 되어있다. 거름더미나 초가지붕 할 것 없이 닥치는 대로 덩굴을 뻗는다. 될 수 있으면 멀리멀리 뻗어서 많은 열매를 달고, 뿌리로부터 양식 날라올 기력이 달리면 그들의 줄기에서 영양분을 모두 빼내 호박 살찌우는 데 전력을 쏟는다.

우리 집 호박은 서쪽 산기슭에 심어진 탓에 그늘이 빨리 드리우는 관계로 산 위로 올라가기보다는 마당으로 기어 내려왔다. 일부 게으른 줄기는 거기에서 머물며 꽃은 여러 번 피웠지만 제대로 열매를 맺지 못하고 있다.

용하게 산 아래로 내려오기 시작했던 호박 넝쿨은 큰 결단이 필요했을 것이다. 그들의 속삭임을 엿들을 수 있었다.

"이 산을 타고 올라 꼭대기까지 오를 수 있을까?"

"산이 너무 높아. 위로 올라가는 것은 도저히 불가능해. 저 산이 무서워!"

"그렇다면 저기 사람이 사는 마당으로 내려가야 하는데 호박 자존심이 허락하지를 않아."

"물론 저 도랑을 건너고 마당까지 닿자면 며칠이 걸릴지도 몰라…."

호박 넝쿨들이 얼기설기 얽힌 줄기를 타고 산에서 내려갈 궁리를 하고 있었다.

"산을 오를 수 없다면 여기서는 도저히 열매를 맺을 수 없으니 무슨 일이 있어도 저 마당까지 가야 해."

"하긴 여기는 숲에 가리고 산에 가려 호박꽃을 피워 봤자 벌과 나비들이 찾아오기 힘들 테니 내년을 기약할 수가 없어."

이렇게 하여 호박 자존심을 구겨가며 세 포기의 호박 모종, 덩굴에서 한 줄기씩 산에서 내려와 마당까지 도착하는 데 성공했다.

'사랑 찾아 삼천리, 엄마 찾아 삼만리'보다 더 인고의 세월을 견뎌 10m 이상 줄기를 뻗어 목적을 달성하고 나니 기력이 없다. 한동안 산기슭 땅속뿌리로부터 온갖 영양분을 날랐다. 겨우 꽃을 피우고 뒤늦게 열매를 맺었으나 처음에는 몇 번 실패를 거듭했다. 갖은 고생 끝에 줄기의 건강을 회복한 후 애호박

맺기에 성공하여 이젠 어엿한 늙은 맷돌 호박을 키워냈다.

어렵게 산에서 내려와 열매를 맺은 만큼 열심히 아들을 키웠다. 줄기를 길게 뻗은 덕택에 그 줄기의 모든 영양분을 자식에게 쏟아부었다. 허리가 휘고 줄기가 말라비틀어지도록 모든 걸 자식 호박에게 주었다.

뭉게구름 덩가덩가
학의 날갯짓
주렁주렁 가을 복덩이
많이도 달았다

파란 하늘 너무 손 시려
솜털 흩뿌려 놓으니
고추잠자리
덩달아 높이 날아오르네

앞집 강아지
눈 시리도록 청명한
이 가을 도적 맞을까 봐
컹컹컹 나그네 쫓는다

키 큰 소나무 가지
넘실넘실 넘다 들킨
금싸라기 햇살 잠시 멈춰
세월한테 호박이 늙었다 하네

—「호박이 세월한테 늙었다 하네」

이제 호박 넌, 속살 내보일 때가 됐다. 노랗다 못해 연홍색을 띤 호박 속은 내년 봄에 땅속으로 들어가 싹을 틔울 호박씨를 품고 희망에 부풀어 있겠지? 실한 씨앗 품었으면 너, 맷돌 호박은 소임을 다했다.

"여보, 저 호박으로 올겨울 호박죽 해 먹읍시다."

"그러구려. 씨는 받아놓았다가 내년에 또 심어야지…."

"저 호박이 복덩이야. 넝쿨째 우리 집으로 굴러들어왔잖아…."

"정말 그렇군. 당신과 함께 농사지은 첫해 첫 수확인 만큼 우리에겐 소중한 놈이야. 저 호박도 열심히 커 줬지만 우리도 지금까지 열심히 살았다고 자부해…."

우리의 대화는 현재 진행형이었다.

홀랑 벗은 무

무를 우적우적 씹는다. 단물을 채 삼키기도 전 입가에 침으로 흐른다. 무의 풍만하고 달곰한 맛을 음미하려 안간힘 쓰다가 낮잠에서 깨어났다.

갈증이 났다. 아침에 먹은 고등어조림이 짰던가 보다. 희미한 꿈속에서 무를 먹은 듯한데 오히려 갈증은 더했다.

시계를 봤다. 11시가 조금 지나있다. 아침 먹고 두어 시간 잤나 보다.

싱크대에서 과도를 찾아 들고 뒤꼍으로 갔다. 발길은 무밭으로 향했다. 무밭이라기보다는 참깨 베어내고 뒤늦게 심은 무 두 고랑, 배추 세 고랑이 고작이다.

실한 무를 골랐다. 땅 밖에 나온 청이 선명하고 미끈한 녀석 두 개를 골라 뽑았다. 이파리는 첫 추위 때 미처 피할 겨를이 없어 일부가 쪼그라들었다. 파종 시기를 조금 놓쳐 완벽한 성체를 형성하지는 못해도 그만하면 무로서의 입지는 다져놓은 듯하다.

제법 무거운 두 녀석을 들고 수돗가로 와서 무청을 잘라내고 흙을 씻어냈다. 미끈하고 해맑은 자태로 자신의 몸매를 자랑하는 무 한 녀석을 과도로 깎았다. 그러고는 서둘러 청부분부터 한 입 베어 물었다. 달착지근하고 시원한 무즙이 목으로 넘어가며 갈증을 달랜다. 꼬리 부분까지 무 한 개를 순식간에 해치웠다. 위에서는 약간의 포만감과 싸한 기운이 전해져 온다.

그저께 저녁부터 건강검진을 위해 위와 장을 깨끗이 비운 뒤 여태껏 그 안을 제대로 가득 채우지 못했던 터라 정상적인 위장 활동에 무가 한몫한 꼴이 됐다.

아내는 아이들이 마련해 준 우리 부부 건강검진을 받기가 바쁘게 내가 좋아하는 고등어조림을 해놓고 동네 풍물패 단풍놀이 따라 떠나고 모처럼 맞은 휴일을 혼자 만끽하는 중이다.

시골 참새 강남 와서
한눈팔다가
물웅덩이에 풍덩 빠져
그만 날개를 적시고 말았다
은빛 가슴 털엔 가시가 솟구쳤다
거기에 묻은 자존심을 바삐 핥아낸다

땅속으로 기는 두더지들
빌딩 위로 나는 기왓장들,
바삐 걸어가는
종아리 긴 아가씨 어깨를
노란 은행잎이 온몸으로 짓누른다
메스 대신 면봉 든 의사는
남의 귓구멍을 훔친다

붕어 지느러미로 낙엽 쓸며
연못으로 향하는 길목에
촛불을 켠다 촛불을 켠다
날개 말린 참새는
강남을 장腸 속에 가두고
허기진 시골행 버스에 몸을 뉜다

—「시골 참새」

범죄자는 그 현장을 반드시 되돌아본다고 했던가?

무 한 개로 갈증과 허기 채운 나는 대화 상대를 찾아 다시 뒤꼍으로 발길을 돌렸다.

그 먼저 산기슭에서 나와 비슷한 처지인 듯한 표고버섯 입자를 안고 있는 참나무 기둥들이 눈에 들어왔다. 숲에 가려 눈에 잘 띄지 않던 표고 나무들이, 산이 옷을 갈아입는 동안 많이 노출되어 쉽게 눈에 들어왔다. 이사 올 때 세워 둔 그 녀석들도 기운이 쇠잔하여 표고버섯을 많이 달지 못한다.

"잘들 지내는가? 너희가 표고버섯 생산이 미미하다고 자주 찾아 주지 않았던 건 아니란다. 그저…"

"아니 괜찮아요."

변명을 하지 않아도 된단다. 그들도 같은 처지라 내 사정을 다 아는 듯했다. 참나무도 4년째가 되니 하나둘 기력을 잃고 쓰러져 가듯이 나도 나이를 먹고 있는 게 틀림없다.

참나무에서는 생각지도 못했던 어린 표고버섯들이 빼곡히 돋아나고 있다. 굵은 밤톨만 한 진한 갈색 표고버섯이 앙증맞게 매달려 있다. 금방 태어난 강아지들이 엄마 젖을 빨듯이.

한 개를 따서 먹어 보았다. 오돌오돌 씹히는 맛에 고소함이 더했다. 한 개를 더 따서 먹었다. 뒷맛까지 입안을 행복하게 만들었다. 조금 전에 먹은 무와 위 안에서 만나면 희한한 조화를 이루지 않을까 하는 생각을 하다가 짙푸른 인동초 이파리에 눈이 멎었다. 겨울로 가는 길목인데 유독 푸름을 더해 가는 인동초는 생명력이 대단하다는 생각을 하며 표고밭을 뒤로했다.

수확을 기다리는 무와 배추는 막바지 기력을 뱉어내며 인고의 시간을 버틴다. 땅과 하늘의 기운을 몽땅 안고 우리 식탁에 오르겠다는 각오를 다지는 듯하다.

싸한 바람이 불어온다. 자두나무에 걸린 마른 호박 줄기와 잎에서 나는 서걱이는 소리는 낙엽 뒹구는 소리와 뒤섞여 묘한 화음을 만들어 내고 있다.

살갗에 와닿는, 가을에서 겨울로 가는 바람은 제법 차다.

무서리 내린 날

늦은 점심을 차려 먹고 밖으로 나왔다. 오들오들 떨던 소나무들이 그제야 기지개 켜고 서쪽으로 기울어가는 늦가을 햇살을 향해 아련한 손짓을 한다. 새벽에 일 마치고 들어올 때 맹위를 떨치던 추위는 기어이 첫서리로 온 대지를 뒤덮었고, 절구통에 고인 물을 얼게 했다. 한낮인데도 얼음이 남아있다. 추위 앞에 무릎 꿇은 햇살이 다녀간 마당엔 잔디가 풀 죽어 있고.

사료와 깻묵, 잔밥을 섞은 닭 모이를 가지고 닭장으로 향한다. 인기척에 놀란 참새 떼가 휘리릭 날아 솔숲으로 날아간다.

요즘은 참새 보기가 쉽지 않다고 한다. 아직 이곳 시골에는 참새가 남아있긴 해도 예전만은 못한 게 틀림없다. 아무래도 환경 탓인 듯싶다. 농약 때문에 해충이 줄어들고 들에 버려진 곡식이 흔치 않아서일 게다.

우리 집엔 겨우내 산속 솔숲에 숨어 살던 참새들이 봄부터 내려와 현관 위에 보금자리를 틀고 살더니 사람이 드나들 때마다 놀라 달아나곤 하는 것이 번거로웠던지 어느 날엔 황토방 있는 곳으로 옮겨 다니기도 한다.

그동안 서너 마리 참새는 후세를 퍼뜨려 참새 떼로 식구가 늘어났고 의기양양 선돌 언덕 위를 놀이터 삼아 하늘을 호령했다. 이제 무서리가 내리고 겨울이 오면 그들도 포근한 보금자리로 옮겨가야 할 운명에 놓였다.

유년 시절 고향 마을에서 형들을 따라다니며 참새 사냥하던 때가 생각난다. 겨울이면 참새들이 초가지붕 추녀 끝에 구멍을 뚫고 보금자리를 만든다. 사람들은 그걸 노려 조 대로 발을 엮어 연통처럼 만들고, 막대기를 길게 묶어 새들을 포획하곤 했다. 나는 따라다니며 손전등으로 비추고 형들은 새집을 공격하여 놀란 새들이 새 틀로 들어오게 유도하여 그네들을 잡곤 했다. 겨우 두어 마리 잡은 새를 짚불에 구이 하여 한 점 얻어먹던 그 맛은 잊을 수가 없다.

삼태기로 새 틀을 만들어 참새를 잡아보려 모이로 유인해도 좀처럼 잡히지 않던 유년의 참새들은 퍽 꾀가 많았던 거로 기억된다.

마을마다 방앗간이 있어 그곳엔 새들의 천국이었고, 밤엔 누나, 형들의 데이트 장소이기도 했다.

닭장 가는 길목
휘리릭
새 떼 산속으로 날아간다
새봄
호박씨 물고 왔던
서너 마리 새
식구 불러 왔던 길로 돌아간다
그들 놀다간 자리에
늙은 호박 몇 알 민낯으로 앉았다

—「귀촌 · 26」

참새들이 날아가고 난 자리는 들깨를 베어 묶어 세워 놓은 곳이었다. 그들은 맛나는 점심 식사 시간을 훼방 놓은 나를 얼마나 원망했으랴? 걱정하덜 말아라. 내가 다녀가거든 얼마든지 다시 내려와 식사해도 좋다. 혹독한 겨울을 나려면 그 또한 얼마나 고통이겠는가? 양식이 모자라서거나 혹독한 추위를 견디기 어려워서 또 몇 마리는 내년 봄에 산을 못 내려올지도 모를 일이거늘 너희들도 너희 나름대로 월동 준비를 야무지게 하려무나!

지난여름 가뭄에 줄기 뻗기를 멈췄던 호박 넝쿨이 초가을 비에 새롭게 뻗어 많은 열매 달더니 무서리 앞에 고개 떨구고 말았다. 호박잎에 가려 보이지 않던 늙은 호박과 채 익기 전인 애호박들이 축 늘어진 호박 넝쿨에 매달려 한 번도 경험 못 했던 추위에 벌벌 떨고 있다.

닭들은 멀찌감치서 오는 주인 발소리를 알아채고 푸드덕 닭장을 날아오르며 반긴다.

닭장을 돌아서 오는 길엔 해바라기가 고개를 푹 숙이고 알몸으로 서서 그 누구의 손길을 기다리고 있다. 숲속으로 날아간 참새들이 들깨 털어가고 난 뒤 해바라기 씨앗 까먹으러 날아들지 모른다는 생각하며 무서리 내린 날을 뒤돌아본다.

오빠와 오라버니와 할아버지

"얘들아, 이리 모여라."

하늘을 오르락내리락 그네 타던 아이들이 시소에 올라 키재기 하다가 지쳐 갈 때쯤 그들을 불러 세웠다.

"하은아, 지우야. 규리도 이리 오너라."

"네, 할아버지."

지우가 맨 먼저 달려왔다.

"할아버지 아니야. 재동이 오빠야."

"재동이 오라버니야."

뒤따라온 하은이와 규리가 도리질한다.

"그래. 할아버지도 맞고 오빠도 맞다."

손주가 넷이니 할아버지는 당연하지만 오라버니는 좀 생뚱맞다. 하지만 너희 엄마를 따라 오빠, 오라버니라는 걸 굳이 마다할 리도 없다.

이 지역 탁구 동호인 중에 미녀 3총사가 삼겹살을 사 들고 우리 집에 왔다. 굳이 젊음을 보태지 않아도 탁구인이라면 도내에서도 모르는 이 없는 유명인사이다. 그녀들과 함께 온 세 딸이 초등 1, 2학년인 하은이와 지우, 규리이다.

"너희들 중 가장 예쁜 돌멩이 주워 오는 어린이에게 상 줄 테니 얼른 다녀오렴."

"야, 신난다."

"정말이죠?"

"얼른 가자. 내가 제일 예쁜 돌 주워 올 테다."

하은이와 지우, 규리는 사방으로 흩어져서 자갈 마당에서 예쁜 돌을 고르기에 여념이 없다. 규리가 하트 모양이라며 앙증맞은 돌멩이를 골라왔다. 규리가 1등을 했다.

"이번에는 고운 단풍잎 주워 오기야. 얼른 가서 주워 오렴."

아이들이 쪼르르 단풍나무를 향해 달려갔다.

일기예보는 빗나가지 않았다. 오후부터 바람이 불고 추워진다더니 어김없이 단풍나무는 세찬 바람에 잎을 내어 주고 몸을 움츠린다. 흔들리는 나뭇가지는 알몸으로 겨울나기에 도전장을 던진다.

지우가 맨 먼저 달려왔다. 단풍잎 같은 작은 지우 손에는 고운 단풍잎이 쥐어져 있었다. 이번에는 지우가 우승 상금을 받았다.

"다음에는 뭘 주워 올까? 그래. 알밤이 좋겠다. 이번에는 밤을 가장 많이 주워 오는 어린이에게 상을 주겠어. 시간은 5분이야. 얘들아, 나를 따라오너라. 같이 밤 주우러 가자."

아이들은 내 뒤를 졸졸 따라다녔다. 다람쥐도 지나친 산기슭엔 알밤이 지천으로 널렸다. 낙엽 속에 숨었던 알밤이 다투어 쏙 볼을 내밀었다. 하은이가 손이 비좁게 일곱 개나 알밤을 담았다. 규리와 지우는 여섯 개와 다섯 개를 주웠다.

"할아버지는 힘도 세지요?"

"오라버니는 밤송이도 맨손으로 만질 수 있단다."

"재동이 오빠, 고맙습니다."

방송인 송해 씨는 전국에 어린 동생을 뒀다고 자랑하지만, 강요에 의한 연출이 다분하다. 규리와 하은이는 8, 9년 교분을 쌓는 동안 말 배우면서부터 제 어머니를 따라 자연스럽게 오라버니, 오빠라고 부르고 있으니 그 경우와는 다르다.

아이들은 모이 주러 닭장 가는 나를 따라왔다. 하은이가 닭장까지 들어왔다가 닭똥을 밟았다. 별로 당황하지 않는 아이의 발과 신발을 씻기고 달걀 한 개씩 안겼다. 저희 엄마에게로 달려가 날달걀을 깨어서 잘도 먹는 아이들이다.

처음에는 경계하던 똘이와 억이도 아이들의 깔깔거림에 기웃기웃 관심을 가진다. 같이 뛰어놀고 싶지만 목줄을 이길 수가 없다.

모처럼 선돌길 언덕에 생기가 돌았다. 가을 산은 덩달아 바람 타고 형형색색 고운 자태로 춤사위를 펼친다. 무, 배추밭에서는 튼실하게 자란 그네들이 선택받기 위해서 자색 몸통과 감춘 노란 속살을 뽐내기에 바쁘다.

운동 같이하는
동생들의 늦둥이 아이들
네 살 여섯 살 규리, 하은이
제 엄마 따라
오빠 오라버니라는 귀여운 녀석들
광주에 큰형님이라 부르는
한 살배기 콩이도 있지, 아마

운동 끝나고
달리기 시합에 끼어들었다가
꼴등 하고 대성통곡하는 하은이
너는 천상 아이 맞아
내 동생
하은이

—「하은이」

귀촌 5년 만에 가족 빼고도 연인원 천여 명이 선돌길 언덕을 다녀갔다. 사위가 와도 닭을 잘 잡지 않으면서 남들이 오면 곧잘 닭장으로 달려간다고 핀잔을 주면서도 무던히 상을 차리는 아내가 늘 고맙다.

오늘 선돌길 언덕은 깊어 가는 가을이지만 새 움이 돋을 만큼 젊어졌다. 탁구 동호회 젊은 동생들과 그녀들의 세 딸 포함 여섯의 나이를 합쳐도 우리 부부 나이보다 조금 많다.

하기야 내 나이는 고무줄 나이다. 지우가 할아버지라면 환갑 진갑 지난 할아버지가 맞고, 하은이, 규리가 오빠라면 젊은 오빠가 되는 셈이다.

'나이는 숫자에 불과하다'지만 나이 들어감에 초연할 사람은 없다. 초인이라도 세월을 붙잡아 두고 싶은 심정은 다르지 않을 것이다.

순리를 따르면 그만이다. 저 구름 속에 비가 들었으면 비를 맞고, 달이 구름을 해체하면 달을 맞으면 된다. 단풍이 들면 단풍을 보며 즐겁고, 낙엽이 지면 봄이 멀지 않음을 예감하며 그 봄 맞으러 가면 그만이다. 그렇게 세월은 자연스럽게 흘러가고 선돌길 언덕에서는 오빠와 오라버니와 할아버지가 공존한다.

구름은 걷히고 상현달이 드높이 떴다. 겨울로 가는 선돌길 언덕에 오늘따라 유난히 초롱초롱 별이 빛난다.

너구리와 진돗개

아침에 모이 주러 닭집에 가는 게 일과가 되었다.

그 화사하고 청명하던 가을 날씨가 어제 겨울을 재촉하는 비가 내리고 나더니 오늘 아침까지 그 기운이 남아있다. 오늘도 해는 구름과 교감을 나누느라 쉽사리 바깥으로 나올 기미가 안 보인다.

현관문을 열고 나서기가 바쁘게 개가 용케도 알아차리고 아침 인사를 건넨다. 컹컹컹….

산언저리 나무숲에 숨어있던 단풍나무가 열정적으로 자기 존재를 알린다.

안개인지 안개비인지 얼굴에 닿는 촉감이 차갑다. 겨울이 오고 있기는 한가 보다. 이 가을을 삼키고 아무리 혹독한 겨울이 온다 한들 별걱정은 없다. 월동준비로 땔감만 준비하면 그만이다.

닭 몇 마리는 지붕에 올라가 가장자리 스티로폼을 쪼아 먹으며 영양가 없는 간식을 대신하고 있다. 저러다가 지붕을 송두리째 다 갉아 먹을까 겁이 난다.

닭장으로 다가서자 닭들은 울타리 쪽으로 우르르 몰리며 아침 문안을 해오고, 진돗개 두 마리는 밤새 닭들을 잘 지켰노라고 보고를 해온다. 그보다도 먹을 것을 주러 오는 주인이 반가웠을 것이다.

그런데 여느 날과는 달리 닭장 앞 분위기가 좀 수선하다. 손님이 와 있었다. 두 개집 사이로 개보다 몸집이 조금 작은 동물 한 마리가 더 있다. 자세히 보니 너구리였다.

초대받지 않은 손님 때문에 처음에는 약간 움칠했지만 금방 평정을 되찾았다.

"어, 이놈 봐라. 도망을 가지도 않네?"

개도 별 반응을 안 보인다. 밤새 너구리와 많은 대화를 나눈 듯, 서로가 경계하지 않는 눈치다. 개와 너구리는, 개와 원숭이처럼 견원지간이다. 먹이사슬에서 개는 훨씬 위이고 너구리는 잽도 안 된다. 그런데 어젯밤에 무슨 일이 있었는지 그들은 친구 간인 양 다정한 사이가 되어 있었다. 처음에는 이해가 되지 않았지만 나중에 안 사실로 너구리는 앞다리 하나가 없는 장애를 가지고 있었다.

그렇다 해도 이들을 이해하기까지는 시간이 필요했다. 닭장의 침입자를 물리치라고 두 마리의 진돗개를 배치해 놓은 터다.

상식적으로 개 냄새만 맡아도 너구리, 오소리 등 하등 동물은 주위에 범접을 못 한다. 알 수는 없지만 겁 없는 생쥐 외엔 닭집 근처에 동물들이 얼씬도 못 하는 이유가 진돗개 두 마리 때문이었다. 그런데 저 너구리가 사나운 진돗개 두 마리와 교감을 나눌 수 있기까지 어떤 과정이 있었을까 궁금하다. 너구리는 분명 배가 고팠거나 사랑에 굶주렸거나 한 가지 이유가 있었을 게다. 두 가지 이유 모두라 해도 이곳에 오기까지 큰 결단과 용기가 필요했으리라.

몸집으로 봐서 다 자란 너구리임이 분명하다. 덫이든 다른 이유에서든 다리까지 잘리고 나니 산에서의 생활이 힘에 겨웠던 모양이다.

이쯤 해서 지난겨울, 우리가 이사 오기 전에 두 마리 진돗개 부모 개가 산에 올라가 너구리 한 마리를 사냥해 온 걸 기억해 냈다. 갑자기 그 너구리의 짝이 오늘 이 너구리일지도 모른다는 생각이 든다. 잃어버린 짝을 찾아 헤매다가 덫에 걸려 다리 하나를 잃었고, 늙고 병들고 겨울이 다가오면서 산림이 드러나자 더는 산을 의지할 수 없었을 게다.

그의 짝과 진돗개 부모 때문에 원수지간이란 사실까지는 알리가 없겠지만, 왠지 전생에 어떤 연결 고리가 꼬여 있을지도 모른다는 생각이 들어 경계를 풀고 적지로 뛰어들었다? 우리 개 역시 왠지 모를 연민, 혹은 죄책감 때문에 너구리를 공격하지 않았다? 아직 확인은 안 해 봤지만, 우리 진돗개 두 마리 모두 수놈인 데 반해 너구리는 암놈일지 모른다?

세 다리의 너구리가 너무 측은했다.

처음에는 반갑지 않은 침입자를 쫓았다. 나를 그렇게 경계하지 않는 것이 이상해 몽둥이를 들었더니 천천히 산으로 도망간다. 그것도 유유자적, 힐끔힐끔 뒤를 돌아보며 서서히 산을 오른다. 앞쪽 오른 다리 하나가 없음을 그제야 알았다. 야생동물답지 않은 느림의 미학을 보고 왠지 모를 연민과 호기심 때문에 따라가면서 스마트폰으로 동영상과 사진을 찍었다. 이 무슨 얄궂은 시추에이션이냐 하면서도 내 행동은 변함이 없다.

그때 아내가 바깥으로 나오며 인기척을 했다. 마침 손이 닿지 않은 밤나무 밑에 알밤이 제법 있기에 아내에게 주워갈 것을 당부하자 얼른 달려온다.

"그런데 거기서 뭐 해요?"

"응, 너구리야. 다리가 하나 없는 너구린데 우리 닭집 앞에서 개들과 놀고 있지 뭐야?"

"무서워요. 쫓아버려요."

"세 다리뿐이어서 그런지, 허기가 졌는지 빨리 도망가지를 않네. 늙은 것 같기도 하고…."

아내는 너구리가 안내한 알밤에 감사하기는커녕 알밤 줍기에 신이 나서 그에게는 큰 관심이 없다.

혹시나 해서 야생동물구조협회에 전화를 걸어봤다. 휴일이라서 사람이 없어 출동할 수 없단다. 게다가 잘린 다리는 어쩔 수가 없다며 그냥 버려두라는 대답만 메아리 되어 돌아왔다.

눈을 뜨자마자
모이 주러 닭집에 갔더니
너구리 한 마리 개들과 놀고 있다.
배가 고파 내려왔더냐?

사랑이 고파 내려왔더냐?
우리 진돗개 두 마리
너구리와는 견원지간
외로워서 친구 했네,
가엾어서 친구 했네,
닭 한 마리 잡아가라 하네.

조심스럽게 다가가니
천천히 꼼무니 빼는
너는 세 다리밖에 없네.
그렇게 태어나지는 않았을 터
덫에 걸렸다면 몹시 아팠겠다?

도망가는 것조차 귀찮은 듯
달려가기 힘에 겹다.
세상 사람들아
너구리한테 힘을 다오,

너구리한테 사랑 다오.

야생동물구조협회도
시답잖게 전화 받아
휴일이라 어쩔 수 없다,
잘린 다리 어쩔 수 없다,
그냥 내버려 두라 하네.

불쌍한 저놈을
나도 따라다니며
사진만 박았네.
어쩌란 말인가?
부디 사랑 찾아가거라.

—「세 다리밖에 없네」

오후에 닭집으로 달걀을 가지러 가는데 뜻밖에도 너구리가 다시 돌아와서 개들이랑 놀고 있었다. 개가 남긴 사료를 먹기까지 한다. 스마트폰을 꺼내 사진을 찍을 때까지도 자리를 뜨지 않는다.

그렇다면 개들과 어젯밤에 무슨 일이 분명 있었다. 이젠 멀리 달아나지도 않고 개집 뒤로 가서 경계를 늦춘다. 개 사료를 한 그릇 퍼서 주었다. 금방 달려들어 먹을 기미는 없다. 거름더미에서 죽은 병아리 한 마리도 꺼내 던져 주었다.

세상을 원망하고 있는 걸까? 사람을 원망하는 걸까? 어쩜 이

세상을 한탄하며 오지 말았어야 할 곳에 온 걸 후회하는지도 모를 일이다.

언제 우리 진돗개가 돌변하여 너구리를 공격할지, 저 너구리가 언제까지 이곳을 배회하며 떠난 임을 그리워할지 알 수 없는 노릇이다.

겨울이 다가오면서 그리 좋지 않은 예감이 드는 건 왜일까? 저 너구리에게만은 혹독한 겨울이 찾아오지 말았으면 하는 바람을 해본다.

3부 겨울

"바람길로 가는 겨울"

달의 결심

"오늘도 한 판 할까?"

"뭘 말예요, 고스톱?"

저녁 설거지를 하던 아내가 반색한다. 고스톱, 탁구 하면 아파 누웠다가도 벌떡 일어나는 아내 아니던가. 설거지는 하는 둥 마는 둥 쪼르르 거실로 달려왔다. 화투판과 화투는 항시 거실에 나뒹군다. 치매 예방에 좋다며 책과 신문 다음으로 혼자서도 잘 가지고 노는 아내의 애장품들이다.

아내는 지폐와 동전도 들고 왔다.

"오늘은 돈 내기 말고 다른 거로 합시다."

"돈 따먹기 아니면 싱거워서 안 된다니까요. 재미없어요."

"왜 재미가 없을까? 돈은 따 봤자 주머닛돈이 쌈짓돈밖에 더 돼? 지난번에도 딴 돈 모두 돌려줬잖아?"

"그럼 무슨 내기를 하남요?"

"옷 벗기 내기…."

"에이 망측해라. 누가 보면 어떡해요?"

아내는 화들짝 놀라며 두리번두리번 사방을 돌아본다.

"여기 누가 있다고 그래? 우리 둘뿐인데 뭘."

"그래도 그렇지?"

"그럼 고스톱 하지 말까?"

"저 텔레비전부터 꺼요. 지는 사람이 옷 하나씩 벗는 거예요?"

"지는 사람이 벗으면 당연한 거고, 오늘은 이기는 사람이 벗기로 하자고. 보일러도 높여 놨으니까 덥기도 할 테고, 단순히 우리가 입고 있는 옷이 보온을 위한 것이 아니었다고 보면 이해가 될 거야. 탐욕과 번민, 허영이란 겉치레로 옷을 입고 있다면 빠른 시간에 벗어던지는 것이 맞지 않을까? 쓰리고 하면 두 겹을 벗고… 재미있을 것 같지 않아? 빨리 벗은 사람이 승리하는 거로 하자고."

"피박이면 두 겹 벗어야겠네요? 그럼 난 지고 말 테야."

"실력에 자신 없는 건 아니고? 우리가 내외할 사이는 아닐 텐데?"

"그래도 부끄러워요."

고스톱이 시작되었다. 첫판은 아내의 승리였다. 아내가 겉옷을 벗었다. 탐욕을 벗어던졌다. 두 번째 판도 아내가 이겼다.

자제도 없이 한 꺼풀을 더 벗었다. 이번에는 허영을 벗어던졌다. 그렇다면 조금 전 아내는 내숭을 떨었던 것일까?

"실력이 보통이 아닌데… 언제 이렇게 실력이 늘었어?"

"용용 죽겠지요? 나 이래 봬도 고스톱 잘 친다니까. 실력이 많이 늘었어. 경륜이 얼만데… 겉옷을 벗으니까 훨씬 홀가분하고 좋은데요. 당신은 옷 다 입고 자야 할까 봐요."

"나 놀리는 거야? 두고 보라고."

"아아뇨."

아내는 콧노래까지 흥얼거렸다.

세 번째 판이 시작되었다. 아내가 똥을 먹고 쌌다.

"앗싸."

"에구머니나…."

내가 똥을 제쳤다.

"옳다구나. 피 하나 주시고…."

"안 되는데… 나는 피가 하나도 없어."

내가 쓰리고를 연속으로 터뜨렸다.

재킷과 바지, 와이셔츠까지 벗었다. 탐욕과 허영, 번민까지 벗으니 한결 홀가분했다.

"이젠 뭘 벗지? 더 벗을 것이 없는데…."

"러닝셔츠라도 벗어야지요."

"부와 명예, 권력까지 벗으면 안 될까?"

"우리가 무슨 부와 명예, 권력 따위가 있나요?"

"조그마한 그것들이라도, 마음속 그것들이라도 있다면 이 순간 모두 내려놓는 거야. 비우면 가벼워지고 가벼우면 날아다닐 만큼 홀가분하잖아?"

"옷을 벗으니까 한결 가벼워지긴 하네요."

우린 속옷 하나씩만 남기고 모두 벗었다. 자존심 하나 남았다. 진정 사랑하는 부부라면 배우자 앞에서 자존심마저 과감히 던질 수 있어야 하지 않을까?

멍멍 멍멍. 오억이가 기침을 한다.

"누가 왔나 봐요?"

아내가 두 손으로 가슴을 감싸며 깜짝 놀란다.

"이 늦은 밤에 누가 올 사람이 있겠어? 고양이 한 마리 지나가는가 보지. 사람이 오면 전화부터 했겠지."

"고양이는 이 겨울에 춥지 않을까요?"

"털을 가진 동물들은 추우면 털을 보강하고, 봄이 되면 털갈이를 하지. 뱃속에 지방을 축적하여 추운 겨울을 이기는 지혜도 가지고 있어."

"동물들은 성스러운 행사를 치를 때 옷을 벗을 수가 없잖아요?"

"별것이 다 궁금하네. 고등 동물인 사람과 동물이 다른 점이 바로 그것들이야. 사람들은 배우자와 서로 사랑을 확인했을 때 모든 걸 벗어던지고 성스럽게 행사를 치르지만, 동물은 종족 번식이란 의무감 때문에 그 행위를 한다는 점에서 크게 차이가 있네."

"사람도 사랑 없이 행사를 치르기도 하던데요?"

"탐욕, 권력이란 옷을 입은 채 일방적으로 욕심만 채우려 한다면 그것들이 성스러움과는 상당한 거리가 있고, 동물보다 못한 몹쓸 인간들이지."

팥죽
먹고 나니
라면 생각
라면
먹고 나니
밥 생각

저녁을 세 번 먹어도
배가 고픈 동짓날

—「귀촌 · 1」

고스톱은 무승부로 끝났다. 한 시간만 하자던 고스톱이 어느새 두 시간이 지났다. 시간 가는 줄 몰랐다.

"저기, 저 달이… 뭐야, 재?"

"아까부터 거기 있었어."

"그럼 저 달이 우릴 훔쳐보고 있었단 말예요? 소문내면 어떡해요?"

"소문내라지 뭐. 그깟 소문내 봤자 우리가 뭐 죄지은 것도 없는데 걱정할 게 뭐 있어?"

간헐적으로 '멍멍 멍멍' 개 짖는 소리만 들릴 뿐 적막이 흘렀다. 불을 껐다. 달도 조금 전까지 창가에서 기웃기웃하던 빛을 쓸어 담아 서산으로 넘어갔다. 암흑의 공간엔 날아다니는 언어조차 거추장스럽다.

달은 결심했다. 선돌길 언덕 닭살 부부, 불 꺼진 창가에 더는 서성거리지 않을 것을… 소원도 빌었다. 한 달 뒤 돌아왔을 때도, 10년 뒤 아니 30년 뒤에 왔을 때도 닭살 부부가 건강하게 옷 벗기기 고스톱을 치고 있기를.

초록 겨울 냉잇국

민들레는 발길에 차이거나 사정없이 밟히면서도 기어이 꽃을 피우고야 만다.

지천으로 널린 게 민들레이다. 개똥쑥이 한때 항암 효과가 크다 하여 많이 재배되어 그 흔적이 잡초로 자란다. 왕성한 생육도 그렇고 2년초에다가 번식력이 강해 우리 집 주위를 휘감고 돈다.

민들레도 이에 못지않다. 외래종인 노란 꽃 민들레가 들어와 길가는 물론 밭둑을 넘어 우리 자두밭을 점령해 버렸다. 재래종 흰 꽃 민들레보다 인기가 없으니까 양적으로 승부를 걸 모양이다.

닭장 가는 길가에 뿌리를 내린 민들레는 매일 내 발길에 차이고 밟혀도 수줍음과는 거리가 먼 요즘 색시처럼 환하게 꽃을 피운다. 아침 이슬로 세수를 한 둥 만 둥 헤프게 웃음을 판다.

민들레꽃에 비하면 냉이는 소박하게 꽃을 피운다. 민들레처럼 길가나 밭둑, 과수원에도 널브러져 잘도 자라는 냉이는 수줍음이 많다.

"여보, 오늘은 냉이나 캐서 국 끓여 먹읍시다."

"냉이가 있나요, 요즘도?"

"있다마다. 배추밭과 닭장 가는 길에 널브러진 게 냉이 아니야."

"자세히 보지 않아 나는 몰랐네. 정말 냉이가 그렇게 많아요?"

"이제 곧 땅이 얼고 추워지면 그들도 낯을 파묻고 겨울잠을 자야 할 테니 지금이 적기야."

"설거지 끝내고 따라갈 테니 먼저 가요."

아내는 배추밭엔 배추만 자라는 줄 안다. 참깨가 자라 베어지고 배추 모종을 심은 지 석 달여. 그도 추수만 기다리는, 김치로 재탄생될 날만 기다리고 섰다. 그 옆에 무밭. 그 사이, 사이에 질세라 냉이도 여름이 준 씨앗을 품고 있다가 아내 몰래 싹터 냉잇국으로 밥상에 오를 날을 손꼽고 있다. 어쩌자고 꽃다지도 새파랗게 꿈틀댄다. 냉이야 뿌리로 겨울을 나지만, 꽃다지는 그냥 씨앗으로 땅에 묻혀 있다가 내년 봄에 싹을 틔울 일이지 뭐가 급해 이 세상에 왔다가 혹독한 추위에 알몸으로 맞서는가? 계절을 망각한 냉이도 있긴 하다. 책에 나온 상식이라면 개나리도, 냉이도 봄에 꽃을 피워야 하지만 몇몇 냉이는 하얀 꽃을 수줍게 피웠다. 울타리 개나리도 계절을 망각할 때가 자주 있는 걸 보면 봄에 가르쳐준 냉이를 잊어버리는 아내와 같은 증세일까?

하지만 이상 기온과 망각증은 엄격히 구분되어야 맞다.

"이게 전부 냉이 맞아요?"

"보기에 따라서 냉이도 잡초가 맞긴 하지. 우리가 보배로 생각하고 캐서 냉잇국으로 끓여 맛나게 먹으면 훌륭한 채소가 되듯이 모든 사물을 요긴하게 보고 쓰면 쓰임새가 달라지는 법이거든. 개똥쑥이 천하게 나서 이름도 그렇게 붙여졌지만 한때 귀한 대접을 받다가 요즘에 와서 다시 평범한, 혹은 다시 천대받는 개똥쑥으로 돌아가잖아."

점심 설거지를 끝내고 나온 아내는 냉이 포획에 들어갔다. 나의 개똥철학은 듣는 둥 마는 둥.

배추밭과 길가에서 자란 냉이는 구분이 되었다. 배추밭 냉이는 생기발랄하게 파란색을 띠고 있고, 길가에서 내 발길에 밟힌 냉이는 황갈색을 띠고 납작 엎드려 악착같은 모습을 보인다. 잠시 금수저와 흙수저를 생각했다. 너무 심한 비약일까?

아내는 냉이 캐기에 정신이 팔렸다.

"적당히 오늘 저녁 냉잇국 끓일 만큼만 캡시다. 저녁에 청춘합창단 공연 구경도 가야 하니."

"……."

초록색 단어들이 옹기종기 모여 여름을 노래하더니 어느새 울긋불긋 노랑 빨강 문장들을 만들며 가을로 지고, 망각한 냉이가 흰 꽃을 피우는 겨울 문턱에 섰다.

냉이꽃은 초등학교 교실 앞
보도블록 틈새에서 핀다
재갈재갈
쉬는 시간에 아이들이 무얼 하나
귀 기울이다가 꽃눈 떴다
사각형 내각의 합은 360도란다
수학 선생님 말씀에
귀를 쫑긋 꽃망울 활짝 열었다

땅거미 내리고
하늘에서 별들이 내려와
운동장에 꽃을 피운다
별 하나 나 하나, 별 둘 나 둘…
냉이꽃 선생님이 수업한다
국어 시간인가 보다

—「냉이꽃」

예술의 전당 웅부홀은 듬성듬성 자리가 비었다. 공연 시간이 가까워져 오지만 좌석을 다 채우기는 틀린 것 같다.

드디어 열린 무대에서 익산 청춘합창단과 안동 청춘합창단의 연주는 울림이 있었다.

특별 출연한 현악 4중주단의 '봄날은 간다'와 바리톤 강형규의 '목련화'는 소름이 끼칠 정도의 전율을 느끼게 했다. 연합곡 '바람이 불어오는 곳'을 끝으로 연주회는 막을 내렸다.

"오랜만에 합창단 연주 잘 봤다!"

아내의 짧은 감상평 속에는 나도 한때 저 자리에 선 적이 있었는데 하는 아련한 회한이 서려 있다. 그렇지 않아도 내년 청춘합창단 오디션에 나와 보라는 부탁도 있고 하니 아내에게 적극적으로 참여해 보라고 권해 볼 참이다. 처녀 적 포항시 합창단에 알토로 자리매김한 경험을 살려서 다시 청춘으로 돌아가 접었던 나래를 펼쳐 보는 것도 괜찮지 싶다.

숨어서 핀 겨울 냉이꽃은 계절을 망각한 게 아니라 그만큼 간절함이 있다. 비록 심이 있어 냉잇국의 소재로는 값어치가 떨어지지만, 내년 봄에 앞서 꿈을 펼쳐보려는 의로움이 있다. 씨앗을 못 달면 어쩌랴? 불어올 겨울바람에 맞설 태세만 갖추면 그만이다.

봄 냉잇국 못지않게 겨울 냉잇국도 감칠맛이 넘친다. 내일 아침상엔 냉잇국이 우리 부부를 다정스레 불러 모을 듯싶다.

냄비 속의 낱말들

휑한 식탁.

밤낮을 바꾸어 사는 삶. 새벽에서 오전 중 자고 일어나니 집 안이 텅 비었다. 자주 있는 일이지만 오늘따라 공간이 넓게 보였다.

눈곱은 떼는 둥 마는 둥 주방으로 갔다. 점심 먹기에는 이른 시간이지만 시장기가 돌았기 때문이다. 온기가 없는 냄비를 여니 구수한 익은 콩가루 냄새가 났다. 시래깃국이었다. 가스 불을 댕겼다. 미세하게 나던 구수한 냄새가 집 안을 메웠다. 한 사람 빈 자리를 충분히 채울 기세였다.

아내는 새벽 4시에 동네 부녀회원들과 1박 2일 대마도 관광을 떠났다. 이틀간 연명하라며 시래깃국과 내가 좋아하는 생선 조림을 해 놓았다. 그게 어딘가? 감사(?)하는 마음으로 먹을 수밖에.

수북하니 밥 한 공기를 떠서 빈 식탁 위에 놓았다. 냉장고 안은 관심 밖이었다. 수저를 꺼내 가지런히 놓고 끓는 냄비 앞으로 갔다.

보글보글.

냄비 뚜껑을 열었다. 튀밥 기계에서 뿜어내는 터진 알 같은 김이 확 일어났다.

뽀글뽀글.

뚜껑 열린 냄비 속의 국 끓는 소리는 더 선명하게 들렸다.

소곤소곤 도란도란…

이상했다. 국 끓는 소리에 섞여 남녀의 대화가 들렸다. 가만히 귀 가까이 다가가 국솥에서 나는 은밀한 대화를 엿듣기 시작했다.

'얘, 너 누구니?'

'아이 깜짝이야! 너야말로 어디서 온 누구니?'

'나는 무청 시래기야.'

'나는 무.'

'준이네 무밭에 살다가 할아버지께서 목을 댕강 잘라 무청 시래기가 됐단다. 지난가을부터 여태까지 원두막 그늘에서 말리다가 준이 할머니가 삶아서 국을 끓였지.'

'나의 고향도 준이네 무밭인데…. 나도 작년에 잎을 내주고 알 무가 되어 창고에서 겨울잠 자다가 왔어. 너처럼 나도 어

젯밤 준이네 할머니께 선택되어 무채로 변신하여 솥에 들어왔어.'

'반갑다, 얘. 우리의 운명이 비슷하구나. 그런데 너 낯설지가 않아.'

'나도 네가 처음부터 낯이 매우 익다고 생각했어.'

'우리가 그 넓은 무밭에서 여름부터 가을까지 자라는 동안 먼발치에서 몇 번 본 사이일 테지?'

'과연 그럴까? 아무리 생각해도 그렇게 데면데면한 사이가 아닌 것 같단 말이야?'

'그렇다면 우리가 한 몸이라도 된단 말야?'

'옳아. 왠지 네가 남 같지 않았다니까. 두 번째 고랑 세 번째 무에서 자라던 무청 아니야?'

'너 어떻게 알았어. 맞아, 맞아. 나도 두 번째 고랑 세 번째에서 자라던 무야.'

'이런 인연도 다 있네. 반가워, 무야.'

'반갑다. 반가워. 진작부터 우린 한 몸이었는데 백여 일 헤어져서 남남으로 살다가 다시 만났네. 우린 떨어질 운명이 아닌가 봐?'

'그래. 우린 얄궂게도 헤어질 수 없는 운명이었어. 앞으로는 쭉 같이 가는 거야?'

'우리가 무와 무청 시래기로 헤어진 이상 다시 만나기란 쉽지 않아. 나무에서 잎이 떨어져 동풍에 의해 1km 이상 날아갔다가 서풍이 불어와 그 나무 밑으로 다시 날아와 썩어 자양분이 되는 것보다 더 어려운 일이야. 그런 질긴 인연인 만큼 쭉 같이 가야지.'

뽀글뽀글. 소곤소곤 도란도란…

무청 시래기와 무채의 대화는 그칠 줄 몰랐다.

'너, 그거 아니? 준이 할머니께서 어제저녁 시래깃국 끓이면서 할아버지 흉봤다?'

'나도 들었어. 할아버지를 삼시 세끼라고 한 거 말이지?'

'나가서 좀 사 먹기도 하고, 혼자 있을 땐 스스로 챙겨 먹으면 좀 좋으냐며 핀잔을 줬어.'

'돈 벌어오는 걸 큰 유세를 떤다고도 했지, 아마?'

'관광도 맘대로 못 다니고, 밤마다 매일매일 마실 다니는 것도 맘대로 못 하신다고 불평을 늘어놨어. 이 사실 할아버지께는 비밀이야. 우리만 알고 있어야 해.'

'우리가 말을 뱉은 이상 비밀이 아니야. 낮말은 새가 듣고 밤말은 쥐가 듣는다고 했어.'

'…….'

냄비 뚜껑을 닫았다. 냄비째 들고 와서 식탁 위에 놓았다. 생선조림 작은 냄비도 가져왔다. 꾸역꾸역 혼밥을 먹었다. 시래깃국 냄비 뚜껑은 한참 후에 열었다. 김이 서렸다. 잠잠했다. 그들의 대화가 더는 들리지 않았다.

나무는
잎의 출생에 관해
말하지 않기로 했다.

네 안에서
파리한 초저녁별을 그렸고
갈대 곁을 스치는 바람을 그렸고
표피 속에서 벌의 날갯짓 감지하기 위해
귀 기울이는 꽃눈의 귀를 그렸다.

겨울 형 인간이
서둘러 털옷을 꺼내 입던 날
잎눈과 꽃눈은 다시 오지 않을지도 모를
봄을 떠올렸다. 그러나 나목은
사실만 귀띔했다.
나무와 잎, 잎과 꽃에 대하여

—「인연」

우연과 필연은 반대 개념이다. 나무에서 잎이 돋고 꽃이 피는 건 필연적이다. 그러나 필연적으로 만난 인연이라고 해서 영원하지는 않다. 때가 되면 이별을 떠올리고 매정하게 나무는 잎을 놓아버린다.

부부가 만나는 것은 우연일까, 필연일까? 우연히 만나는 것은 사실이지만 필연을 밑바탕에 깔고 있다.

부부도 나무와 잎의 관계와 같은 개념일까? 그런 것 같기도 하고 매우 다른 것 같기도 하다. 나무의 잎은 강제로 떼어놓지 않으면 일정 기간 같이 간다. 부부는 그렇지 않다. 서로의 의지에 따라, 깊이 사유하지 않고 헤어지기도 하고 평생 해로하기도 한다. 나무와 다른 점이다.

점심을 먹고 난 후 아직도 많이 남은 시래깃국 냄비 뚜껑을 꾹 눌러 닫았다.

선돌길 노송 부부

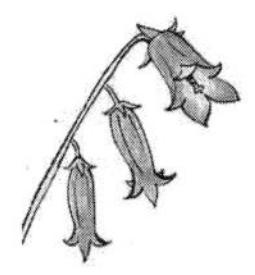

까톡. 자정을 지나 1시가 가까운 시간에 불러낼 사람은 없다. 아내였다.

'손님없으면좀쉬다가운전해요
굳은몸도좀풀고요
당신걱정많이되네요
사랑해♡'

'ㅇ' 자 두 개로 답장을 보냈다.

신혼으로 착각하고 있는 그녀였다. 이후에 날아온 글은 민망해서 차마 옮겨 놓을 수가 없다.

사랑, 연민 따위의 단어를 저울에 올려놓으면 어느 쪽으로 기울까, 하는 생각에 잠시 머문다.

사랑에도 무게가 있을까? 연민에도 무게가 있을까? 있긴 있을 것이다. 젊은이의 사랑 무게와 중년을 넘어가는 사람의 사랑 방식은 같은 듯하지만 분명 차이가 크다. 그렇다면 무게가 존재한다고 봐야 맞다.

우리가 사는 방식은 사랑의 무게로 살지 않을 뿐이다. 연민, 미운 정 고운 정 등이 복합적으로 얽혀서 평이하게 바뀌면 그것이 끈적끈적 떨어질 수 없는 묘한 합일체를 이루게 된다.

젊은이들의 얕은 그것에 비교할 바가 아니다. 그들은 사랑이라 이름하여 곧잘 행동으로 표현한다. 사귀자고 한 첫날 손잡고 포옹하고 키스하고…. 얄팍한 그것들이 사랑인 줄 알고 사랑이라 명명한다. 10일째, 50일째, 100일째를 헤다가 시들면 쉽사리 헌신짝처럼 버리고 새로운 대상을 찾아 발 벗고 나선다. 쉽게 오니 쉽게 버리고, 빨리 달아오르니 양은 냄비 사랑이 될 수밖에 없다.

'너희들이 게 맛을 알아?'란 유행어가 있다. 짧은 인생을 산 젊은이에게서 연민과 미운 정 고운 정으로 끈끈하게 뭉쳐진, 오래 고아 걸쭉한 사골 국물 맛을 아느냐고 물을 수는 없는 노릇이다.

"오늘 여성대학에 갔더니 남녀는 공평하다고 했어요."

"우리 집은 공평한 것 아니야?"

어제 면 복지관에서 하는 여성대학에 이틀째 다녀온 아내가 대뜸 내뱉은 일성이다.

"아직은 쪼끔 당신 쪽으로 기우는 것 같은데요?"

"아니야. 벌써 당신 쪽으로 넘어갔어."

저울에 얹고 무게를 달아 볼 수 없으니 가늠하기가 어렵다.

"가사도 반반, 일도 반반이라 했어요. 당신은 집안일을 안 도우잖아요?"

"난 바깥의 큰일을 하잖아? 돈도 벌어오고."

"나한테도 돈 벌어오라는 얘기예요?"

아내가 정색한다.

"아니, 돈은 나 혼자 벌어도 충분하고, 당신은 그냥 운동이나 하고 여성대학 잘 다니면 돼."

"하긴 내 나이 또래 사람들 70%는 농사를 짓거나 일선에 나가고 있어요."

"당신은 젊을 때 그 일을 죄다 당겨서 했으니까."

"당신이 걱정이에요. 여성대학에서 강사님이 그러는데 밤낮을 바꿔서 사는 생활 습관이 엄청 나쁘다고 했어요."

"아직 나는 젊으니까 괜찮아."

"우리가 젊지가 않아요. 옛날 같으면 환갑 지난 뒷방 늙은이란 말이어요. 여성대학 때문에 점심도 제대로 못 챙겨 주고 미안해요. 오전에 운동하고 1시부터 시작하는 수업이라 어쩔 수가 없네요. 그 대신 점심은 매일 차려놓고 갈 테니까 챙겨 먹어요."

보일러가 가동하나 보다. 잠시 멈췄던 기름보일러 돌아가는 소리가 창문 너머에서 저음으로 들려온다. 방안의 공기가 금세 훈훈해진다. 훈훈해진 기운은 연민이란 단어를 창출해 낸다. 묘한 기류이다.

"내년에는 내가 여성대학 강사로 나갈까 보다."

"뭘 가르치게요. 여성 권리 신장 말고 남성 권리 신장을 설파하려고요."

"그래 볼까? 학생들에게 몰매 맞으면 어떻게 해?"

"당신이라고 별수 있을까? 결국은 여성 편을 들 수밖에. 당신은 남 편이 아니고 내 편이잖아요?"

"우리는 모두 착각과 망각의 테두리 안에서 사는 고등 동물이니까."

"당신은 문학과 고스톱에 대해서 강의하면 제격이겠어요. 호호호."

얼기설기 실타래
풀어 무엇하리
얽힌 대로 설킨 대로
그냥 살자 하네

피 끓는 청춘 시절
백년해로 약속
몸 섞고 마음 섞어
놓지 못한 손

땅속으로 슬금슬금

곁눈질 남편
칠십 평생 모른 체
쉼 없는 고된 삶

듬성듬성 센 머리칼
늙고 병들어도
얼기설기 부여잡고
여생 살고지고
—「선돌길 노송 부부」

어저께까지 세상 남자들의 눈물인 양 겨울비가 종일토록 내리더니 오늘은 미세먼지 나쁨 상태가 계속된다. 심각하다. 서울에서는 차량 2부제까지 실시하며 호들갑을 떨지만, 인간이 저질러 놓은 자연 현상 앞에서 속수무책이다. 시골도 예외는 아니다. 도시나 시골이나 그 무게를 달면 도긴개긴이다. 겨울에도 푸른 저 소나무를 보며 작은 위안으로 삼을 뿐이다.

마감에 쫓겨 글을 쓰고 있는데 운동하고 들어온 아내가 점심을 먹으라고 독촉한다. 오늘은 하루건너 가는 여성대학 강의가 없는 날이다. 반찬이 그득하다.

"웬일이야? 반찬이 이렇게 많아?"

"물김치 맛이 기가 막힌다. 톡 쏘는 게 청량음료 맛이 나네."

그것 말고도 배추김치와 동태찌개, 어저께 먹다 남은 콩가루 시래깃국, 시금치, 콩나물무침, 장어구이까지 진수성찬이다.

"오늘 내 생일도 아닌데 뭘 이렇게 많이 차렸어?"

"내가 집에 있는 날이라도 제대로 먹어야지요."

아내의 정성이 보태져서인지 오찬은 성찬이었다.

우리 둘의 밥그릇은 똑같이 비었는데 그저께 이마트에서 세일하여 사 온 장어구이 한 토막은 고스란히 남아있다.

"당신 먹구려."

"당신 먹어요."

밀고 당기기가 계속됐다.

"그럼 반으로 나눕시다."

"……."

내가 젓가락으로 장어구이를 반 토막씩 나눴다.

가시넝쿨에서 날아온 참새 부부가 해 잘 드는 창가에 앉아 콩 한 개를 반으로 쪼개 놓고 마주 보며 종알종알한다.

"어느 쪽이 클까? 저울로 달아볼까?"

"당신 큰 것 먹어요."

예순네 개의 새알심

겨울나무는 발가벗고도 추위를 모른다. 추위를 느끼지 못한다기보다는 덜 탄다고 해야 맞을까? 봄에 새순을 움터 애지중지 키워 가을에 낙엽으로 떠나보낼 때까지 보호막이 되어준 잎들이었다. 열매들에 적당한 해가림을 해 주고 나무의 균형을 잡아주는가 하면 엽록체 색소로 자양분을 공급하기도 했다. 그러나 가을이 되면 나무는 과감히 잎을 떠나보낸다. 침엽수도 해묵은 잎은 대부분 흙으로 돌려보내고 새 움만 안는다. 그러고는 휴면기에 들어간다.

나무는 겨울 동안 놀기만 하는 것은 아니다. 가을부터 추운 겨울나기 위한 꾸준한 단련으로 껍질의 두께에 보탬하고 단단한 나무로 거듭난다. 내년 봄 새 움 틔울 생각은 잎을 떠나보낼 때부터 쉼 없이 해왔다. 또한, 튼실한 열매 맺을 준비로 겨울이

한가하지 않다.

고등동물인 사람을 제외하면 동물이든 식물이든 스스로 겨울나기에 돌입한다. 강아지와 고양이, 염소는 털을 기르고 닭도 마찬가지다. 털은 물론 뱃속에 아이 주먹만 한 기름 덩어리를 간직하여 든든한 겨울, 추위 걱정을 던다.

잉어는 추위를 덜 탄다. 산란기가 봄부터 초여름인데 어쩌다가 알 갖는 시기가 늦거나 산란기를 놓치면 뱃속에 알을 간직하고 겨울을 난다. 혹독한 겨울 속에 자식을 팽개칠 수 없으니까. 1년간 먹을 것을 줄여 내장까지 작게 하여 알을 보호한다.

사람은 조금만 추워도 호들갑 떨며 겹겹이 옷을 껴입는다. 겨울나기 위한 채비는 뒷전이다가 닥치면 옷만 껴입는다.

'세월이 유수와 같다'라고 했다. 겨울은 계절의 마지막. 또 한 해가 간다.

세월을 더디게, 혹은 붙잡아 두는 방법이 있다. 겨울나무, 저 유실수는 대략 3년이면 첫 열매를 맺는다. 유실수를 심어보라. 그리고 열매 맺기를 고대하면 된다. 세월이 더디게 올 것이다. 내 경험에서 터득한 한 가지가 더 있다. 목표 지점을 3년, 혹은 5년으로 정해 놓고 기다리면 세월이 천천히 온다. 적금을 붓는다든가, 나처럼 영업용 차 3년 무사고 목표를 세워 놓고 기다리다 보니 세월이 조금은 더디게 갔다. 드디어 만 3년 목표가 달성되었다.

3년이 거저 온 건 아니었다. 불과 사흘 전 오토바이와 접촉할 뻔했던 아찔한 순간은 잊을 수가 없다. 그동안의 긴장이 한꺼번에 풀어지니 3년 동안 한 번도 앓은 기억이 없는 몸살감기에 된통 걸렸다. 온몸이 쑤시고 기침이 나고….

밤에 나무는 무얼 하나?
몰래 나가 봤네요.
숨죽여 고양이 걸음으로
다가가지만
벌떡 일어서며
깜짝 놀라는 소나무를 보았지요.
아무도 모르는 너무 큰 비밀을
내가 알아 버렸어요.
소나무는
누워서 잠을 잔다는 사실을요
나 혼자만 알고 갈게요.
다리가 아파요.
소나무도 무척 고단했을 거예요.
어서 비켜줘야겠습니다.
소나무가
누워서 잠잘 수 있게요.

—「비밀」

세월이 안 가던 시절도 있었다. 어릴 때다. 빨리 어른이 되고 싶었지만 왜 그리 세월은 멈추어 있던지.

동지가 되면 팥죽을 먹는다. 나이만큼 새알심을 먹었다. 아니 한 살 보태서 새알심을 먹는다. 동지 팥죽을 먹고 나면 한 살을 더했다. 그래서 동지가 무척 기다려졌다.

동지 새알심을 만들기 위해 디딜방아에 불린 쌀을 빻았다. 나와 누나가 디딜방아를 밟고 어머니께서는 채로 쌀가루를 쳤다. 쌀가루를 반죽하여 우리 남매는 둘러앉아 새알심을 만들었다. 들쑥날쑥 크기가 제각각이지만 상관할 바가 아니다. 큼직큼직한 새알심을 세어가며 골라 먹는 재미가 쏠쏠했다. 가마솥에 한 솥 한 팥죽은 며칠을 두고 데워 먹곤 했다. 어릴 때는 한 해에 나이의 몇 배 새알심을 먹었다. 그래도 나이는 한 해 한 살밖에 먹지 않았다. 어른 되는 길은 까마득히 먼 길이었다.

막 자정이 넘어서면서 오늘이 63년 동지이다.

아내는 이웃에 고스톱 치러 간다기에 저녁을 먹고 태워줬다.

'내가 노는 날인데도 고스톱 치러 꼭 가야 하나?'

'며칠 못 놀았는데 12시까지 치다가 올게요.'

두말 않고 태워주는 수밖에 없었다. 나하고 노는 것보다 고스톱 치러 가는 것이 더 좋냐며 따지다간 밥도 못 얻어먹을지 모른다는 위기감이 드는 건 왜일까? 엿새마다 오는 휴식날인데도 두말 이상 할 수가 없었다.

동짓달 초순에 동지가 든 올해는 애동지라 한다. 애기동지라고도 부르는 올해는 팥죽을 안 해 먹는다고는 하지만 아내는 새알심을 사다 놓고 팥을 물에 불리어 놓은 거로 봐서 팥죽을 하긴 할 모양이다. 그렇다면 올해는 새알심을 예순네 개를 먹어야 하나? 너무 많다. 10분의 1로 줄이면 안 될까? 그러나 구태여 나이를 거꾸로 먹기는 싫다. 세월이 멈추길 바란다면 우주는 수명이 다하고 말 것이다.

나무는 절대 성장을 멈추지 않는다. 겨울에도 쉼 없이 자란다. 꿈을 꾼다. 내년 봄을 꿈꾸고, 먼 미래를 내다보며 키 큰 자신을 향해 간다. 키가 자란 만큼 내실을 다지기 위해 겨울에도 성큼성큼 하늘을, 땅속을 달린다.

또 다른 겨울나무 한 그루가 마당에 섰다. 생각이 많은 나무다. 추워도 춥지가 않다.

컹컹, 컹컹.

똘이와 억이가 기침을 한다. 아내가 돌아오나 보다.

냇물에 달 가듯이

부랴부랴 점심 챙겨 주고 이웃에 고스톱 치러 간다던 아내가 입이 한 발 나와서는 금세 돌아왔다. 처음 보는 광경에 적이 놀라 아내의 눈치를 보았다.

"웬일이야? 그 좋아하는 고스톱을 마다하고 돌아오다니…."

"그냥…."

그냥이 아닌 것 같았지만 더는 묻지 않았다.

낮잠에 취했다가 거실로 나오니 돋보기까지 걸치고 그녀가 독서 삼매경에 빠져 있었다.

"재미있는 책이라도 있남?"

"그냥…."

이번에도 그냥이라는 대답이 돌아왔다. 월간 문예지였다.

"소설책이라도 읽지?"

"고스톱 대신 이젠 책이나 읽으려고. 아무거나 닥치는 대로 읽지 뭐."

"책이나 읽는 것이 아니라 책을 읽는 거지. 생각 잘했네. 진작 그렇게 했어야지. 고스톱도 오래 하면 중노동이야."

"사실 오래 앉아 화투 치고 나면 무릎이 아프더라고."

자초지종을 들었다. 오전부터 고스톱 회원 모집 그룹 카톡이 왔다. 아내가 도착한 것은 2시 즈음. 회원은 초과하였고 통보 없이 장소를 옮겨버렸다. 그 사실을 뒤늦게 안 아내는 아이처럼 토라져서 집으로 돌아왔던 것이다. 앞으로 동네 부녀회 모임에는 참석하되 내를 건너 이웃까지 가서 하던 고스톱은 안 하겠다고 선언하기에 이르렀다. 그 다짐이 언제까지 갈지 알 수 없는 일이지만.

열엿새 달이 떠올랐다. 달 속에 우수에 찬 그녀의 얼굴이 살포시 스며 있다. 의기소침한 그녀는 내가 있을 곳은 여기라고 당당하게 크게 외치는 듯했다. 수많은 해가 떴다가 지지만 변함없이 열기를 뿜는다. 많은 사람이 해를 우러러 두 손을 뻗고 있으니 게으름을 피울 수가 없다. 그 수많은 사람 틈에 당당히 끼지 못하는 소외 계층은 어둠을 밝히는 달을 쳐다보며 조용히 소망을 말하기도 한다.

쨍쨍 내리쬐는 해를 보면서 밤에 가끔 뜨는 달을 떠올리기가 쉽지 않다. 잘 그려진 풍경화를 감상하며 화려한 색채에 눈이 어둡지 작가의 속내를 읽어내려는 데는 게을리한다.

올해도 어김없이 연말연시를 맞아 우리 아이들이 모두 모였다. 딸 사위 여섯에 손주 넷 하여 모두 열. 우리 부부 포함하면 열둘. 작년과 비교하면 손주 한 명이 늘었다.

점심으로 식당에서 막내 손녀 백일상을 받고 집에 들어오니 시끌벅적 동네가 떠나간다. 선돌길 언덕에 웃음꽃, 울음 꽃이 활짝 폈다. 올겨울 들어 여섯 번째로 내려 녹지 않은 눈이 소스라치게 놀라 꽁무니를 감춘다. 모처럼 화기애애 피어난 웃음꽃에 같이 웃다 녹고, 좀처럼 보기 드문 네 아이의 울음보에 귀 기울이다 저도 모르게 눈이 사르르 녹아내렸다.

평상시보다는 오랜 시간 아이들과 시간을 보냈다. 어제저녁 지인들과 모여 우리 집에서 밤을 지새운 것도 있고 해서 이틀 만에 일터로 가기 위해 밖으로 나왔다.

달이 높이 떴다. 동짓달 열나흘 달이다. 내일 새해 첫날이 보름이라는 사실을 알고 있는 이가 드물다. 온통 지는 해, 새해 해돋이에만 집중하다 보니 유독 동짓달 보름달이 크게 떠오른다는 사실은 망각 속에 있다.

우리 아이들도 밤을 하얗게 새울 작정인 모양이다. 손주들은 하나둘 꿈나라로 향하고 시내에서 안주를 공수해 와서 밤이 깊어갈수록 여흥도 더해만 간다.

나는 달이 비추는 길을 따라 차를 몰았다. 시내로 향하는 길은 훤히 뚫려 있었다. 달은 내가 가는 곳을 앞질러 가기도 하고 뒤따라오기도 하면서 동무해 준다. 저 달은 내일 무술년 첫해가 뜰 때까지 나를 인도할 모양이다. 나도 서서히 달과 함께 동화되어간다. 내일 뜰 해는 현재 내게 있어 미래의 것들이다. 다가올 새해는 닥치면 헤쳐나가면 그만이다. 지금은 달과 함께 가는 길이 내 길이다.

초승달도 기운
호젓한 호수
인적조차 드문
달골 이슥한 밤

머리카락으로
신발을 지어
지이미의 사랑이
미투리에 담겨 있는

오 리 밖 영호루
내려 보는 월영대
선현들의 글 읽는 소리
여기까지 들리네

갈바람 온 데 없고
달그림자 간데없는
김삿갓도 발 머문 풍광
영남산이 호령여산

밤이 깊어야 그 자리에 있는

달이 떠야 숨소리 들리는 달골
이 시대 선비라면
누가 시 한 수 읊지 않으리

달그림자 밟으며
물 위를 걷지는 못했지만
중년 부부 손잡게 하는
월영교를 걸으며

—「월영교를 걸으며」

무술년 새해 이틀, 그리고 동짓달 열엿새. 같이 가지만 함께 하지 못하는 얄궂은 운명. 해가 져야만 활기를 되찾는 달. 해가 뜨면 기가 죽어 하늘 속으로 숨어버리는 가엾은 달. 모처럼 새해 두 번째 해가 지자 기지개를 켠 달은 우리 부부 창가에 앉았다. 해는 하루에 조금씩 일찍 오거나 조금씩 늦게 오지만 달은 하루에 50분씩 늦게 오기 때문에 둥근 달을 우리 부부가 같이 감상할 기회가 잦지 않다. 엿새마다 쉬는 날인 오늘 우리 부부는 달을 보며 오랜만에 말은 하지 않았지만 동질감을 맛보고 있다. 이제 나이가 들었구나, 세상은 내 마음과 같지 않다는 깨달음을 일깨운다. 저 달은 우리 마음을 보고 있을 거라는 생각을 하면서 위안으로 삼는다.

잠자리에 들었다. 하늘의 달을 따다가 옆에 눕혔다. 이불을 덮어주고 다독여 주었다. 하늘의 별이 모두 내려와 우리 집을 감싼다.

잠이 든 줄 알았던 달이 내 품에 파고들며 속삭여왔다.

"나 사랑해?"

"응."

"나도 사랑해."

잠자는 산 깨우기

꼬꼬 빠빠.

설 쇠러 온 30개월 된 손자가 닭장에 가고 싶다며 할아버지를 따라나선다. 말을 배우면서 할비, 할미 다음으로 익힌 말이 이 말이 아닌가 싶다.

우리 닭들의 식사 시간은 인간이 점심을 먹고 난 후 하루 한 번밖에 없다. 이걸 알고 있는 손자는 점심을 먹는 둥 마는 둥 하고는 할아버지를 채근하여 추위도 잊고 따라나선다. 잔밥과 깻묵, 사료 등을 섞은 '꼬꼬 빠빠'를 손수레에 실었다. 달걀 담을 바구니와 함께 손자도 손수레에 태웠다. 손자는 좋아라, 살인 미소를 날린다. 아마 손자는 닭 모이 주는 것보다는 손수레 타고 닭장까지 가는 과정을 즐기는 것 같다. 내가 모이를 주는 동안 손자는 가르쳐 준 대로 달걀을 주워 담았다.

시끌벅적하던 집 안은 가끔 새들이 와서 지저귈 뿐 고요롭기 그지없다.

일상이 되어버린 닭장 가는 길에 여느 때와 같이 아내가 따라나섰다. 오늘은 달걀이 10개밖에 없다. '개 보름 쉬듯 한다'고 했던가? 사람들은 명절에 풍족하게 음식에 취하면서 동물에겐 소홀했던 결과물이다. 평상시엔 스무 마리의 암탉한테서 15개 이상의 달걀이 생산되었으나 설 때 먹이를 풍족하게 얻어먹지 못했던 닭들은 받은 만큼만 인간에게 돌려준다.

산에서 장작 지고 내려오는
환갑 진갑 지난 머슴의
지게 다리가 휘청휘청,
뒤따라오는 마님이
한 살 두 살 나이를 빼내도
그 무게가 그 무게

장작으로 덥힌 온돌방은
마님의 겉옷을
한 겹 두 겹 벗긴다,
창밖에서 서성이던
취한 바람이 황소처럼
성큼성큼 걸어 들어온다

—「귀촌 · 28」

평소엔 난방유로, 그것도 아껴 가며 보일러를 가동하다가 설부터 풍족한 난방을 위하여 집 공사 폐기 나무와 매일 산에 오를 때 주워 모은 나무로 여유롭게 보일러를 돌리고 있다.

땔감이 바닥나서 오늘은 지게를 지고 산에 올랐다. 아내는 손톱을 들고 뒤따랐다.

"저 나무 베요."

아내가 가리킨 나무는 정상쯤에 비스듬히 누워 있는 아까시 나무 두 그루였다.

'모난 돌이 정 맞는다'고 한 속담이 있다. 곧은 나무가 도끼에 찍히는 법이다. 재목으로 쓰기 위해선 곧게 잘 자란 나무가 먼저 베어지는 게 정한 이치다. 못난 자식이 부모 곁에 남아 오래 효도하는 이치와 같다. 하지만 땔감으로 쓸 때는 장래가 없는 나무를 먼저 자르는 게 상책이다.

"그래, 그 녀석들이 좋겠군."

지게를 내려놓고 나무를 베기 시작했다. 나무는 잘리기 싫다 하고 우린 결사코 나무 베기에 온 힘을 다했다. 호락호락하지 않았다. 수십 년 자란 나무가 하루아침에 허무하게 무너지는 걸 쉽게 용납할 리 없었다. 아니면 진갑을 넘긴 내 체력의 질이 떨어진 모양이다. 한참을 씨름한 후에 아까시나무를 베 넘겼다.

"기계톱은 남 빌려주고 작은 손톱으로 이 무슨 고생이세요?"

"……."

이 또한 운동 아니겠는가?

나무토막 내는 것도 수월치가 않았다. 아내가 거들고 나섰지만, 요령이 없는 그녀의 톱질은 영 시원치가 않다.

헐떡거리며 나무를 토막 내 지게에 지우는 데는 어렵사리 마쳤다. 그다음이 문제였다. 족히 100kg쯤 돼 보이는 이 나무들을 저 아래 마당까지 지고 내려가는 일이 이 산만큼이나 커 보인다. 용기 내어 옛 솜씨를 발휘해 보기로 했다. 고교 시절 방학 때면 산더미만 한 나무를 해서 지게로 져 날랐던 솜씨 아니던가? 또한, 4년 전 귀촌하던 해 하루에 혼자 여덟 번이나 산을 오르내리면서 장작을 해 날랐던 실력 아니던가?

아직은 건재하다는 걸 아내 앞에서 호기를 부려봤다. 나무 지게를 지고 일어나는 데는 성공했다. 지게 작대기로 중심을 잡아가며 우리 집 마당을 향해 한 발짝 아래로 발을 뗐다. 휘청… 다리가 후들후들 떨렸다. 보다 못한 아내가 뒤따라오며 장작 한 개를 빼냈다. 그러나 또 한 번 휘청했다. 내가 휘청거릴 때마다 아내는 나무 한 개씩을 빼낸다.

"쉬었다 가요."

"……."

말할 힘이 남아있지 않았다. 산을 반 내려왔을 땐 지게엔 나무가 반밖에 남아있지 않았다. 그러나 무게는 처음이나 마찬가지였다. 우리 인생 무게는 줄어드는데 나무의 무게는 줄어들지 않는 까닭이 이상했다.

잠자는 산은 깨워야 한다. 힘도 써야 할 때 써야 하는 법이다. 자고 있는 산을 흔들어 깨울 생각은 않고 자는 산만 나무라면 영원히 잠들고 말 것이다.

큰 울림을 준 산은 오늘도 내일도 깨어있을 것이다.

장작을 마당에 내려놓고 나자 금세 생기가 살아났다.

아궁이에 장작을 지폈다. 이윽고 활활 불이 타올랐다.

바람길로 가는 겨울

차박차박, 자박자박….

정상을 향해 오르는 눈밭은 가랑잎을 묻고도 모자라는 듯 온 산을 덮고 있어 고요롭기 그지없다. 눈에 전부 내준 산은 제법 한기를 느낄 만큼 겨울을 두껍게 깔고 있었다. 올겨울 들어 두 번째로 내린 눈은, 안동 기상대에서는 1.3cm의 적설량이라지만 이곳 산골 마을엔 우리 집 마당 기준으로 5cm는 족히 내린 듯싶다.

우리 부부는 장화에 목도리와 장갑을 끼고 오후 나절에 앞산을 올랐다. 병신년도 저물어갈 즈음 두 번째 눈을 계기 삼아 각오를 새롭게 다져본다. 오늘부터 매일 산을 오를 것을 다짐한 후 첫 산행인 셈이다.

이곳으로 귀촌한 지 4년여. 산을 코앞에 두고도 고작 스무여 차례 오른 것이 고작인데 앞으로는 1년에 삼백육십 다섯 번 이상 오르기로 한 다짐이 작심삼일이 아니길 기대해 본다.

"지난번 건강검진에 충격받은 모양이죠?"

아내가 뒤따라오며 독려를 한다.

"그까짓 성인병… 우리 나이에 흔한 증상인 걸…."

말은 그렇게 했으나 그동안 제대로 건강을 돌보지 않은 것에 대한 결과물이라는 데는 부정할 수 없고 적이 걱정이 안 되는 것도 아니다.

"매일 탁구 하던 것조차 게을리하니 산에 오르는 것은 작심삼일이 아니길 바라요."

"……."

이제 겨우 산 초입인데 숨이 턱에 닿았다.

쏴. 산 위 서북쪽에서 겨울을 앞지르는 바람 한 아름이 불어온다. 소나무를 덮고 있던 눈가루들이 쏟아져 내리며 나무들 사이를 빠져나온 햇살에 은가루 되어 흩날린다.

하늘이 보인다. 정상이 가까운 모양이다. 정상이라 봤자 우리 마당에서 고작 백여 고지. 그런데 이곳 정상이 그렇게 멀리 있었다니.

눈을 머금었던 하늘은 아직 성이 다 풀리지 않았는지 잔뜩 찌푸려 있다. 높은 산이든 낮은 산이든 정복하고 난 후의 상쾌함이란 별반 다르지 않다. 사람들은 높은 곳을 향해 달리려고만 하지 하찮은 산 따위에 오르기를 주저한다. 낮은 산이라고 어디 큰물을 막아내지 못할 까닭이 없다. 쥐구멍 하나가 큰 강둑을 무너뜨리듯 작은 산 여럿이 모이면 태백 준령이 부러우랴? 겨울로 가는 이 엄동설한에 이만한 산 정복도 과분하지.

산은 늘 모두를 품을 준비가 돼 있는데 우리는 산의 포용을 외면하고 잘난 척해 왔다. 기력이 쇠잔하고 현실이 풍비박산 나면 누군가에게 기대려 한다. 그게 산이든 강이든.

하늘이라 말하지 않을래
햇살이라 쓰지도 않을래
산이라고
강이라고
하얀 눈 위에
연녹색 솔 이파리로
꾹꾹 눌러 적어놓을게

사륵사륵 눈이 녹고
봄볕 들 때쯤 오렴
하늘
햇살이라고 적혀 있을지 몰라

바람길 언덕에
새싹 돋거든
연두색 네 이름 적어놓고 가면
나는 햇살이라고 읽을래

—「바람길 연서」

후다닥. 깜짝 놀랐다.

"어마나! 저게 뭐야?"

아내가 더 놀란다.

"고라니잖아?"

인기척에 놀란 고라니 한 마리가 어리둥절하더니 산 아래쪽으로 달아난다. 곧잘 산 아래 우리 마당까지 먹이 찾아 내려오던 어미 고라니가 우리보다 더 놀라서 도망간다.

"저 고라니는 집이 어딜까요?"

"이 산속 어디쯤 보금자리를 틀고 있겠지."

우리가 놀란 것보다 혼자서 제 몸집보다 몇 배 큰 동물을 둘이나 만났으니 고라니는 얼마나 놀랐을까. 이 산속 눈밭에서 오늘 하루 굶주려 배가 얼마나 고플까. 임 잃고 외로운 저 고라니는 우릴 어떻게 바라볼까.

차박차박, 자박자박…

이런저런 생각을 가슴으로 나누는 동안 억새의 손짓을 뒤로 하며 우리는 산에서 내려서고 있었다.

달은 돌고 싶다

지구는 자전과 공전을 거듭하며 태양 주위를 빠르게 돌고 있다. 무려 시속 1,600km 이상의 속도로 46억 년 동안 쉬지 않고 빙글빙글 돌고 있다고 한다. 만일 꾀가 생겨 지구가 돌기를 멈추어 서면 과연 어떻게 될까 하는 엉뚱한 생각을 해 볼 때가 있다.

지구 반쪽은 낮이고 나머지는 밤이 계속되어 어둠의 자식들이 득세하는 세상으로 변해 있을까? 식물이 자랄 수 없고 황폐해져 그들은 물론 지구가 수명을 다하겠지. 끔찍한 일이 아닐 수 없다. 그런 일이 쉬이 일어나지는 않겠지만 그 또한 지구를 괴롭히면 멈춰 서지 않으리란 보장도 없다.

지구는 현재 몸살 중이다. 그보다 더 지독한 독감을 앓고 있는지도 모를 일이다. 올해는 유독 감기와 독감이 유행하고 있다.

바다만 봐도 알 수가 있다. 철새가 플라스틱류를 먹고 죽어가고 있고, 엘니뇨 현상으로 생태계가 파괴되어 물고기가 지구를 떠나고 있는 현실이다. 이 또한 인간이 지구를 자연 그대로 두지 않고 멋대로 변형시키고 함부로 대했기 때문이 아닌가 싶다. 지구는 46억 년 전으로 돌아가 자연 그대로이고 싶다.

지구가 태동했던 그 옛적, 어떤 모습을 하고 있었을까? 어떤 동식물이 자라고 있었고 그 누가 지배하고 있었을까? 상상이 잘 되지 않는다. 어느 시대에는 공룡이 지구를 지배하던 시절이 있었다고는 알려졌지만 사실 그 정확한 역사를 어림잡아 숫자를 셀 뿐이지 시대상을 정확히 설명할 과학자는 없다. 지금부터 또다시 46억 년이 지나 우리 인간이 지구의 지배자일지는 절대 아닐 거란 생각은 틀림이 없지 않을까? 그럼 그땐 누가 이 지구의 주인일까?

아무튼 지구는 자연 그대로 있고 싶다. 우주의 아주 작은 점이지만 내가 살다간 이 지구가 영원하길 바라는 건 인지상정일까?

하루를 굶은
강아지에게
먹힐까 봐
구름 속에서
서성이는 넌,

겁쟁이인가,

거짓말쟁이인가?

—「정월대보름달」

달은 지구를 중심으로 돌고 있다. 지구와 마찬가지로 언제든 둥근 원형을 이루고 있지만, 우리 인간은 멋대로 반달로 봤다가 초승달, 그믐달, 보름달로 달리 불러오고 있다. 달과 지구와 태양의 위치에 따라 그 모양을 바꿀 뿐인데 하현달, 상현달이 존재해 왔다.

방송에서 워낙 성화여서 하늘을 보지 않을 수 없었다. 슈퍼문, 블루문, 블러드문… 개기월식. 차를 세우고 하늘을 봤지만 엷은 구름 때문에 선명한 장관을 볼 수는 없었지만 35년 만에 펼쳐진 우주쇼를 함께 했다는데 의의를 둘 수밖에.

야간 근무를 끝내고 새벽, 마당에 들어섰다. 언제 그랬냐 싶게 유별나게 큰 달이 따라와서 마당을 내리비춘다. 하늘은 쾌청하다. 달은, 동치미 속에 든 배춧잎처럼 노랗다 못해 흰색을 띠며 새벽 공기인 양 톡 쏘는 게 싸아 시리다.

억이와 똘이도 마중 나왔다. 나를 마중 나온 건지 달마중 나온 건지 알 수는 없었지만 달을 머리에 이고 꼬리를 살랑살랑 흔들어 대고 있다.

"여보, 어서 와. 수고했어요."

"왜 일어났어? 내가 들어오는 것도 모르고 곯아떨어져 있을 시간인데…."

인기척에 깼는지 달에 취했는지 한밤중이어야 할 아내가 안방 너머에서 아는 체를 한다, 이 새벽에. 의외라는 생각에 미치자 달을 한 번 더 쳐다보고 황급히 방으로 들어왔다. 창문에도 그이가 와 있었다.

"달이 너무 밝아요. 유독 오늘 보름달이 더 밝은 것 같아."

"오늘 슈퍼문이 뜬다는 사실을 몰랐어? 게다가 한 달에 보름달이 두 번 뜬다는 블루문, 블러드문에다가 개기 월식까지 있다고 언론에서 호들갑을 떨었는데 그걸 몰랐다니…."

"영화 보느라고 뉴스를 안 봐서 몰랐어요."

"그 영화가 뭐라고 잘 보던 뉴스도 시들해지고…."

머리맡에 뜬 달에 황홀해하던 아내는 다시 꿈나라로 향한 듯 잠잠하다. 쉬이 잠이 올 것 같지 않다. 달의 유혹도 유혹이지만 대낮처럼 밝은 안방을 비춘 그이의 대담함에 홀린 기분은 당해 보지 않은 사람은 느끼지 못하는 그런 묘한 기류에 갇혔다고나 할까? 눈을 감아도 금세 사라지지 않는 그이의 유혹.

저 달. 지구에서 떨어져 나가 생겼을지도 몰라서 지구와 가장 닮은 유성. 호시탐탐 인간이 정복하려 하는 운명에 놓인 달. 제발 인간이 범접하지 않길 바라는지도 모른다. 그냥 그대로 두면 초승달, 반달, 보름달로 비추다가 가끔 너희에게 슈퍼문이 되기도 하고 블루문이기도 하다가 스스로 태양계를 떠날 수 있기를.

누가 뭐래도 달은 변함없이 가던 길을 갈 뿐이다. 타원형으로 지구를 돌다 보니 오늘 지구 가까운 곳을 지나갔을 따름이다.

내가 잠들지 못하는 것과는 무관하다. 이 시간에 잠들지 못하는 건 내가 짊어진 짐이지만 달에 책임을 전가하는 건 무책임한 일이다. 가만히 있는 달을 원망할 것이 아니라 멍청한 나 자신을 돌아봐야 한다. 또 내일을 위해, 건강을 위해 잠을 청할 일이다. 스스로 잠을 청할 수 있는 지혜를 터득하면 된다.

두 번째 눈과 마술

화장실에 가면 주로 두 번째 소변기를 이용한다. 볼일 보는 사람이 꽉 메워져 있기 전에는 무조건 두 번째 그곳에서 거룩한 행사를 치른다. 특별한 이유가 있어서라기보다는 언제부턴가 내 삶이 일등 인생과는 거리가 멀다는 생각을 하고 있지 않았나 미루어 짐작한다. 구태여 맨 앞장서 가고 싶지 않다는 강박 관념 내지는 우유부단한 내 성격에서 비롯된 것 같다. 8남매 장남인 나는 위로 누님이 계시는 관계로 지금까지는 가족사에 두 번째 역할을 했다.

매는 먼저 맞는 것이 좋다고는 하지만, 매 맞고 난 사람의 표정 등에서 그 매의 강도를 가늠해 대처할 수 있으니 두 번째 이후가 훨씬 낫다. 군 시절 사격을 죽 쒀 단체 기합으로 선임하사한테 엉덩이를 맞던 그때가 선연하다.

우리나라 화장실 문화가 이처럼 앞서갈 줄 몰랐다. 재래식 변소에서 종이가 모자라 썩은 새끼줄 잘라 엉덩이 닦던 반세기 전을 상기하면 격세지감이 느껴진다.

화장실 호텔이라고 해야 할 판이다. 고속도로를 가다가 어느 화장실이라도 들러 보라. 얼음 알처럼 단장된 그곳에는 시화詩畵가 걸릴 정도니까. 그런 사람은 거의 없겠지만 내 집 없는 사람도 특히 고속도로 휴게실 화장실에 가면 호사를 누린다.

여자 화장실도 다르지 않을 것이다. 남자 화장실이 그곳과 구별되는 것은 소변기가 일렬횡대로 쭉 늘어서 있다는 것이다. 남자들이 칠칠하지 못해 소변기 앞에서 자꾸 흘리니까 어떤 화장실은 소변 낙하지점에 파리 그림을 그려 놓기도 했다. 그 파리를 맞혀 쓸어버릴 위력으로 바싹 다가서라는 의미가 부여되었으리라.

아무래도 뭇매를 맞은 쪽은 첫 번째 소변기의 파리였다. 기진맥진한 파리가 안 돼 보여 나는 여전히 두 번째 소변기의 파리를 공략했다.

유리창 여과하여 오는
발품 팔아 먼 길 돌아온 햇살은
찻잔 속의 들숨 쉬는 거품을
혀끝으로 연신 탐한다
한쪽 벽면으로

너른 들을 덮을 수 없어
튀어 오르는 햇살을
두 손 모아 마구 눌렀다
찻잔에서 사분사분
걸어 나오는 햇살은
할머니의 전래동화 속
공주를 닮아있다
걷잡을 수 없이 밀려오는
밀물같이 일어서려는 햇살은
숙명처럼
병원 근처에 내린다는
눈발 속으로
창을 열고 사라져 갔다
햇살이 먹다 만
식어가는 카푸치노는
떨고 있는 찻잔 손잡이부터
다시 데우기로 한다

—「햇살이 떠나기 전에도 눈은 내렸다」

올겨울 들어 여섯 번째 눈이 내렸다. 첫눈 내린 후 두 번째 눈 내리기까지는 꽤 오랜 기간이 지났다는 생각이 들었는데 그 눈 내린 후 이틀 간격으로 세 번째 네 번째… 벌써 여섯 번째 눈이 내려 세상을 덮었다.

우리 집 뒷마당 응달쪽에는 아직 두 번째 눈 흔적이 남아있다. 11월 24일 내린 첫눈은 다음 날 우리가 남쪽 지방으로 3박

4일 여행을 떠난 후 모두 녹았다. 똘이가 목줄을 탈출해 온 동네를 헤집고 다닌다는 부녀회장으로부터 연락이 왔다. CCTV 확인 결과 마당에는 눈 대신 똘이가 어지럽혀 놓은 흔적들이 널브러져 있었다. 첫눈을 삼킨 건 남쪽 지방의 훈기였는지, 똘이의 자유의 신난 몸짓이었는지?

첫눈을 우리는 특별하게 오래 기억하지만 우리 곁에 오래 머물지는 않는다. 두 번째 눈이 우리의 기억에는 오래 남지 않지만, 우리의 곁을 쉽게 떠나지 않는 의미는 무엇으로 설명할 수 있을까?

두 번째 눈 내리던 날 마술을 생각했다. 아무리 생각해도 눈과 마술은 아무런 연관이 없을 것 같았다. 여섯 번째 눈이 밤새 싸락눈으로 내려 두 번째 눈에서 다섯 번째 눈을 덮을 동안도 눈과 마술의 공통분모를 찾지 못했다.

첫눈과 두 번째 눈은 비교적 대설에 가까웠다. 세 번째에서 여섯 번째 눈은 그 양도 적었지만 도둑고양이처럼 밤새 몰래 다녀가서 기억을 못 하는 사람이 많다.

시간을 맞춰 놓았다가도 운동하러 나가지 않았다. 토요일이기도 하고 누적된 피로를 풀 요량으로 휴무일 수면에 빠졌다. 그때 걸려 온 아내의 전화.

"아줌마들이랑 점심 먹으러 왔어요. 혼자 챙겨 드세요. 미안해요."

내가 먼저 전화를 끊었다.

10도를 웃도는 겨울 햇살은 야금야금 잔설을 먹는다. 쓸까, 달까? 설탕을 녹이는 것은 사람의 혀끝이지만 달곰한 말言을 마구 삼키면 사람의 몸은 금세 노쇠하고 만다. 산 밑 눈까지는 먹을 여력이 부족한 기온이다.

저녁에도 아내는 팥죽 먹으러 오라는 이웃에 좋아라, 방긋이 달려갔다.

기온 탓에 부드러워졌던 눈이 어둠이 몰고 온 냉기에 다시 날을 세운다.

덮인 눈 속의 마술은 아직이다. 내년 봄이 돼야 실체가 드러나려나?

싸륵싸륵 눈을 밟고 오는 아내의 발소리가 들린다. 똘이와 억이가 먼저 그녀의 귀갓길을 알려줬기에 밖을 봤다. 자정을 가리키는 달은 눈과 더불어 길을 밝힌다. 기울기 시작한 달이었지만 밝기의 위력은 여전하다.

팥죽 먹으러 마실 갔던 아내는 그 길을 밟고 남편이 있는 집을 향해 발길을 재촉하고 있었다.

아버지의 의자

“잔은 몇 개 챙기면 되지요, 형님?”

“…….”

“세 개면 돼요.”

제기祭器를 닦던 막내 제수씨가 큰동서를 향해 확인차 이번에도 물었다. 아내는 들은 건지 언뜻 생각이 안 나서인지 뜸 들이는 사이에 내가 끼어들었다.

조부, 조모, 아버지를 잠시 회상하다가 그 앞에서 차례 준비하는 우리에 대해 생각이 미쳤다. 당신들을 많이, 혹은 조금씩이나마 아는 우리 5형제는 그렇다손 치고 며느리들은 무어라 말인가? 일면식조차 없는 당신들 앞에서 조신한 척, 불만이 없는 척 상을 차려야 하는 이 불공평하면서 엄연한 현실을.

그러다가 뒷전에 묵묵히 계시는 어머니를 보았다. 우리보다 당신들과 더 오래 같이 살아서 더 많이 아는 사람은 한때 이 집안의 며느리였던 어머니 아니었던가? 그렇다면 며느리들은 어머니가 그랬듯이 아무 말 없이 상을 차려야 하는가? 판단이 잘 서지 않는다. 하지만 분명한 현실은 이 차례문화가 조상 대대로 내려왔지만, 자손만대에 이어지지 않을지도 모른다는 예감이 드는 건 어쩌지 못할 시대 현상이다. 그 앞에 한없이 작아지는 나를 본다.

현관문을 열고 향을 피웠다. 50년 전과 40년, 37년 전에 차례로 저세상으로 가셨지만, 오늘만큼은 병풍 뒤에서 정성껏 차린 제물들을 들고 계시지 않을까? 제주祭酒도 올렸다.

물리적인 나이로 환산하면 조부, 조모는 130살을 넘겼으니 도저히 현세에 계실 수가 없지만, 아버지는 그 사고만 아니었으면 병풍 앞에서 차례를 주관했을 텐데….

37년 전 그해 봄날도 바람이 잦았다. 봄바람이 황사를 전부 잠재우지는 못했다.

아버지는 내게 교사가 되길 바랐고, 동생들한테는 면서기 되길 바랐다. 동생은 아버지 소원을 이루어 드렸지만 나는 당신 소원을 저버리고 말았다. 아버지는 글 나부랭이를 끄적이고 다니는 나에게 '너는 맨날 글 쓴다고 하면서 신문에 대문짝만하게 사진과 글이 안 실리노?'라고 타박하셨다. 교사도 못 되었고 글로 성공하지도 못했으니 나는 불효자인 셈이다.

아버지는 고등어 대가리를 좋아하셨다.

가마솥 밑바닥같이 새까맣게 탄 그놈을 바삭바삭 씹으며 고등어 꼬리지느러미로 바다에 닿는 길을 지우셨다.

눈알은 물컹해서 맛이 없다, 시며 턱 빠진 아이처럼 쪼그려 앉아 침 흘리는 내게 주었다. 짭짤하니 환상의 맛이었다. 아버지는 고등어 맛을 제대로 모르시나 싶었다.

할아버지 밥상에 누워있는 몸통은 기름기가 자르르 흘렀다.

아버지는 쉰 고개를 못 넘기고 내 무릎 베고 숨을 거두셨다. 두 눈을 똑바로 뜨고 계셨지만 어릴 때 다친 한쪽 눈으로는 캄캄한 50년을 조용히 닦고 계셨다. 어머니가 오열하며 당신 두 눈을 쓸어내릴 때까지.

고등어 한 손 배달 온 차 앞바퀴가 도랑에 빠졌다. 탈출하려는 차는 헛바퀴를 돌리고 곽 속에서 고등어 한 마리 탈출하여 두 눈을 부라린다.

얼음이 녹아 도랑물이 흐를 때쯤 차는 오던 길로 돌아갔고 고등어는 지난 흔적을 쓸어 담아 바다를 향해 쏜살같이 달려갔다.

—「귀촌 · 32」

생전 처음 부모님 품을 떠나 고등학교에 입학하자 자취방으로 아버지가 책상을 사서 짊어지고 오셨다. 그때만 해도 배달은 가당치도 않을 때라 멜빵을 만들어 그 큰 책상을 등에 지고 학교 앞 자취방까지 단숨에 오셨다. 시골에서야 당연했지만, 고등학생이 된 자식이 잠시나마 방바닥에 엎드려 공부하는 불편함을 빨리 덜어줄 심산이셨을 게다. 당신 이마에는 땀이 송골송골 맺혀 있었다.

"큰 책상으로 샀다. 가격 차이가 쪼매밖에 안 나길래…."

책상 가격이 만만치가 않았을 텐데 큰사람이 되라는 의미에서 사준 큰 책상에서 공부한 나는 큰사람이 되지 못했다. 가방이 커야 공부를 잘하는 게 아니라는 교훈이 딱 맞는가 보다.

소한테 희생을 당했으면서도 병원에 계신 사흘 동안 한 마디도 소를 원망하지 않으셨다. 소도 의도치 않은 돌발 상황이었다는 사실을 알고 계셨으므로 당신만 질책했다.

내 무릎을 베고 숨을 거두기 전 가쁜 숨을 몰아쉬며 하신 아버지 말씀은 아직 뇌리에 남아있다.

"소는 너무 순했는데… 내 잘못이다… 니 엄마와…."

왜 그렇게 황망히 가셨을까? 제대로 유언도 말씀 안 하시고. 그러나 차마 감지 못한 당신 눈에서 내게 많은 부탁을 하고 계신 걸 보았다.

당신은 한쪽 눈으로 세상을 보셨다. 외관상 표시가 나지 않아서 주위에서도 잘 몰랐다. 나도 성인이 된 한참 후에 알았다. 어릴 때 다쳐서 실명했지만, 오십 평생 꿋꿋하게 외눈으로 더 넓은 세상을 보기 위해 부릅뜬 눈으로 사셨다.

아직 당신의 유지를 10분의 1도 못 받들었지만, 남은 생 최선을 다해 부끄럽지 않은 당신의 아들로 살아가리라 설날 아침 다짐해 본다.

큰 대문은 아니지만 문설주는 세웠고, 마당 넓은 집을 지어 우리 형제 모두 모여 차례를 지낼 수 있어 다행이란 생각을 한다.

오늘도 당신이 마련해 준 의자에 앉아 신문에 실을 소소한 글을 적는다.

소나무 가지에 걸터앉은 새해

새해가 밝았다. 서서히, 그러나 빠르게 두꺼운 장막이 걷히고 정유년 붉은 해가 장엄하게 솟아올랐다.

와룡산 용두봉에서 맞이하는 새해 새 아침. 찬란하게 정유년 첫해가 떠오르자 일제히 환호가 터져 나오고 여기저기서 소망을 비는 소리가 언 산을 녹여 든다.

새해 해돋이를 맞으러 이곳에 오른 사람들은 어린아이에서부터 장년, 노년에 이르기까지 백여 명. 예년 같았으면 모르긴 해도 7, 8백은 족히 됐을 듯한데 올핸 AI인가 뭔가 하는 망측한 유행병 때문에 행사가 취소되면서 그 규모가 축소됐다. 닭의 해에 닭병 때문에 전국적으로 공식 새해 행사가 취소되는 얄궂은 운명이라니.

우리 가족이 함께 모여 해돋이에 나선 것이 4년째. 작년엔

녹전 일출봉의 시 공식행사에 동참했지만, 올해 포함 세 번은 이곳 와룡산에서 해돋이를 맞았다. 올해는 비록 이곳 청년회가 주관하는 행사가 아니어서 규모도 축소됐고 떡국과 어묵 등도 먹을 수가 없지만, 우리를 포함한 열혈 시민들은 어김없이 산에 함께 올랐다.

3년 전 처음 우리 가족이 산에 오를 때는 예비 사위 포함 8명이었다. 그다음 해엔 갓 난 손주 때문에 아기 엄마가 빠지고 일곱. 올핸 두 손주가 더 태어나 식구는 11명으로 불어났지만, 산에 오른 가족은 여섯 명.

공식 행사가 없어서 차가 산 밑 주차장까지 올라갈 수 있을 것이란 지레짐작으로 늑장을 부리다가 집에서 7시가 넘어서 출발했다. 그 때문에 주차하는 데 곤란을 겪다가 맨 나중에 등산에 나서서 일출 시각에 쫓겨 숨 가쁘게 산을 올랐다. 아이들과 아내보다 체력이 형편없는 나로선 일출 시각을 맞추기란 여간 숨 가쁜 게 아니었다. 그야말로 숨이 턱까지 차올랐다.

"힘내요. 아이들이 보고 있는데 아버지란 사람이 이처럼 형편없는 체력을 보여서 체면이 서겠어요?"

"걱정하지 말아. 이 정도는 어림없지. 작년에 백록담을 거뜬히 오른 체력인데 고작 461고지밖에 안 되는 와룡산 아니던가?"

말은 그렇게 하고 있었지만, 그 말조차 입 밖으로 뱉어내기가 힘에 겨웠다.

"아빠, 힘내세요. 이제 정상이 얼마 안 남았어요."

막내가 힘을 보탰다.

"그래. 힘내자. 서둘러라. 곧 해가 뜰 시간이야."

그나마 날씨가 포근하여 다행이었다. 3년 전 첫 산행 때와 재작년은 영하 15도에서 20도를 오르내린 데 비하면 올핸 10도 미만이니 겨울 새벽녘 산 날씨인 셈 치고는 참 포근한 기온이다. 한 발짝 한 발짝 내디딜 때마다 힘겹기는 했지만, 산은 점점 우리에 의해 점령당하고 그 위용은 조금씩 커졌다. 아내, 세 사위와 막내딸의 독려와 격려로 드디어 정상을 봤다.

처음 우리가 산에 올랐을 때나 지금이나 산은 변함없이 거기에 있었고 우린 그와의 약속을 지키기 위해 여기에 섰다.

용두봉 노적봉 감싸 쥔 와룡산
언 손 호호 불며 두 손 모아
소원 비는 사람들의
나직한 울림
건강 사랑 행복 주소서

안동 사람
양반이라 차오르는
힘찬 태양 보며
마음으로만 환호하고
큰 외침 삼킨다

두꺼비 바위 개구리 바위

내딛는 걸음마다
작은 소망 담아 축원하는 동안
온 누리 햇살 퍼져
가슴에서 가슴으로 이어 주네

와룡산 정기 모아
새 생명 탄생 축복하는 해
되게 하시고
내년 새해에도 해돋이 허락하는
건강 모두에게 주시길

—「해에게」

내가 용두봉 정상에 도착하자 카운트다운이 시작되었다. 해 뜨기 불과 1, 2분 전에 극적으로 정상에 올랐다.

산은 우리 백여 명을 포용하고 온 누리를 끌어안는다. 또한, 새해는 그 모두에게 공평하고 골고루 사랑을 나누어 비추고, 평화와 광명을 줄 것이다.

새해를 맞이하고 돌아오는 발걸음도 무척이나 가벼웠다. 차로 5분여. 집에서 이처럼 가까운 곳에 여러 사람과 해맞이할 수 있는 장소가 있다는 데 감사할 따름이다.

조금 전 용두봉 정상에서 바라본 정유년 첫해가 우리 집 앞산에 먼저 와서 소나무 가지에 날렵한 솜씨로 걸터앉아 우리 일행을 맞이하고 있었다.

날개 잃은 참새

—하루, 먹이 여행

짹짹 짹짹.

“얘들아, 해가 중천에 떴구나. 어서 일어나렴. 오늘은 삼촌을 따라 방앗간에 가기로 했잖니?”

“아이 추워.”

“조금만 더 자면 안 될까요?”

“요즘 해도 짧고 해서 서둘러야 해. 늦기 전에 다녀와야 하잖니.”

참새들의 보금자리, 찔레 덤불 주위 싸리나무에 밤새 상고대가 곱게 피었습니다. 뽀얀 상고대는 백발 할머니가 머리를 감고 참빗으로 빗어 넘긴 머릿결 같은 가지런한 결을 이루고 있었습니다. 산 넘어온 햇살은 싸리나무 머리에 핀 상고대에 내려앉아 잠시 머물다가 서서히 스러지며 반짝이는 서릿발을 지나쳐 참새들의 보금자리로 파고듭니다.

"잠꾸러기 공주님들, 왕자님들. 어서 일어들 나세요. 저 멀리 산 너머에서 따뜻한 햇볕을 데리고 여기까지 왔어요."

해님의 채근에 참새들은 기지개를 켰습니다.

아이 추워, 버들개지 넌
꽃샘추위란 말 들어봤니?
엄만, 시시한 건 가르쳐주지 않아.
나, 실눈을 떴잖아? 근데 아까 불어온
바람 때문에 다시 감아야 할까 봐.
난, 걷어찬 솜이불 대신 흩이불이라도 끌어다 덮어야겠어.

—「버들치와 버들개지 · 이틀」

준이네 집 주위를 맴돌며 살아가고 있는 참새 가족은 오래 전부터 이곳에 터전을 잡고 있었습니다.

지난여름, 엄마 아빠 참새가 물어다 준 벌레들을 먹고 자란 어린 참새들은 스스로 먹이 찾아 먹는 연습을 하였습니다. 그나마 가을까지만 해도 준이네 밭에 떨어진 참깨며 준이 할머니가 베어서 묶어놓은 들깨를 까먹는 재미가 쏠쏠했습니다. 텅 빈 겨울은 을씨년스런 찬바람만 불어올 뿐 가까운 곳에서는 더는 양식을 구하기가 어려워졌습니다.

그러던 중 삼촌이 이웃에 있는 방앗간을 알아내어 오늘 먹이를 구하러 그곳에 가기로 한 날입니다.

몸집은 엄마 아빠만큼 자랐지만, 겨울을 난 적 없는 어린 참새들은 추운 날씨가 싫었습니다.

햇볕 잘 드는 곳에서 모래로 목욕을 마친 어린 참새들은 삼촌과 엄마 아빠 따라 먹이 여행을 떠났습니다.

뒷산에서 내려온 참새 가족들은 날기를 거듭하여 준이네 집 정자 난간에 내려앉았습니다. 인기척이 없었습니다. 준이 할아버지와 할머니는 오늘도 시내로 운동하러 간 모양입니다. 처음에 참새 가족이 터전을 잡은 곳은 준이네 집 처마 밑이었는데 할아버지와 할머니가 드나들 때마다 깜짝깜짝 놀라 뒷산 가시덤불로 이사했습니다.

짹짹 짹짹.

"다음은 저 단풍나무 위로 날아오르는 거야. 그래야 더 멀리 날 수가 있어."

아버지의 가르침대로 참새 가족은 힘껏 날갯짓하여 단풍나무 위로 날아올랐습니다.

멍멍 멍멍.

참새들의 날갯짓에 낮잠에서 깬 준이네 강아지가 나무를 쳐다보며 놀란 듯이 마구 짖었습니다.

참새는 기러기와 제비처럼 날개가 발달하지 않아 한꺼번에 멀거나 높게 날 수가 없습니다. 텃새이기 때문에 많이 이동할 필요도 없어서 스스로 진화되었나 봅니다.

참새 가족들은 단풍나무를 박차고 멀리 날았습니다. 그러나

50m가 고작이었습니다.

"저기 사람이 있다!"

아기 참새가 외쳤습니다.

"괜찮아. 저 할머니는 마음씨가 아주 착한 분이셔. 그러니 안심해도 돼."

삼촌 참새가 일러 주었습니다. 허리가 약간 굽은 작은 집에 혼자 사시는 아흔 넘은 할머니가 동네를 한 바퀴 돌며 운동을 하고 계셨습니다. 태규네 논둑에 나란히 앉은 참새 가족은 할머니가 가까이 와도 도망가지 않았습니다.

아직 갈 길이 멉니다. 내를 건너고 좁은 도로와 큰 도로를 지나야 방앗간이 나옵니다.

짹짹 짹짹.

"아이 목말라."

"이제 한 번만 더 날아오르면 와야천이야. 거기 가서 날개도 쉬고 목도 축이고 가자꾸나."

엄마 참새가 말했습니다.

푸드덕. 포르르. 참새 가족은 아버지의 신호에 따라 와야천을 향해 힘차게 비상하였습니다.

날개 잃은 참새

—이틀, 시간 여행

촬촬촬. 냇물이 흐릅니다. 이 마을 저 마을, 이 골짝 저 골짝에서 모여든 냇물이 와야천 작은 다리 밑을 지나고 있습니다. 흘러온 곳은 알지만 낯선 곳을 향해 알음알음 산천을 익혀 가는 것이 경이롭습니다.

준이네 집 뒷산에서 먹이 여행을 떠난 참새 가족이 목을 축이러 이곳 와야천에 도착한 것은 반나절. 분명 떠날 땐 한겨울이었는데 계절은 살얼음을 간질이며 봄이 가까이 오고 있음을 귀띔해 주고 있습니다.

"얘들아, 너희 누구니? 어디서 왔어?"

"아이, 깜짝이야. 우릴 보고 물어본 거니? 너는 누구야? 봄이니, 겨울이니?"

"아니야. 물속을 자세히 봐봐. 난 버들치야. 와야천 물속에 살고 있어."

"오! 그렇구나. 우린 참새야. 저 준이네 집 뒷산에서 살고 있고, 오늘 먹이 여행 가는 길에 목이 말라 이곳 냇가에 내려온 거야."

하늘하늘, 와야천 하류에서 물 아지랑이가 피어오르자 룰루랄라 버들강아지 입에 물고 아기작아기작 새봄이 기지개를 켭니다.

"너희가 참새였구나. 물새, 두루미는 들어봤어도 참새는 처음이야."

"버들치가 이 물속에 살고 있다는 사실도 처음 알았어. 우리 앞으로 친구 할까?"

"그래. 친구 하자꾸나. 물새나 두루미는 우리 버들치를 긴 부리로 잡아먹거든."

"우리는 부리가 짧아서 물속 세계를 몰라. 벌레를 잡아채기는 해도 물고기를 잡아먹지는 않아. 우린 좋은 친구가 될 수 있어."

"앞으로 자주 놀러 와."

"응."

"우리는 주로 물속에서 먹이를 구해 먹거든. 너희는 뭘 먹고 살아?"

"응, 여름철엔 벌레를 잡아먹기도 하지만 겨울과 이른 봄까지는 알곡을 주로 먹어. 요즘은 먹이 구하기가 어려워서 저 건

넛마을 방앗간에 먹이 구하러 가는 중이었어."

"그랬구나. 목을 축였으면 어서 가보렴."

"응. 아직 갈 길이 멀긴 해. 방앗간까지 가자면 작은 도로와 큰 도로를 건너야 하거든. 우리 가족 모두가 무사히 다녀와야 할 텐데…."

"세상은 무섭다고 했어. 달님이 내려와서 넓은 세상 이야기를 들려주기도 하거든. 차도 위험하고 사람들은 우리 미물들을 안중에도 안 둔다고 했단다."

"그렇지 않아도 우리 막냇동생과 사촌 누나가 준이네 집 창문에 부딪혀서 죽었고, 형도 추위와 배를 곯아 며칠 전에 세상을 떠났어."

"우리를 못살게 하는 이도 사람들이야. 그들이 뿌려 놓은 농약에 우리 조상들이 몇 번이나 멸종 위기를 겪기도 했어."

"……."

불쌍해. 자연에는 먹이사슬이 존재합니다. 문명의 이기와 사람이 맨 꼭대기에 자리한 이상 먹이사슬이 파괴 수순을 밟을 수밖에 없습니다. 참새 머리 위에 매와 독수리가 자리한 게 아니라 사람이기에 참새가 먹이사슬에서 자유로울 수가 없습니다.

봄이 오고 있기나 하는 거니?
아직 눈을 뜨지 않아 볼 수가 없어. 너는 키가 크잖니.
그 얼음 속은 답답하지 않아?

사실 여기가 봄날이야. 바깥세상은 무서워.
세상 모든 이에게 우린 관심 밖이야.
이곳에서 그냥 살면 안 될까?
그럼 나도 눈 뜨지 말까?

—「버들치와 버들개지 · 하루」

한 줌 바람이 스쳐 갑니다. 봄바람인 듯 겨울바람인 듯 가늠이 안 되는 그 바람은 개울을 지나 참새도 버들치도 본체만체 멀리멀리 사라집니다.

"얘들아, 목을 축였으면 이제 떠나자꾸나. 시간이 많이 지났어. 서둘지 않으면 오늘 중으로 집에 돌아갈 수가 없단다."

삼촌이 다그쳤습니다.

쌔앵. 작은 도로에 트럭 한 대가 지나칩니다.

"버들치야, 잘 있어. 또 올 수 있으면 좋으련만."

"잘 가. 방앗간에 가거든 배불리 먹고 오렴."

좔좔좔. 흘러가는 냇물에 깎이고 깎인 바위가 그들을 물끄러미 보며 벙긋 미소 짓습니다.

날개 잃은 참새

―사흘, 이별 여행

호릉호릉. 오늘 날갯짓한 게 벌써 천오백 번도 넘습니다. 아침 일찍 준이네 뒷산에서 출발, 와야천을 거쳐 방앗간에 당도하기까지 긴 여정이었습니다.

이상한 기계가 돌아가고 있었습니다. 오늘도 방아를 찧나 봅니다. 참새 가족이 몰래 숨어든 사실을 알고나 있는지 두 아저씨는 포대에 쌀을 담기도 하고 바삐 움직이고 있습니다.

참새 가족은 사람들 눈을 피해 삼촌 따라 흩어진 알곡을 주워 먹었습니다. 홀랑 벗은 쌀 톨의 맛을 음미하기보다는 배 채우기에 바빴습니다.

"얘들아, 시간이 많이 남아있지 않아. 오늘 해 지기 전에 집에 도착해야 한단다."

"짹짹. 알겠어요. 방앗간에는 먹을 것이 너무 많아요."

"짹짹. 여기가 우리의 천국이에요."

아이들은 좋아라, 콩콩 뛰며 쌀 톨을 먹었습니다. 눈알을 요리조리 굴려 살피지 않아도 알곡이 널려 있습니다.

참새 아이들은 생전 처음 배불리 먹었습니다. 배가 터질 것 같았습니다. 날 수나 있을까 싶습니다.

짹짹짹, 짹짹짹.

그제야 알았습니다. 방앗간에는 다른 참새들도 많았습니다. 방앗간은 어마어마하게 컸고 쌓아놓은 벼와 쌀이 산만 하다는 사실도 그제야 알았습니다.

> 하늘에서 내리는 흰 가루 저게 뭐야?
> 버들치, 너도 달 기다리다가 잠 못 이루고 있구나.
> 달은 안 내려오고 흰 가루라니?
> 나뭇가지 엄마가 귀띔해 줬는데 눈가루래.
> 달이 흘린 눈물이 눈이 됐을까?
> 글쎄. 그런데 눈이 너무 많이 오네. 우리 모두 오늘 밤 눈 이불 덮고 자야 하나 보다.
> 지금이 겨울이야, 봄이야?
>
> —「버들치와 버들개지 · 여드레」

새해가 밝았습니다. 황금 돼지해가 떠올라 기울기 시작할 때쯤 구름이 몰려옵니다. 스산한 바람이 스쳐 갑니다. 해가 서산 너머로 지기 전 구름 속으로 쏙 숨어버렸습니다.

때맞추어 하늘에서 흰 가루가 내려옵니다. 새해 첫 서설입니다. 와야천 얼음 위에도 눈이 쌓이기 시작했습니다.

호릉호릉, 휘익.

참새 떼가 눈을 헤치며 와야천에 날아듭니다. 먹이 여행과 시간 여행을 거쳐 이별 여행하고 있는 참새 가족이 방앗간에서 돌아가는 길인가 봅니다.

"얘들아, 너희 어디 있니?"

"친구 버들치야, 어디 숨었어?"

"……."

"누구니! 너희들, 참새구나?"

얼음 속에서 작은 목소리가 들렸습니다. 귀를 기울이지 않으면 알아들을 수도 없는, 참새와 버들치만의 대화입니다.

"너희 왜 얼음 속에 갇혔어? 거기 답답하지 않아?"

"괜찮아. 여기가 훨씬 편해. 얼음에 숨구멍이 있어서 답답하지도 않고 춥지도 않아."

"밖에는 눈이 오고 있어. 많이 오려나 봐. 얼음 위에 다시 이불을 덮고 있네. 너희는 더 따뜻할 거야."

"그렇구나. 하늘에서 내려오는 흰 가루가 눈이라고 배웠어. 너무 많이 오면 너희 집 가는 길이 힘들 텐데. 얼른 가 봐."

"너희도 보고 물 목욕이랑 목을 축이려 했는데 눈으로 갈증 달래야 할까 봐."

"그러려무나."

"잘 있어 또 올게."

"그래. 잘 가. 너희, 여름에는 아이 아빠, 엄마가 되어 있겠네? 그때는 아이들도 함께 오려무나."

하염없이 눈이 옵니다. 준이네 집에도 소복이 함박눈이 내렸습니다. 장독대에도 담 위에도 눈이 쌓였습니다. 황금 돼지해는 첫날부터 눈이 내려 온 세상을 잠재우려나 봅니다.

뒷산에도 내렸습니다. 참새들의 보금자리였던 가시덤불은 흔적 없이 눈 속에 묻혀 버렸습니다.

여행에서 돌아온 참새 가족은 하는 수 없이 옛집이었던 준이네 처마 밑으로 들어갔습니다.

안타깝게도 참새 가족은 여행 떠날 때는 열두 마리였는데 돌아올 때는 아홉 마리밖에 남지 않았습니다. 그동안 삼촌 참새와 아빠 참새는 할아버지로 노쇠하여 여행 도중 세상을 떠났고, 아이 참새가 성장하여 아기 참새를 두 차례나 낳았지만 식구 늘리는 데는 실패했습니다. 굶주림과 병으로 죽고 짐승에 먹히고, 차에 부딪혀 세상을 떠나고 말았습니다.

멍멍, 멍멍.

참새 가족이 여행 떠날 때는 똘이와 억이가 배웅을 했는데 마중은 억이 혼자 나왔습니다. 똘이는 준이 할아버지 친구 농장 지키러 오늘 떠났기 때문입니다.

올 때와 갈 때가 자유로운 이는 그 누구도 없습니다. 오고 싶어서 오기보다는 운명적으로 왔다가 떠날 때도 본인 의사와는 무관하게 자연으로 스며듭니다.

너무나 멀고 긴 참새 가족 여행이었습니다.

오늘은 방앗간에서 배불리 먹었지만 또 한 번 먹이 여행을 떠날 엄두가 나지 않습니다. 저 눈이 언제 다 녹을까 싶고, 봄이 언제 올까도 싶지만 먹이 여행과 시간 여행이 이별 여행이 되는 것이 더 싫습니다.

처마 밑 참새 가족 보금자리에도 어둠이 깃듭니다. 서로의 깃에 깃을 묻고 깊은 잠이 듭니다. 여행의 피로가 싹 가시는 내일 해 뜨는 아침을 보러 일어나야겠습니다.

별빛마저 감춰 버린 구름 낀 밤하늘은 무한한 설경을 그립니다. 잠든 지구를 한 폭의 도화지에 촘촘하게 수놓습니다.

4부 봄

돌배꽃 피는 길

오수관 속으로 피는 버들개지

속살속살…

조잘조잘…

아롱아롱 피는 아지랑이 타고 가까운 듯 먼 듯 누군가의 속삭이는 낮은음이 귓전을 스친다. 가만가만 귀 기울이며 유혹의 현장을 찾아 나섰다. 소리 죽인 고양이 발걸음이 멈춘 곳은 뒤뜰이었다.

"버들강아지 도련님, 남녘에서부터 봄이 오고 있나 봐요?"

"네, 매화 몽우리 아가씨. 살갗에 스치는 바람이 아주 부드러워졌군요. 얼마 후면 우리 버들강아지도 실눈을 뜰 수 있을 것 같아요."

"우리 다섯 꽃 이파리와 꽃술도 몸단장 끝내고 밖으로 나갈 준비를 하고 있어요."

"얼마나 예쁠까? 아가씨의 고운 자태를 보기 위해 하루빨리 눈 떠야겠어요."

"세상은 넓겠지요? 어떻게 생겼을까요?"

"저 역시 처음 가보는 그곳이라 상상이 잘 안 돼요. 아마 아름다울 거예요."

"누구한테 여쭤볼 수도 없고…."

"컹컹, 멍멍 하는 강아지인가 하는 우리와 음역音域이 비슷한 동물한테 물어볼 수 있긴 한데 나중에 직접 나가서 살피기로 해요."

나는 그들의 대화 속으로 빨려 들어 가만히 엿듣고만 있었다. 끼어들고 싶었지만 내 말을 알아들을까도 염려되고, 유난히도 큰 목소리에 놀라 세상 밖으로 나오길 포기할까 봐 그만두었다.

"아직 밤이 되면 추울 테니 감기 조심하셔요."

"매화 몽우리 아가씨도 겉옷 벗지 말고 옷매무새 여미세요."

그들은 내가 생각한 그 이상의 소통을 하고 있었다. 오늘 아침도 이곳은 영하 10도를 찍었다. 봄이 오기는 오나 싶다. 그러나 우수를 지나서인지 낮엔 아지랑이가 피어오를 정도로 포근, 영상 10도를 기록할 만큼 계절은 민감하다.

빨리 어른이 되고 싶어

왜?

몸집도 커지고 힘도 세지고 싶어.

때가 되면 자연히 어른이 된단다
수염도 날까?
어른이 되면 뭐할 건데?
결혼할 테야.
누구랑? 달이랑?
쟤, 누구야?
개구리? 왜 벌써 나왔지? 경칩도 안 되었는데.

―「버들치와 버들개지 · 열흘」

유난히도 추웠던 지난겨울. 귀촌하여 다섯 겨울을 났지만 이번 겨울처럼 움츠렸던 계절은 처음이다.

"여보 욕실 물이 안 빠져요. 바닥에 물이 고였어요."

"얼었나 보네."

일하고 있는 내게 아내가 SOS를 요청했다. 짐작했던 대로 영하 15도를 밑도는 혹한이 일주일 이상 계속된 터라 오수汚水관이 모여 있는 집수정이 얼어있었다.

궁리 끝에 집수정 뚜껑을 열고 양철판을 깐 후 장작을 피웠다. 몇 시간 불을 지폈지만, 오수관이 뚫릴 기미가 보이지 않았다. 물을 끓여 관과 주위에 계속 부었다.

추위와 어둠이 함께 엄습해와 소금을 듬뿍 뿌리고 뚜껑을 덮었다. 욕실에서 바깥으로의 소통은 할 수가 없다. 샤워는 물론 세면대에서의 모든 행위도 막혔다. 소통이 안 되면 이렇게 불편하리라고는 미처 생각하지 못했다.

자식과 부모 간, 스승과 제자 간, 친구 간, 부부간에도 소통이 안 되면 답답하기 그지없다. 사랑방과 안방 간의 소통, 택시기사와 손님과의 소통이야말로 높은 벽을 허물 수 있는 일이 아니고 뭣이겠는가. 나라님과 백성이 소통하지 않는다면 이보다 더한 고통이 있을까?

농부와 작물 간의 소통, 어부와 바다가 교감할 수 없었다면 풍년가와 어부가를 흥얼흥얼 노래할 수 있었을까?

안과 밖의 소통. 문을 꼭꼭 닫아걸고 사는 계절이지만 알게 모르게 바깥의 공기를 안에서 맡고 살아왔던 사실을 깨닫게 해주는 계기가 되었다.

싱크대와 욕실에 달린 환풍기는 안의 탁한 공기를 내뿜기도 하지만 바깥의 차가운 공기와 교감을 한다는 사실에 절실함이 있다. 오수관의 소통이 안 되는 만큼 코가 아닌 입만으로라도 숨을 쉴 수밖에 없다. 사흘 만에 저 스스로 오수관이 뚫렸다. 막힌 코가 뚫린 것 이상의 통쾌함이다. 오수관으로 스며오는 시큼한 냄새도 달착지근했다.

호사다마라고 했던가? 다시 사흘 만에 심한 감기가 와서 코를 꽉 틀어막고 말았다. 입으로만의 숨 쉬기에 숙달되지 않아 답답하기 이루 말할 수가 없다. 이번에는 영하 20도의 혹한이 며칠 계속된 바 있다.

같은 방법으로 얼음을 녹여 보려 애썼지만, 오수관은 쉽사리 문을 열어주지 않았다. 포기한 상태로 일주일이 갔다.

명절이 코앞이다. 나는 가마솥에 물을 끓여 바깥 집수정에서 공격하고 아내는 욕실에서 물을 퍼내고 뜨거운 물로 공격했다. 관 속에 있는 몇 말이 될지도 모를 물을 덥히기가 쉽지 않다는 사실을 알지만, 아내는 나름대로 최선을 다하고 있다.

이래도 뚫리지 않으면 명절을 거꾸로 쇨 수밖에 없다는 생각에 미치자 모자라는 잠이라도 보충하기 위해 자리에 들었다.

"여보, 여보! 기뻐해 줘요."

"뚫렸구나? 정말 뚫린 거야?"

"지성이면 감천이지. 제깟 녀석이 안 뚫리고 배겨? 내가 안에서 뜨거운 물을 부어서 뚫었어요."

"아니야. 내가 밖에서 물을 끓여 얼마나 부었다고. 내 공이야."

누구의 공이면 어떨까. 뚫렸으면 그만이지. 잠이 확 달아났다. 아내는 거듭 자신의 공이라며 돌아가신 친정 오빠가 살아오기라도 한 듯 희색이 만면해 아이처럼 좋아라, 어쩔 줄을 모른다.

창문 너머에서 야릇한 봄빛 하나 스친다. 별빛인지 봄처녀 나비인지 잠시 왔다가 유성처럼 사라진다. 하물며 미물인 물고기와 곤충들, 식물과 나무들도 그들만의 언어로 대화하고 교감을 나누는데 만물의 영장이라는 사람들은 서로 간에 높은 벽을 쌓고 산다. 미물과 나무들이 알까 두렵다.

매화와 매화의 소통, 청매실과 홍매실이 소통할 때만이 다음 계절을 맞이할 자격이 있다. 버들개지와 매화가 소통할 즈음 오수관으로부터 봄은 온다.

남은 밭이랑 세듯

찔레꽃은 장미보다 단아하다. 절대 헤프게 웃지 않는다. 말할 때도 조곤조곤 싸리 울타리를 넘나들지 않는다. 시기할 줄도 모른다.

찔레나무에 가시는 장미 못지않게 촘촘하니 자기방어 수단으로 박혀 있다. 똑같이 방어 수단이기는 하지만 각기 활용 방안은 차이가 많다. 장미 가시는 경계의 의미가 강하다. 아름다움에 취해 함부로 접근했다간 따끔한 맛을 볼 수 있음을 암시하고, 찔레의 가시는 그 누구로부터 소외당하는 이들에게 한발 다가설 수 있음을 내포한다.

장미를 함부로 꺾다가 가시에 찔려 파상풍으로 고생하는 사람들을 많이 보고 있다. 숱한 사람이 가시가 있다는 걸 인지 못하고 덤볐다가 낭패당하는 꼴을 심심찮게 본다.

찔레는 흐드러지게 산천에 꽃을 피운다. 누구의 허락을 받지는 않는다. 수더분하게 그냥 그렇게 피어서 그리움을 씻는다.

새들이 지나쳐 날아간다. 도랑에서 노닐던 개구리도 찔레꽃에는 관심도 없다. 무당벌레 한 마리 기어올라 미끄럼 타다가 가시에 걸려 그네 탄다. 꿀벌이 아까시꽃에 앉았다가 힐끔 곁눈질하며 휘돌아 갈 뿐.

꽃 피는 시기를 인제 와서 앞당기기도 늦추기도 힘들다는 걸 깨달은 찔레나무는 특단의 조치로 겨울을 생각하기에 이르렀다. 꽃잎 진 자리에 골몰한 생각 담아 가을부터 빨간 열매를 달았다. 가시는 최대한 감추고 유혹의 빨간 씨방을 담으니 눈 내린 날 참새가 날아들었다. 콕콕 씨방을 해체하는 참새는 모여들어 넝쿨에 보금자리까지 편다.

장미는 집 안 울타리에서, 도롯가 철조망 타고 화려한 삶을 영위하지만 찔레는 순하게 사는 법을 터득했다. 밭둑에서, 깊은 산골짝 아무도 몰래 피며 넝쿨을 쌓는다.

장미도 아닌 것이
빤히 쳐다보라 하니
어디 볼 낯이나 있어야지

네 안에 흐르는 강물은
거슬러 흐를 줄도 모르면서
거꾸로 가려 하잖니

장미라고 마구 꺾다간
심장에 비수를 꽂아버린다고
비장한 각오로 찔레 가시 되었다

꽃받침 잎 떨어진 자리에
붉은 연서 흔적으로 남아
옛사랑을 그리워할 제

섶을 지고 불 속에 뛰어들지라도
수렁에서 장구 치며
허우적거리지는 않겠다

이 계절 향기 없는 빨간 꽃을
피우느니 내년 봄 하얀 서슬
찔레 가시 꽃으로 피어나길

—「겨울 찔레꽃」

"이거 한 번 먹어 봐."

밭둑에서 찔레순을 꺾어 부드러운 가시와 껍질을 벗겨 내가 한 입 베어 먹고 나서 아내에게 내밀었다.

"아, 달다."

그녀도 씹으면서 추억을 떠올리는 듯했다.

"학교를 파하고 돌아올 때 길가에서 이 찔레순을 많이도 꺾어 먹었지."

"맞아요. 나도 어릴 때 먹어본 기억이 있어요."

그날 오후 산나물을 뜯으며 산 정상에 올라 우리만의 약속의 장소에서 고사리도 한 줌씩 꺾었다. 내려오는 길에 찔레순을 또 먹었다. 뭔가는 부족한 맛, 숲속의 찔레는 당도가 약했다. 그리움이 더해서 온몸을 살라버렸기 때문일까? 울창한 숲에 가려 햇빛을 많이 보지 못해 그리움이 쌓인 탓일까?

찔레순 꺾어 먹던 그날 맺혀 있던 몽우리는 한껏 그리움을 널어놓았다. 비가 내릴 듯 날씨는 찌푸려도 갓 나온 찔레꽃은 우릴 알아보고 하얀 미소로 반긴다.

이웃에서 고추 모종 백 포기를 얻어와 심었다. 올해는 풋고추용으로 조금만 심기로 했다. 생강 씨도 조금 놓았다.

"여보, 저 남은 비닐 마저 깝시다."

아내가 설레발을 쳤다.

"다음에 하면 안 될까? 피곤한데. 비도 올 것 같고."

아내의 성화에 250여 평 중 반 가까이 남은 이랑에 비닐 덮는 일을 시작했다. 드디어 비가 내리기 시작했고 허리는 끊어질 듯 아팠다.

"비가 오네."

"그만하고 들어갑시다."

얼씨구나. 비도 오겠다, 아내가 먼저 들어가자고 할 줄 알았다.

"몇 골 안 남았어요. 한 고랑, 두 고랑, 세 고랑… 마저 끝내고 들어가요. 골도 점점 짧아지는데."

비는 점점 세차게 내렸다. 가족 주간 맞아 처가에 온 사위가 우산 두 개를 들고 나와 그만 들어가자고 종용했다.

"벌써 옷 다 젖었는데 뭘. 장모님이 다 끝내고 들어가자 하네. 괜찮으니까 먼저 들어가."

밭이랑이 점점 짧아지고 산 쪽이 더 가까이 오며 끝이 보인다.

'게으른 농부 비 오는 날 비닐 덮듯 한다'는 말이 탄생하는 날, 밭둑에 핀 찔레꽃은 함초롬 비에 젖는다.

장미가 아니면 어떠랴? 산골, 사람이 덜 드나들고 일벌도 지나치지만 겨울, 새들의 보금자리가 되어주기도 하는 찔레 넝쿨에 올해도 수련하게 꽃을 피우련다.

닭집 주변 아까시꽃이 만발했다. 벌들마저 향기가 짙은 아까시꽃을 좇지만, 나는 찔레꽃으로 먼발치 밭둑에 피어 그대를 바라기 할 테다. 가끔씩 한 마리의 벌이 들어도 좋다. 그대가 바빠 오지 않아도, 가을이 와도 소식이 없으면 빨간 열매 달고 포근한 겨울 보금자리를 펼 것이다.

어둑할 즈음 봄비는 그쳤다. 구름을 타고 별이 내릴까, 그 별빛에 젖은 몸 말릴 채비를 마쳤다.

찔레꽃은 다섯 꽃잎으로 수많은 꽃술을 감싸며 아련한 이랑을 센다. 아침으로 가는 시간을 센다.

미운 사람

오늘, 새들의 목소리 한결 맑다. 유난히도 추웠던 지난겨울, 어둡고 굴곡 많던 긴 터널을 지나 맞이한 화사한 봄날이 왜 기쁘지 않을까?

삐릿삐릿 삐리릿.

휘릿휘릿 휘리릿.

한층 가다듬은 새들의 목청은 선돌길 언덕에서 피고 지는 꽃들에 구슬 구르는 화음으로 귀엣말을 들려준다. 미세먼지 삼키고도 늠름한 소나무들은 그들의 놀음이 마치 축제 한마당이라도 되는 듯 흐뭇한 표정을 입힌다.

꽃들은 피면서도 웃고 지면서도 웃는다. 피었다가 때가 되면 말없이 지지만 화내는 꽃은 보지 못했다.

새들은 말하고 있지만 사람들은 그들의 잣대로 운다고 한다.

지저귄다고 한다. 기껏 찾아낸 좋은 표현이라는 것이 노래한다, 정도다. 그들은 시시때때로 울지 않는다. 아무 데서나 노래하지 않는다. 새들만의 방식으로 대화할 뿐이다.

그들은 추워도 춥다고 호들갑을 떨지 않는다. 외로워도 외롭다고 목청 높이지 않는다. 그들만의 언어로 조곤조곤 말하고, 그립다고, 사랑한다고 조신한 몸짓으로 말한다.

선돌길 참새는 잠시 한눈을 팔긴 하지만 영원히 배신하지는 않는다. 그걸 아는 아내 참새는 집 나간 남편 참새를 기다리고 기다렸다. 도리어 건강을 걱정했다. 밤이 무섭고 외로웠지만, 돌아온다는 확신을 가진 아내 참새는 긴 겨울밤이 길게 느껴지지 않았다.

아내 참새 예상은 빗나가지 않았다. 늙고 볼품은 없어졌지만 돌아온 남편 참새의 품성은 변하지 않아서 좋았다. 그는 참회의 눈물 대신 기다려준 아내 참새를 꼭 안아주었다.

오늘 선돌길 언덕에서 노니는 새들은 가끔 외로움은 타지만 충만한 사랑을 알고 그걸 다 이룬 가족들이다.

삐릿삐릿 삐리릿.

휘릿휘릿 휘리릿.

새들 부부는 긴 사랑의 세레나데를 합창한다.

노래방 기기를 설치했다. 약속한 날을 넘기는가 했더니 해질 녘에 노래방 기계가 도착했다.

"우리도 집에 노래방 기계 넣읍시다?"

"그 비싼 걸 뭣 하러 넣어요?"

"뭐 얼마 한다고. 돈이 문제야. 당신 노래 부르는 거 좋아하잖아?"

"탁구대도 넣어놓고 첨에 조금 하다가 시들해지고 지금은 거의 방치 상태잖아요? 집에서 노래를 얼마나 부를 거라고."

"아직 우리 사위들 노래도 한 번 못 들어봤고, 이번 주말 어머님 생신 때 우리 남매들과 아이들이 모두 모이면 신나게 놀아봅시다."

"그날 하루 놀자고 그 비싼 기계를 들여놓아요? 거실에 놓을 자리도 복잡하고… 당신 알아서 하세요. 돈은 당신이 벌어오니까."

내 고집을 이길 수 없다는 걸 익히 아는 아내는 못 이긴 체 반허락을 했다. 집 앞 가로등이 켜지고 어둠이 산을 타고 내려올 때쯤 노래방 기기 설치가 완료됐다.

음치 박치인 내가 애창곡 한 곡을 뽑았다. 놀란 똘이와 억이가 컹컹, 경계의 표시로 크게 화답을 한다. 좀처럼 그런 일이 없었지만, 우리 부부가 싸움이라도 하는 듯 염려가 되는 모양이다.

아내는 저녁상 차리다가 노래를 입력한다. 가장 먼저 '동백아가씨'를 불러 젖혔다. 처녀 적 포항시 합창단을 한 솜씨가 녹슬지 않았다. 이어지는 노래는 노사연의 '바램'이었다.

"이 노래는 가사가 참 좋아."

"노사연에게 맞춤 가사이기도 하지만 그 세대를 사는 우리에게 공감 가는 내용이어서 더 그럴 거야."

그다음은 '미운 사람'이었다. 아내는 노래를 마치고 나서 '미운 사람은 노래가 참 좋다'고 하면서 나를 한 번 쳐다본다. 그러고는 반복하여 미운 사람을 열창한다. 세 번, 네 번 거듭 미운 사람을 외친다.

왜 밉지 않았겠는가? 포항시 태생인 그녀는 캄캄한 시골에 내팽개쳐져 설움의 세월을 보냈고, 시어머니와의 갈등, 경제적으로 무능력했던 남편이 얼마나 야속했을까? 필설로 다 하지 못할 고생과 핍박은 영원히 지울 수가 없을 것이다.

지금은 여러모로 나아졌지만, 남편이란 존재는 아직 '미운 사람'일지 모른다.

다섯 번째로 노래를 건다.
별빛이 잔잔한 음률로
곱게 내리던 길 굽이돌아
발길 머문 곳에 보금자리 틀고
깎아놓은 밤톨같이
잘생긴 남자의 주술에 걸려
만리장성 쌓던 날
속살속살
간까지 빼 주겠다며
손가락 걸어 굳은 약속하더니
허어이 허어이

헛간에서 말간 청춘 갉아먹고
껍데기만 돌돌 말아 돌아온 당신
그래도 내 서방
어화둥둥 미운 내 남자

—「미운 사람」

아내가 목청껏 부른 '미운 사람'에 밥 비벼서 저녁을 먹었다. 앞산에서 뜯은 봄나물과 이웃에서 얻어온 풋나물이 함께 들어간 비빔밥은 쌉싸래했지만 입맛을 돋웠다. 우리 부부는 밥 한 숟가락 뜨고는 서로의 얼굴 번갈아 쳐다보기를 반복했다.

내일은 자두나무와 복숭아나무에 농약을 쳐야 할까 보다.

아내는 농약 치는 시기 늦춘다고 귀가 따갑게 잔소리를 해댔지만, 시간적 여유와 농협 농약 담당자의 조언대로 꽃이 지는 시기에 치기 위해서 기다려온 터다.

벌 나비도 이젠 피는 꽃을 찾아 떠났기에 어느 정도 안심하고 농약을 뿌릴 수 있을 것 같다.

그들에게까지 미운털이 박힌다면 나의 설 자리가 선돌길에는 없다.

열사흘 보름달아

그네에 앉았다. 서너 발자취 뒤로 물러섰다가 발이 끝닿을 즈음 허공 향해 몸을 띄웠다. 슈웅, 공기를 가르는 기분은 가히 짐작할 수 없으리만큼 명쾌하다. 일상으로 와닿던 집과 차, 길이 출렁인다. 신비할 것은 없지만 평이하지 않다. 매일 있던 곳에 그들이 있지만, 매일 있던 호두과자 속에 호두가 빠진 듯 휑하다.

그네는 잦아들고 집과 길도 멈춰 선다. 옆에 앉은 시소로 갔다. 산을 보며 궁둥이를 붙였다. 한 번 움직이던 시소는 그대로 있다. 누군가가 있어야 할 곳에 그 누군가는 없다. 눈 앞에 펼쳐진 풍경은 아까와 정반대였다. 아까시꽃은 시들어 떠날 준비를 한다. 먼저 피었던 도시 근교의 찔레꽃은 벌써 졌는데 이곳 찔레꽃은 활짝 폈다. 지척에 찔레가 있다는 사실조차도 몰랐는데 언제부터인가 여기에 와 숨어서 나를 보고 있었다는 듯 살포시 미소 짓는다. 시소에서 내려와 그녀 가까이 가서 빤히 보았다. 수줍은 듯 꽃은 미동 없이 숨을 고른다. 돌아서려는데 해당화가 저도 좀 봐달라고 애원한다. 그 옆 어린 벚나무 가지에 청개구리 한 마리 앉았다. 콩알만 한 벚꽃 열매가 햇빛 향한 쪽 볼을 붉히며 익어가고 있다.

한동안 그네로 돌아와 산을 향해 앉아서 그들과 교감하다가 똘이와 닭들의 성화에 자리를 털고 일어났다.

마당을 가로지르는데 일상 듣던 새들 소리에 섞여 목탁 소리 내는 새의 또렷한 목소리가 들렸다. 두 번 들리던 그 새의 소리는 그쳤지만 이곳에서 처음 듣는 그 소리는 가히 신비로웠다. 딱따구리가 홀로 와서 나무 뚫는 소리인지, 구애의 목소리인지 짐작하기 어렵다.

야구 보면서 혼밥을 먹었다. 야구는 지고 있었고 밥맛은 그저 그렇다. 엿새째이다.

길섶 장미가
철망 사이로 고개 내밀어
얼굴 붉히는 해 질 녘.

당신이 이름 붙여 준
들꽃 한 다발
붉은 노을 보며

매무새 고쳐 앉는 틈새로
잔잔한 선율 타고
등불이 흐른다.

그 어느 꽃이 곱다 하고
저녁노을이
무지 아름답다 해도
두고 온 당신을
앞질러 갈 수가 없네.

—「두고 온 꽃」

5월은 가정의 달이자 계절의 여왕이다. 두 아이가 이 달에 결혼했다. 어제가 큰딸아이 '결기'였다. 아이들은 줄여서 그렇게 부르고 있었다. 저희 엄마를 모시고 외국에서 맞는 결혼기념일이 특별했으리라 짐작한다. 일주일간 집을 비우면 강아지와 닭들 때문에 나는 일찌감치 여행에서 제외되었다. 내가 나를 제외했다. 가정의 달, 나 홀로 집 지키는 것도 가족을 위해 꼭 필요하리라.

오억이가 유난스럽게 짖는다. 밖에 나가 보기로 했다. 아내의 빈자리가 오억이한테 크게 느껴지는 이유는 특별히 챙겨 왔기 때문이다. 일주일이 다 되도록 보이지 않으면서 맛난 먹이도 챙겨주지 않으니 우울증이 올까 염려된다.

먹다 남은 된장찌개와 고등어조림 찌꺼기에 밥을 말았다. 참기름도 한 방울 떨어뜨렸다.

멍멍멍…. 동구 밖과 안쪽을 번갈아 보면서 오억이가 경쾌하게 꼬리를 흔든다. 음식 냄새를 맡은 모양이다. 꿩 대신 닭을 향해서도 반길 줄 아는 영리한 오억이다.

억이와 똘이에게 밥을 나눠줬다. 똘이는 걸신들린 것처럼 먹었지만 오억이는 고소한 참기름 냄새에도 별 반응이 없다.

"배가 고픈 게 아니라 엄마가 보고픈 게로구나?"

'멍멍멍.'

정자에 올라 일기를 쓰면서 그들을 관찰했다. 평상시에도 똘이는 음식을 주면 바쁘게 먹어 치우지만, 억이는 아무리 배가 고파도 음식을 내어온 사람이 보이지 않을 때까지 교감하다가 나중에 밥을 먹는 습성이 있다.

역시 똘이는 게 눈 감추듯, 음식을 먹어 치웠지만 집 안에 있는 밥그릇에 담아 둔 밥을 거들떠보지 않고 밖에서만 서성이는 오억이다.

똘이와 억이는 내가 가까이 있음에 짖는 것은 멈추고 평온을 되찾은 듯했다. 억이에게 가까이 가 보았다.

"너 왜 안 먹니? 배고픈 거 아니었어?"

'멍멍, 엄마 어디 갔어? 왜 안 와?'

내게 묻고 있었다.

"하룻밤만 자면 온다네. 내일 온단다."

'멍멍, 정말! 정말이지, 주인님?'

그제야 나를 향해서도 꼬리를 세차게 흔들며 내 발을 핥는다. 공경의 의미로 깍듯하게 예까지 갖춘다.

컹컹컹.

똘이는 배를 채우고도 질투의 화신이 작용, 연신 짖어댄다. 제집까지 물어뜯으며 저를 봐달라고 난리다. 똘이에게 다가가자 이번에는 억이가 짖어대고….

서로에게 계속 싸움질을 하게 할 수만 없어 돌아서는데 우리의 광경을 열사흘 달이 내려다본다. 달은 찼는데 열사흘이다.

꽉 차야 보름이던가? 저 달을 보고 있을지도 모를 그 누군가 마음 한 조각 얹으면 보름달이 되지 않을까? 옆에 있을 때가 소중하기도 하지만, 떠나 있어 봐야 더 소중한 걸 절실히 느끼는 이 밤, 개구리는 왜 저리 우는가? 속절없는 저 달은 왜 저리 밝은가?

달빛 가린 저편 산 밑에 찔레꽃 향 홀로 핀다.

별 달 숨바꼭질하다

아까시나무꽃향이 은근하게 하늘가에 맴돌고 녹음이 짙어가는 계절의 여왕, 5월에 신부가 되는 딸아!

지구의 그림자가 선명하게 새겨진 보름달이 하늘 높이 솟아올라 가녀린 별들과 숨바꼭질을 하고 있구나.

저 달이 보름달의 소임을 다하고 서산으로 기울어 별과 함께 스러지면 새날이 밝고 너는 이 세상에서 둘도 없는 아름다운 신부가 되겠지.

못난 부모를 만나 30년간 곱게 길러지기는커녕 고생이 이만저만 아니었다. 두 동생까지 챙겨가며 너 스스로 예쁘게 커 준 우리 딸이 너무나 대견스럽구나.

고향인 안동 와룡에서 태어나 포항, 대구, 다시 포항, 대구를 거쳐 안동에서 학교를 마치고, 직장 생활을 하다가 와룡으로 주소를 옮겨 오면서 이제 너는 대구 사람이 되려 하고 있다. 서른 해 동안 부모 품에서 살다가 지아비 만나 고향과 함께 부모 곁을 떠나려 하는구나.

내 딸 빈나야.

처음 둥지 떠난 새끼 제비가 바지랑대 꼭대기에 앉아 세상을 내려다보고는 있지만 아직은 눈이 부시고 어지럽다. 부모 제비는 물가에 내놓은 아기처럼 새끼 제비가 왠지 가냘프고 안쓰럽다.

지금까지의 고생은 아무것도 아닐 수가 있다. 그 몇 배의 시련이 도사리고 있을지도 모른다는 걸 명심해야 한다.

보름달이 너무 밝아
보일 듯 말 듯
한 점 빛으로
숨죽이고 꼭꼭 숨어
별을 헤고 있었지

깃 세운 코트
속주머니에 간직한 채
심장으로 소곤소곤

한가위 보름달보다
더 찬란한 빛으로
세상을 비추는

무수한 별 중의 별
가장 으뜸인 너는
애지중지 나의 보물

—「별 · 3」

사랑하는 내 딸 빈나야!

네가 첫 돌이 되기 전이었을 게다. 넌 기억 못 하겠지만 뜨거운 국그릇을 엎어 왼쪽 발등에 쏟아부은 적이 있다. 넌 자지러지게 울었고, 우린 소스라치게 놀라 어찌할 바를 몰랐다. 너의 발등은 금세 벌겋게 부어올랐고 허물이 흐늘흐늘할 정도였다. 오 리나 되는 길을 널 안고 뛰어 용케 택시 잡아타고 안동병원까지 가는 동안 이 아버지는 제정신이 아니었다. 그 시간이 얼마나 길었는지…. 넌 그때 착하게도 참아 주었고, 흉터도 남지 않아 얼마나 다행인지 모른다.

그 고향 마을은 아니지만, 다시 와룡 땅으로 이사 오면서 너를 떠나보내려 하고 있다.

저 달은 그냥 보름달이 되는 것이 아니다. 그믐달로 졌다가 초승달로 다시 태어나 보름 동안 각고의 노력 끝에 풍요로운 보름달로 또다시 태어나는 것이다.

보름달이 만들어지는 동안 너는 별이 되어 빛을 가려서라도 초승달이 둥근 달로 태어날 수 있게 뒤에서 묵묵히 네 몸을 불살라야 한다. 그 대신 그믐 때는 네가 별이 되어 빛을 발하면 될 것이다. 그렇게 별과 달이 숨바꼭질하듯 순리를 거스르지 말고 아름다운 가정을 꾸려가렴.

세상에서 제일 예쁜 우리 딸아!

아버지를 닮아 고집이 좀 있고, 엄마한테 톡톡 쏘며 버릇없기도 하지만, 그게 너의 매력이기도 하다. 뒤끝도 없이 금방 헤헤하면서 애교를 떠는 우리 딸 빈나는 속 깊은 맏딸, 천생 여자이다.

내일 네 모습이 그려진다. 5월의 신부는 울지 않는, 세상에서 제일 예쁜 신부여야 한다. 주례 없이 하는 결혼식에 아버지에겐 성혼선언문을 낭독하게 하고, 시아버지께 덕담과 인사말을 하게 배려한 건 식장에서 이 아버지가 눈물지을까 봐 그랬다고 했지? 그러나 아버지는 절대 울지 않을 것이다. 잘 기르지는 못했지만 예쁜 우리 딸이 시집가는 날 울어서야 어디 모양새가 나겠느냐? 내일 우리 씩씩하게 팔짱 끼고 신부 입장하자.

이제 우리 집에서 마지막 밤이 깊어간다. 보름달은 저만치 북쪽 하늘로 기울고 있구나.

아까시나무 꽃은 여전히 아름다운 향기를 뿜어 너희 방을 감싸 안는구나.

5분만 더 있다가 갈래

봄은 빠르게 혹은 더디게 온다. 누이 손잡고 온다. 나른한 오후에 오기도 하고, 눈발 날리는 새벽을 쫓기도 한다.

빨리 가자는 누이 손에 이끌려 타박타박 걷는 봄은 계절을 망각한 듯하다.

다리 아파 더는 걸을 수 없다고 떼쓰는 어린 동생은 주저앉고 만다. 가긴 가야겠기에 누이는 동생에게 등을 내어준다.

아직 고개 둘을 넘어야 목적지에 도달할 수 있다. 동생과 나란히 온 길을 돌아봤지만 총총 지워지고 있었다. 그 길을 아로새기며 여름이 따라올지도 모른다는 조바심 때문에 발걸음을 재촉할 수밖에 없다.

그러나 등에서 쌔근쌔근 자는 동생이 깰까 봐 사분사분 걷고 있다. 해가 지기 전 그곳에 도착하는 것은 기정사실이다.

사흘 전 잠깐이지만 에어컨이 자동으로 가동되기도 했다. 무려 25도까지 올라가는 기염을 토하던 날씨였다.

일기예보는 빗나가지 않았다. 새벽 3시부터 내린다는 눈은 세찬 바람을 타고 흩날린다. 지난번 봄눈은 나보다 많은 나이테 그은 앞산 소나무 세 그루를 부러뜨린 아픈 기억이다. 심상찮은 오늘 눈은 또 무엇으로 기억될까 염려된다. 떠나기 싫은 겨울의 심통 정도로 끝났으면 하는 바람을 해 본다. 서서히 아침은 열리고 눈발은 24시간 동안 오락가락했다.

> 하늘에서 내리는 흰 가루 저게 뭐야?
> 버들치, 너도 달 기다리다가 잠 못 이루고 있구나.
> 달은 안 내려오고 흰 가루라니?
> 나뭇가지 엄마가 귀띔해 줬는데
> 눈가루래.
> 달이 흘린 눈물이 눈이 됐을까?
> 글쎄. 그런데 눈이 너무 많이 오네. 우리 모두 오늘 밤 눈 이불 덮고 자야 하나 보다.
> 지금이 겨울이야, 봄이야?
>
> —「버들치와 버들개지·아흐레」

"여보, 저 마른 고춧대는 언제 뽑으려나?"

"뽑긴 뽑아야 하겠지요?"

바람, 비, 눈 중 바람만 남아 텃밭 마른 고춧대 사이를 요리조리 비켜 가는 늦은 오후였다. 한가하게 데크에서 신문을 읽고 있는 아내에게 넌지시 물었다.

정답이다. 뽑긴 뽑아야 한다. 그 시기가 문제이다. 웬만한 게으른 농부 아닌 이상 지난 가을걷이가 끝난 후 모두 뽑아 말끔한 밭을 선보이고 있다. 아무리 주위를 둘러보아도 우리 밭처럼 아직 마른 고춧대와 멀칭 비닐이 그대로 있지는 않았다.

"하긴 파종 전까지 뽑으면 되는 거지."

"맞아요. 저 고춧대 안 뽑는다고 벌할 사람도 없잖아요?"

"우리 두 사람이 그렇다면 그런 거겠지."

"맞아, 맞아요."

아내는 겸연쩍음을 덮으려 '맞아요'를 연발한다.

"새와 우리 닭들이 흉보지는 않을까? 저 소나무들은 뭐라고 할까?"

"흉보라지요. 겁나지 않아요. 어차피 우린 게으른 농부에, 나는 초보 농부 딱지를 뗄 수가 없는걸."

"하긴 그도 그렇지. 또 저들의 놀이터가 되기도 하고, 모이와 숨바꼭질하는 장소로도 안성맞춤이잖아."

"……."

일년초인 고춧대는 현재 무생물로 변해 있다. 아무짝에도 쓸모없는, 불에 태워져 소량의 재로 변모하거나 거름이 되어 땅으로 돌아가는 과정만 남았다.

과연 그럴까? 억지로 생명력을 부여하지 않아도 저들도 나름 제 처지를 안다. 하지만 선돌길 노송 부부가 저들을 놓고 싱거운 대화라도 나눈다는 사실에 할 말이 있다.

춘분을 지나 봄은 성큼 다가왔다. 그러나 무슨 미련이 남아 떠나지 못한 초이틀 초승달 닮은 겨울이, 꽃샘추위로 심술부리는 것처럼 마른 고춧대도 5분이라도 더 머물고 싶다. 짧은 생을 마친 고춧대는 혹독한 겨울 밭에 서서 다리 아픈 줄도 몰랐다. 마른 고춧대 몇 포기를 뽑아보았다. 잘 뽑혔다. 순순히 몸을 내게 내어주었다. 가지 않으려 안달하지도 않았다. 일부 뿌리가 썩고 마른 잎을 떨구는 오랜 이별 연습을 하는 동안 세상과 색다른 교감도 경험한 듯했다.

주인의 배려로 겨울을 나는 동안의 여정은 5분 더 있다가 가고픈 간절함이 보태졌다.

종착역은 같다. 5분 늦게 온 기차도 나란히 출발선에 선다. 그렇다면 서둘러 저녁에 출발할 필요가 없었던 것이다.

5일 만에 찾아오는 휴무. 저녁 모임을 마치고 집에 돌아왔으나 아내는 문자만 남기고 회관에 마실 가고 없다. 어쩌랴? 아내가 잠자리에 5분 늦게 들어도 내일 아침 해 뜨는 시각은 같다.

아직 봄 파종은 이르다. 그렇다면 마른 고춧대 뽑기도 이르다. 그 두 시기가 똑같으면 어떠랴? 여름에 풋고추를 따 먹고 가을에 붉은 고추를 따는 것은 매한가지.

5분 더 있다가 가고 싶다는 그대를 떠밀 수가 없다. 아니 나도 그대와 5분 더 있고 싶으니까.

배꽃 피던 날

밤새 배꽃이 만발했다. 어제까지만 해도 속살 보이길 그렇게 망설이더니 상현달에 홀렸나 몽우리를 마구 터뜨려 놓았다. 더 늦추다간 저만치에서 밀려오는 여름에 혼쭐날까 봐 마음의 문까지 연 모양이다.

꽃그늘엔 며칠 전 봄나들이 나온 부부 닭이 피워놓은 꽃다지가 다소곳이 옷매무시를 고치며 노랗게 웃고 있었다.

백옥 같은 피부
단정한 단발머리
폭 땐 볼우물에
온화한 미소 머금은
옆집 누나
소년의 여린 가슴은

밤마다 콩닥콩닥
열나흘 달빛에
보일 듯 말 듯 그 미소
멀리서 바라만 볼 뿐
한마디 말 건네지 못한
그 소년
오늘도 먼발치에서
바라기하는 밤에 핀 배꽃

—「밤 배꽃」

새봄을 맞아 칙칙하던 닭장에서 해방된 닭들이 봄나들이에 나섰다. 암탉이 앞장서면 이를 놓칠세라 수탉이 종종 뒤따른다.

우리 부부가 고추, 고구마 등을 심을 밭 손질하는 동안 닭들은 주위를 떠나지 않는다. 최소한 적들로부터 지켜주리라는 기대를 하는 모양이다.

암탉이 쪼르르 배나무 밑으로 가서 콕콕 뭔가를 쫀다. 서둘러 수탉이 똑같은 방법으로 쪼고 지나간다. 며칠 뒤 그 자리에 꽃다지가 꽃을 피웠다.

닭은 일부다처제이다. 수탉 한 마리가 열 마리에서 스물다섯 마리의 암탉을 거느린다고 한다.

우리 집의 닭은 현재 열한 마리. 수탉 세 마리에 암탉 여덟 마리이다. 균형이 맞지 않아 가끔 수탉끼리 쟁탈전이 벌어진다. 1대 20, 황금 비율일 때는 닭집에 평화가 오지만 그 비율이 깨어지면 서로 암탉을 차지하려 서열 다툼이 치열하다.

닭도 조강지처는 별도로 챙긴다. 둘째 부인은 다른 수탉의 1번 부인일 수도 있다. 자기 부인을 다른 수탉이 겁탈하면 반드시 징벌하고야 만다. 수탉의 힘은 물개 못지않다. 밤눈이 어두운 닭들은 낮엔 시도 때도 없이, 사람이 보든 말든 가리지 않고 애정 행각을 벌인다. 수적으로 열세일 경우 암탉 의사와는 상관없이 수탉이 욕심만 차린다고 해야 옳을 듯싶다.

보름 사이 두 마리의 암탉을 매한테 잃어서 균형은 더욱 깨져있다. 3년간 녀석들한테 빼앗긴 닭만 해도 5, 60마리. 너희가 그처럼 낚아채 가도 자연의 섭리인데 어쩌랴? 저번처럼 형제, 자식들까지 단체로 와서 닭집을 쑥대밭으로만 만들지 않는다면 말이다.

배꽃이 만개한 볕 좋은 오늘 새 식구가 들어왔다. 너희 열한 마리의 동생이자 한 달 전에 우리 집에 온 강아지의 동생들 200마리 병아리가 선돌길 언덕으로 왔다. 나이는 하루.

봄볕 비빔밥

거실 두어 뼘가량 햇살이 들어와 반듯이 누워 있다. 열린 창 너머로 한 됫박 바람이 살랑살랑 춤추며 온다. 봄바람에 풋풋한 풀냄새와 비릿한 버들치의 냄새가 배어 있다. 와야臥野천 거슬러 온 바람인가 보다.

주방에는 집사람이 운동가면서 차려놓은 밥상이 가지런히 앉아 있다. 지난 주말 큰아이 다녀갈 때 챙겨주고 남은 온갖 묵나물 반찬들이 즐비하다. 옳다구나, 오늘은 비빔밥이로구나. 지난해 직접 썰어 말린 박나물, 토란줄기나물, 가지나물, 표고버섯, 고사리 등 내가 즐겨 먹는 묵나물들이 구미를 돋운다.

양푼에 밥을 퍼 된장찌개와 고추장 한 숟가락까지 곁들여 비빔밥 만들기에 돌입했다. '참기름 한 방울을 떨어뜨리면 금상첨화일까? 아니야. 오늘은 참기름 대신에 봄볕을 곁들이는

거야.’

양푼을 들고 테라스로 나왔다. 봄볕 한 움큼을 양푼에 담았다. 그리고 골고루 섞었다. 먹음직스러웠다. 잘 비벼진 밥을 한 숟가락 입안으로 밀어 넣었다. 봄과 햇살이 더해진 비빔밥은 참기름을 능가하는 고소함과 감칠맛이 났다.

그때였다. 귓전을 때리는 ‘앵’ 소리와 함께 똥파리 한 마리가 날아든다. 코를 실룩샐룩하면서 테라스 난간에 내려앉는다.

‘너도 짝 잃고 참 딱하기는 하다만 도리가 없다. 이 밥을 나눠 먹을 수는 없고 봄볕 쪼이며 고소한 냄새라도 가까이에서 즐기려무나.’

밥상 차려놓고 운동 간
마누라 정성에
봄볕을 보태 밥 비비려고
테라스에 나오니
뜻밖에 네가 반기는구나.
성급하게 세상에 나와
너도 짝 잃고
점심 못 얻어먹은 신세라니,
야속하다 말아라.
나도 자칫하면 이 밥그릇조차
내려놔야 할지 모르니까.
이 계절에
이만한 봄볕이 어딘가?

—「변승便蠅」

봄볕으로 허기를 채우고 나니 열흘 전에 가족이 된 강아지와 점심 못 먹은 닭들이 생각났다. 거실에서 베란다로, 베란다에서 아래채 현관으로 밀려난 강아지는 주인의 등장에 애교를 작렬한다. 내 세상인 양 마당 주름잡는 강아지를 뒤로하고 닭집으로 갔다. 모이 주러 올 때와 낚아채러 올 때를 용케도 구분하는 닭들이 쫄래쫄래 따라다닌다. 아뿔싸! 침입자의 흔적에 한 마리가 보이지 않는다. 닭털 몇 조각만 나뒹굴 뿐. 하는 수 없이 모이로 유인하여 남은 열두 마리라도 지키자는 심산에 사흘 만에 닭들을 가두었다.

닭집에 다녀오니 강아지의 행방이 묘연하다. 마당을 몇 바퀴 돌며 구석구석 찾다가 집 안으로 들어오니 거실에 납작 엎드려 여유 부리고 있는 게 아닌가. 나의 안식처는 여기라고 외치고 있는 강아지 역시 생후 두 달 만에 어미와 형제 떠나 사랑에 굶주려 있었다고 생각하니 마음이 짠해 온다.

우리 식구가 된 깜둥이 강아지는 안동 장날 집사람이 오천 원 주고 사 온 잡종견이다. 아이들과 집사람은 오억이라 이름 지어 불러 주고 있지만, 나는 맘에 안 들어 한 번도 이름을 불러 주지 못했다.

그제야 운동을 마친 집사람이 안동 장날 시장에서 들려온 보따리를 풀어 헤친다. 보따리 안에서 봄 내음이 그득하다. 냉이와 돌나물, 울릉도 어수리 나물도 향긋한 봄 냄새를 풀어 놓는다. 음, 오늘 저녁엔 냉이 된장국에 별빛 섞어 어수리 돌나물 비빔밥을 해 먹어야겠구나! 점심 먹은 게 얼만데 벌써 군침이 돈다.

버섯

버섯.

세상에서 제일 야한 채소가 버섯이라는 아재 개그가 떠돌던 때가 있었다. 이젠 고전이 돼 가지만 처음 들을 땐 의아했다. 버섯이 채소로 분류되는 것이 맞을까 하는 것과 버섯이 왜 야할까 하는 의문에서였다. 가만히 생각하다가 그제야 알아채고 실소를 금치 못했던 때가 돌이켜진다.

버섯!

우리 밥상에 올라 힐링 식품으로 환영받는 버섯이 언짢아하지는 않을까 적이 걱정된다.

어릴 적 선친께서 산에 나무하러 가셨다가 가끔 송이버섯 한두 뿌리와 싸리버섯을 채취해 와 신기해하며 맛나게 먹었던 기억이 가물가물하다. 그 뒤 버섯을 따겠다고 선친을 따라나섰다가 송이버섯은 고사하고 나뭇짐을 진 아버지께 짐이 됐던 적이 있다.

찬 이슬 싫어 잠꾸러기
쏘옥 내민 뽀시시한 얼굴
네 모습이 수줍은
새색시 닮았다

어젯밤 낭군 품속
진한 사랑 나누다가
엉큼한 개멀구한테 들켜
고개 떨군 청순한 너

뽀얀 피부에
손대면 터질 듯
여리디여린 살결
민낯이 낯설어도

—「느타리버섯」

이곳 시골로 이사 오던 4년 전 표고버섯과 느타리버섯을 재배해 지금까지 풍족하게 나눠 먹고 있다. 느타리버섯은 그 해와 다음 해까지 조금 따먹는 데 그쳤지만, 표고버섯은 4년이 지난 지금까지 명맥을 유지하고 있으니 고마울 데가 그지없다. 표고 종균한테 다 내어주고 썩어가는 토막 난 참나무들에 이제 더는 기대하기가 염치없어 올해 새 재료들을 준비하고 새 종균을 투입하기로 했다. 지난겨울부터 산에 오를 때마다 못난 참나무 가지 하나씩을 베어 모으기도 하고, 소나무 재선충 방제 작업하다가 아깝게 잘린 밤나무 등을 주워 모았던 걸 표고버섯 재료로 쓰기로 했다.

어림잡아 표고버섯 종균 열 판을 샀다. 낱개로 6천 개. 종묘상에서 대농이라고 했다. 느타리버섯 종균도 함께 구입했다. 너무 많이 샀나 하는 생각이 들었다.

노는 날을 잡아 종균 넣는 작업을 시작했다. 하필이면 싸늘하게 날씨가 심술을 부린다.

"추워요. 감기 걸리면 어떡해요?"

"참을 만하구만. 내 놀 때 같이 안 하면 언제 다 하누?"

아내는 날씨를 핑계하며 왜 하필 오늘이냐 한다. 조금 전 부녀회 회원들과 통화하는 걸 엿들은 걸 기억해 내고 슬쩍 부아를 돋웠다.

"바람도 불고 추우니까 그렇지."

"고스톱 치러 가고 싶은 게 아니고?"

"고스톱은 뭐? 회관에 그냥 모였다고들 하더만."

"저녁 8시에 풍물 갔다가 밤새도록 고스톱 치려무나."

아침저녁으로는 영하로 내려가는 산골 날씨인데 오늘은 바람까지 심술을 부려 응달에서 작업하는 게 녹록지는 않다. 그나마 기계 드릴로 구멍 뚫는 일은 추위를 이겨낼 수 있지만 가만히 앉아서 종균 넣는 작업은 추위를 이기는 인내심이 필요했을 게다.

"일하기 싫지?"

"아니. 당신과 함께하니 재미있어요."

"아직도 추워?"

"더 추워."

"이 일 아니었으면 따뜻한 회관 아랫목에서 고스톱 삼매경에 빠져있을 텐데…."

"그러게나…."

아직도 아내의 마음은 콩밭에 가 있었다.

30년도 훨씬 전에 3, 4년 어머니와 농사를 지은 적이 있다. 그 당시 시골에서는 민화투에서 고스톱으로 넘어가는 시절이었다. 배우기 시작하는 고스톱이 재미나서 저녁이면 동네 사랑방에 모여앉아 고스톱을 치던 때가 있었다. 밭에서 일하다가 땅거미가 내리고 캄캄해야 일을 마치는 어머니가 야속했었다. 저녁을 부랴부랴 먹고 동네 사랑방에 내가 맨 나중에 도착하곤 해서 자리가 없을 때도 있었다. 날 새는 줄 모르고 고스톱을 쳐도 지치지도 않았다.

드릴로 참나무에 구멍을 내는 일이 만만치가 않다. 나는 땀을 훔치고 있었지만, 아내는 연신 춥다며 옷깃을 여민다. 막 땅을 열고 솟아오른 쑥도 여린 속살을 감싼다. 샛바람이 한 움큼 스치운다.

땅거미가 내린다. 산골 마을, 선돌길 언덕에 한 뼘 빨리 밤이 스미운다.

"인제 그만 내려가세. 구멍이 잘 보이지도 않아."

30년 전 어머니가 그랬듯이 밤과 일을 바꿔치기한 건 나였다. 밤과 바꾼 일의 결과는 표고 종균 절반인 3천 본을 심는 데 그쳤다.

"이젠 추위도 잊었는데…."

아내가 주섬주섬 손을 놓고 뒤따른다.

새참과 새참 사이

해거름, 어머니와 들에서 돌아오면 언제든 아내는 부엌에 있었다. 마른 솔가지로 불을 지피면 가마솥에서는 시래깃국이 구수한 된장 냄새를 풍기며 끓고 있고, 시골 재래식 부엌이 서툰 새댁은 아직도 몸에 맞지 않는 옷을 걸치고 있다. 밥은 시집올 때 해 온 전기밥솥에 안치지만, 국만큼은 가마솥을 빌릴 수밖에 없다. 온돌방을 덥히는 걸 겸하고 있었으니 어쩔 수가 없었다.

구수한 된장 냄새에 비하면 맛은 뭔가 아직은 많이 설다.

나그네는
제비보다 먼저 추녀 끝으로 와
심쿵한 햇살과 신방을 차린다
개나리가

아장아장 걸어오는
태몽 꾼 암탉은
기어이 그제 수탉과
뜨거운 밤 보내고
스무하루 동안 봄을 품기로 한다
울 밖 매화는
맛깔나는 향내를
나비에게 주겠다는 약속 지키려
봉오리 속에서 역동에 역동 거듭한다

—「귀촌 · 29」

어제가 휴무여서 아침에 잠시 일 나갔다가 집에 들어오니 아내가 안 보였다. 이 시간이면 언제든 집 안에서 남편을 기다리고 있는 아내였다. 더욱이 오늘은 일요일이어서 요가 교실, 풍물패 연습하러 간 건 아닐 텐데 이상했다. 스마트폰은 선반 위에 있다.

뒤꼍을 봤다. 촌부가 밭 설거지를 하고 있다. 지난해 멀칭 재배로 폐비닐이 너덜너덜 해를 넘겨 무르익은 봄까지 그대로 있다. 게으른 농부의 밭임에 틀림이 없다. 웬일로 아내가 그 폐비닐을 걷고 있다. 더는 게으른 농부의 아내이기는 싫은 모양이다. 내일 농가 주부회에서 울릉도, 독도 선진지 견학을 떠나는 터라 남편에 대한 최소한의 미안함을 표시하는 일인지도 모른다.

작업복으로 바꿔 입고 분무기를 찾았다. 아내가 입이 닳도록 자두나무에 약 치라는 걸 미뤄왔었는데 나도 뭔가 보여줘야 할 것 같았다. 작년에 남겨놓은 살충제를 함께 꺼냈다. 지난해에는 시기를 놓쳐 벌레와 자두를 나눠 먹었던 걸 상기하며 꽃이 피기 전에 살충제를 뿌리기로 했다. 벌레와 나눠 먹고 아내에게 욕먹는 것보다 그들에겐 미안하지만 욕으로 배를 채우긴 싫다.

촌부와 촌로는 밭둑 위와 아래에서 각기 역할 분담을 하고 있다. 영락없는 촌부와 촌로이다.

"아주머니, 폼 나니더."

"웬 할배인가 했네?"

아내가 한술 더 뜬다.

"좋게 불러줘서 아주머니지 당신은 할매 아닌 줄 아나 봐?"

"나는 젊은 할매고 당신은 그냥 할배라니까요."

"젊은 할매와 사는 할배는 한없이 행복하니더."

"호호호…."

촌부와 촌로 사이. 위 밭과 아래 밭 사이에는 둑이 흐르고 도랑이 굽이친다. 선친께서는 그 도랑을 매년 쳤다. 도랑 치고 가재는 못 잡았어도 땅속에서는 지렁이가 꿈틀댔다. 더러는 삽에 몸이 잘린 지렁이도 꿈틀대며 다시 땅속으로 기어들곤 했었지. 선친께선 저 토막 난 지렁이도 다시 살아난다고 했다.

게으른 농부는 몇 년 전에 포클레인으로 도랑을 친 후 여태까지 한 번도 땅속 지렁이와 교감을 나누지 못했다. 촌부와 촌로 사이에는 유체동물 같은 흐느적거리는 묘한 기류가 흐르고 있다.

약을 다 치고 도랑을 건너 밭둑 위로 올라왔다. 아내가 새참을 내왔다. 부추 부침개와 초코 빵, 마와 과일 간 것, 생수병도 가져왔다. 아직은 볕이 얇아 구태여 그늘을 찾지 않아도 됐다. 그냥 밭에 푹 무질러 앉아서 아내가 내온 새참을 먹었다.

선친께서 품앗이로 일하러 가면 새참 먹을 때 이웃집 논으로 가 아버지의 새참을 얻어먹곤 했다. 새참으로 내온 건진국수 맛을 잊을 수가 없다.

30년 전 아내가 고늑골 들판으로 이고 온 새참은 배추 부침개와 미숫가루, 철에 따라 감자와 고구마 찐 것 등이었다.

새참 먹은 값을 하기 위해서 뼈대만 남은 하우스 철거 작업에 들어갔다. 4년 전에 비닐하우스를 지어 제대로 한 번 써보지도 못하고 바람의 희생물이 된 하우스가 그동안 파이프 뼈대만 남아있어 몰골이 말이 아니었다. 역시 서툰 농부를 조롱이라도 하는 듯 지금까지 버티다가 드디어 하우스의 형체는 서툰 농부 손에 허물리고 만다.

"그 집을 지을 때는 참 힘도 들었고 공을 들였는데 아까워서 어떻게 허물어요?"

"보기도 흉하고 어차피 무용지물인데 이젠 철거해야지. 밭갈이 때 훼방을 놓잖아."

"사람도 머무를 때와 떠날 때가 아름다워야 하잖아요?"

"손뻑 칠 때 떠날 줄 아는 지혜를 배워야 해."

민들레 몽우리가 실눈 뜨고 우리 부부 이야기를 가만히 엿듣고 있다. 참새 떼는 하릴없이 복숭아나무에서 살구나무로 날고.

주유구 뚜껑 열린 차

비가 하늘에서 출발, 허공을 통과하여 내려올 때는 어디에 가서 닿을지 예측하지 못한다. 어느 시기 어디 떨어지느냐에 따라 그의 운명도 바뀌고 만다. 가뭄에 단비가 될 수도 있고, 홍수로 내려 수마가 되기도 한다. 강물에 앉아 정처 없이 떠내려가 바다에서 물고기와 노닐기도 하고, 풀숲에 내려 온갖 동식물의 목마름을 달래 주기도 한다.

어저께 텃밭에 내린 비는 혹독한 겨울이 빗어놓은 암호를 모두 풀기에는 모자람이 있었다. 마지막 남은 자존심까지 뚫기에는 역부족이었다. 내일 새벽부터 모레까지 내린다는 비는 진정 겨울과의 작별을 고하고, 새로운 계절과의 해후에 일조하는 봄비가 되지 않을까 예상해 본다.

비 갠 오늘 아침 땅에 귀 대고 그 속을 살폈다. 스멀스멀 내려가던 빗물은 어디쯤에서 멈춰 섰다. 더는 얼음장 뚫는 걸 포기하고 만다. 이후에는 땅속의 아무런 얘기가 들려오지 않았다. 나도 이만 일어서려는데 어디에선가 여리고 앳된 목소리가 들려왔다.

"할아버지, 할아버지. 저 좀 보아요."

그러나 사방을 둘러보아도 아무도 없었다.

"누구니? 어디에 있는 거니?"

"할아버지, 저예요. 봄비가 깨워서 방금 나왔어요."

"경칩이 어제인데 개구리니?"

개구리도 보이지 않았다. 다만 귀 대었던 그곳에 꽃다지가 초록을 머금고 방긋 웃고 있을 뿐이었다.

비 갠 아침 땅에 귀 대고
그녀가 올까 기다리고 있었다.

기어이
흙은 가쁜 숨 몰아쉬며 몇 점 남은
하늘의 구름 떼를 향해
삐릿삐리리 버들피리 소리로 울더라.

고막보다 얇은
습자지 한 장 뚫지 못해
멈추고 만 비를 원망하려다가
내일이 어떨까 기약하기로 했다.

얼음장 밑 땅속이 답답하거든
남은 한 장의 자존심 뚫고
올라오라는 부탁은
굳이 하지 않으리.

저절로 문이 열리든지
오늘 밤 내가 한 발짝 더 다가가
철옹성 같았던 마지막 장벽
무너뜨리면 그만이다.

—「봄은 깨고 싶다」

쉼 없이 달려온 3년. 2모작 인생의 첫 휴가. 오늘이 12일째. 오늘 끝날지, 내일 끝날지 예측할 수 없는 쉼.

마음의 여유는 있었지만 열이틀을 돌아보니 아무것도 해 놓은 게 없다. 신문사에서 연재 글 원고 독촉은 왔지만 쓸 내용도 없다. 12일. 결코 짧지 않은 날들. 허송세월하였단 말인가? 시간적 여유가 있어 이번 글은 충실할 줄 알았는데 오히려 지금까지 어떤 주제의 글을 써야 할지 감이 잡히지 않는다. 역시 글이란 배고플 때 써야 하고, 없는 시간 짬 내서 쓴 글에서 향기가 나는 걸까?

하여튼 잔뜩 흐려있는 바깥에 나가 보기로 했다.

똘이와 억이가 반긴다. 그들은 배가 고프거나 심심할 때, 그도 저도 아닐 때도 꼬리를 흔든다. 주인을 향한 맹목적인 사랑일까? 습관일까? 그게 뭐든 나의 도리는 해야겠기에 먹을 것을 챙겨줬다. 개밥을 주고 돌아오는 길에 우편함을 살폈지만 텅 비어있었다.

이웃에서 얻어온 봄나물 심은 곳을 헤집어 놓은 닭들은 한껏 여유롭다가 주인을 보고 경계와 반가움을 동시에 표시한다. 모이 얻어먹기 위함도 있겠지만 평소 우리가 밭에 서성이면 저들도 주위에 맴도는 거로 봐서 안정을 찾는 것 같았다. 우리 집에 온 지 2년에 가까워서인지 인성을 배워 가는 닭들이다. 머리 나쁜 사람을 가리켜 닭대가리라고 하는 건 다시 생각해 봐야 하지 않을까 싶다.

오늘은 다른 날보다는 적은 여섯 개의 알을 모이와 바꿔왔다. 시간적 여유가 있어 잔밥을 가지러 갔다. 오는 길에 차에 주유하려고 농협 주유소에 들렀다. 경유 주유기 앞에 차를 세우고 주유구 커버를 열었다. 아차! 지갑이 없는 사실을 그때야 알았다. 주유했으면 어쩔 뻔했나? 오늘 아침에 탁구 하러 갈 때도 휴대전화를 안 갖고 가는 바람에 두 번 걸음 했던 일도 겹친다.

주유는 내일로 미루고 차를 마당에 세웠다.

씨릉씨릉….

지붕에 가려 어떤 새인지 보이지는 않았지만 애달프게 울고 있다. 나와 비슷한 휴가를 보내는 수컷 새가 아닐까 생각해 보았다. 짝을 잃었거나 집 나간 암컷 새를 찾아 나섰을지도 모를 일이었다. 아니면 멀리 있는 짝을 향해 하늘 보고 목청 높이 울고 있는 새일지도 모른다고 생각하며 동구 밖을 보았지만 사람의 그림자는 없다. 마을회관에 간 아내는 아직 돌아오지 않고 있다.

씨릉씨릉….

봄은 기어이 오고야 말 것이다. 아침에는 아직도 영하를 기록하는 이곳 기온. 구름 낀 새초롬한 오후의 선돌길 기류엔 겨울의 흔적이 묻어있다. 그 흔적을 지우고 완전한 봄을 노래할 날도 멀지 않다. 겨울이 가면 봄이 오고, 봄이 오면 한 뼘 밖의 여름을 생각한다.

계절은 쉼 없이 달린다. 가다가 지치면 쉬어갈 법도 한데 잘도 간다. '세월은 고장도 없다'라고 한탄하는 노래도 있지만 삐걱거리면서도 잘도 간다.

우리가 몰라서 그렇지 흘러가는 세월에 잠시도 짬이 없는 건 아니다. 최소한 1년에 네 번쯤 쉼이 있다. 왜 환절기란 말이 있겠는가? 우리도 감지 못하는 사이 겨울에서 봄이 오고, 봄에서 여름으로 곧장 건너가는 듯싶지만 며칠씩 쉬어간다.

지금이 그렇다. 겨울도 봄도 아닌 이즈음. 내가 귀촌하여 3년간 법인 택시를 몰다가 목표를 채우고, 개인택시로 가는 길에 쉼을 하는 기간이 겨울에서 봄으로 가는 오늘과 맞닥뜨린다.

선돌길에서 오는 봄과 손잡고 새 출발선에 오른다. 향긋한 색깔이다.

진달래 날다

이발을 했다.

장대처럼 길게 누운 햇살은 예약된 저녁을 향해 뉘엿뉘엿 손짓하고, 어제까지 내린 봄비에 흠씬 취한 잔디는 파르라니 아이의 걸음걸이로 아장아장 발걸음을 내디딘다.

이웃에서 얻어온 토란 씨를 파종하고, 상추와 쑥갓 등 채소 씨앗을 뿌렸다. 먼저 파종한 상추와 얼갈이는 벌써 아기 손톱만 하게 돋았다.

저녁에 도민체전 선수단 결단식에 탁구협회 임원 자격으로 아내와 같이 참석하기로 되어있어 시간에 맞추어 이발을 시작했다. 부랴부랴 채소 씨앗 파종을 끝내고 이발을 하기 위해 우리 집 데크에 자리 잡았다. 이곳 시골로 이사 오면서부터 아내에게 이발을 맡기고 있는 터라 오늘도 날 선 가위 든 그녀에게 한 치의 의심도 없이 머리를 맡겼다. 이젠 제법 능숙한 솜씨로 머리를 깎는다. 머리숱이 많지 않아 어쩜 쉬울 수도 있지만, 더 까다로울지도 모른다. 이발사의 손놀림 못지않게 능숙한 솜씨로 염색까지 끝내는 데는 그리 긴 시간이 필요치 않았다.

휘릭휘릭 휘리릭.

찌륵찌륵 찌르륵.

이름도 성도 모습도 숨기고 새가 간헐적으로 가위 소리에 장단을 맞춘다. 저 멀리서 연인인 듯한 새가 속삭이듯 화답하고.

앞산에서 우리를 내려다보는 이가 또 있다. 한껏 다듬고 세상에 나왔는데 저를 봐주지 않아 투덜투덜, 잔뜩 화가 난 진달래였다. 꽃은 준 만큼 핀다. 온도와 습도, 새와 다람쥐, 사람들이 관심을 두느냐에 따라 예쁘게 피기도 하고 밉게 피어나기도 한다. 아무도 관심 가져주지 않으면 정성 다해 화장하고 세상에 나올 필요가 없다.

저 앞산 진달래만 해도 그렇다. 봄비가 알맞게 내려 습도는 적당하고 온도는 시내 쪽보다 낮아 며칠 늦게 피긴 했지만 꽃으로서의 사명은 다했다. 새들이 날아다니고 우리가 매일 쳐다보니까 소홀하게 꽃을 피울 수는 없었을 게다.

먼 강 건너
파란 하늘 꼭대기로
날아올라 구름 속을

휘젓고 다니다가
땅바닥에 곤두박질친다

까마득히
흰 점 하나
허공에서 낚아채
주머니 속에 감춰 놓고
시치미 떼더니

수평선 너머 동해에서
쳐올린 널 맞으려
해 질 녘 서산 너머로
밥주걱 들고
황급히 달려간다

—「탁구」

준 만큼 돌려주는 게 또 있다. 운동 중에서도 탁구가 그렇다. 라켓으로 공을 쳐서 상대방에게로 넘기면 상대방도 받은 만큼 되돌려 준다. 그렇게 해서 랠리가 계속되고, 어느 한쪽의 힘이 넘치면 갔던 공이 되돌아오지 않는다. 그런 방법으로 승패를 가리기도 하지만 준 만큼 돌려주는 탁구가 신사적인 운동이란 생각을 다시금 하게 된다.

우리 부부가 탁구 동호회에서 활동한 지가 벌써 10년이 넘어섰다. 아내는 나보다 더 탁구 애호가여서 '탁구' 하면 자다가도 벌떡 일어날 정도로 열정적이다. 요즘에 와서는 '고스톱' 하면 아프다가도 벌떡 일어날 만큼 화투에도 심취해 있긴 하지만. 어느 한쪽으로 기운다 할 수 없을 정도로 아내는 매일이다시피 탁구와 고스톱에 푹 빠져 있다.

귀촌하기까지 아내의 협조가 필요했다. 예상했던 대로 아내는 귀촌에 반대표를 던졌다. 궁리 끝에 내가 아내에게 제안했다.

"시골에 가면 탁구장 지어 줄게."

"정말? 그 약속 지킬 수 있나요?"

"남자가 한 입으로 두말할까? 그 약속 꼭 지킨다!"

"그럼 다시 한번 생각해 보지 뭐."

그렇게 하여 귀촌은 성사되었고 맨 먼저 약속대로 20평 창고를 지어 탁구대 설치하고 동호인들과 가족끼리 가끔 집에서 탁구를 즐기고 있다. 아들 같은 세 사위가 하나같이 탁구를 즐기는 편이어서 자식들이 함께 모여 탁구를 하기도 한다.

자식 세 팀이 복식으로 경기한 적이 있다. 물고 물리는 1승 1패씩 거둬 자존심을 다치지 않고 끝나 참 다행이란 생각을 했다.

며칠 전 협회장배 탁구대회에서 라지볼로 넘어와 개인 복식 우승을 했다. 탁구 동호회 활동 10년 넘어서 준우승 세 번에 운 좋게 이번에 우승했다. 운이 따라 1등은 했지만 아내에겐 번번이 지는 게 내 탁구 실력이다. 한 1년간 아내를 앞선 적 있지만 넘지 못할 산이 아내다. 상장만 해도 그렇다. 나는 고작 네 번 받았지만 학창 시절 운동선수 출신인 아내는 스무 번쯤 상을 받았으니 도저히 탁구에서만은 넘지 못할 산이 가장 가까이 있는 아내이다.

결단식은 화려했다. 앨리스의 식전 공연이 인상적으로 남는다. 매캐하던 웅부홀 공기에 비하면 우리 집으로 들어서는 선돌길 공기는 상쾌하다 못해 코끝에 알싸하게 와닿는다.

컹컹껑.

매일 밥을 챙겨 주는 주인이 외출에서 돌아오자 반기며 짖는다.

개골개골….

소쩍소쩍….

그나마 자연 파괴가 덜 되었다는 징표로 개구리와 소쩍새가 논과 먼 산에서 그들의 존재를 알려온다.

꽃잎이 지더라도

꽃은 '보고 싶었다'라고 말하지 않는다. 보고 싶었지만 '보고 싶다'라고 말할 수 없는 건 40여 년간 지키고 서 있는 나무에 배신하는 행위이기 때문이다. 그러나 잠시 왔다가 가는 건 싫다. 길어도 열흘. 혹독한 겨울 이기고 하얀 꿈을 연 짧은 생, 그렇게 지기는 싫다.

벌과 나비는 의지와는 상관없이 머물다 가지만 정작 내가 갖고 싶은 소망은 쉽사리 이루지 못하고 만다. 이번 봄만큼은 꼭 달성하리라 다짐과 함께 이 밤 꽃잎을 여민다.

꽃은 태초부터 아름답지 않았다. 대충 기온이 상승하는 우주가 지정한 날 몽우리를 터뜨려 보았다. 인간과 곤충들도 지구상에 오기 전, 바람마저 곁을 내주지 않을 때였다. 몰골은 구겨 놓은 종잇장처럼 제멋대로 생겨 흉측하기 그지없었다. 꽃이라 이름하지도 않았다. 누구로부터도 관심받지 못하던 처음 그 꽃은 그리움이란 단어를 생각해 냈다. 사랑이란 말을 배웠다.

그즈음 예뻐지기로 작정했다. 꽃단장하기 시작했다. 벌 나비들이 지구상에 오면서 관심을 가졌다. 인간이 존재하기 시작하면서 아름답다고 말하는 것이었다.

꽃은 그 후 진화를 거듭하여 오늘날 우리 인간과 함께 서로를 뽐내기에 이르렀다.

동해로 가는 길이 하늘로 그어져 있으면 혼자는 걷지 않으리라 다짐합니다.

꽃망울 속에서 골몰하는 생각에게 밤 꼬박 새워 긴 편지를 써야겠지요

동해로 가는 길이 하늘로 그어져 있으면 혼자는 걷지 않으리라 다짐합니다.

꽃비 내리는 날 오겠다는 그녀는 이 밤, 가지 잘린 사과에 황색칠하는 꿈 언저리에 있을까요?

동해로 가는 길이 하늘로 그어져 있으면 혼자는 걷지 않으리라 다짐합니다.

오색 꽃 실로 수놓는 시골 처녀는 더벅머리 총각한테 시집갈 날 손꼽다가 눈썹이 하얘졌다는 전설 같은 얘기를 듣지요.

동해로 가는 길이 하늘로 그어져 있으면 가다가 가다가 청량산 즈음에서 들깨 기름내 고소한 그대를 만나 휘이적 휘이적 비상 멈

추어도 괜찮지 싶습니다.

—「동해로 가는 길이 하늘로 그어져 있으면 혼자는 걷지 않으리라 다짐합니다」

연일 상승하는 기온 탓에 낙동강 주변 축제장 길에 벚꽃이 만개했다. 매일 탁구 하러 지나치는 길섶에 40년 된 토종 왕벚나무에서 어느 날 몽우리가 맺히는가 했더니 이팔청춘 순이 얼굴처럼 꽃이 활짝 피었다.

올해는 예년보다 5일은 먼저 꽃바람이 불었다. 어제와 오늘 초여름 기온을 방불케 하는 27, 8도를 기록하고 보니 꽃인들 어찌하지 못하고 댓바람에 세상에 나왔다. 내일과 모레, 제법 많은 비가 내린다는 사실을 인지하지 못한 꽃은 운명의 기로에 섰다.

예년에 비추어 4월 6일부터 벚꽃 축제를 준비하는 관계자의 난감함은 이루 말할 수가 없다. 아직 축제 시작 일까지 사흘이나 남은 상황. 종잡을 수 없이 돌변하는 기후를 탓할밖에.

올해는 꽃 피는 시기마저 들쭉날쭉하다. 매화와 생강나무가 비슷하게 꽃이 피고, 개나리 이후에 벚꽃 목련이 핀다. 진달래가 필 때 자두나무꽃이 몽우리를 열고, 복숭아와 배꽃 사과꽃이 온다.

꽃 피는 시기가 시내보다 일주일 이상 차이가 나는 선돌길 언덕에도 꽃이 개화를 시작했다. 매화가 늑장 부리는 사이 개나리와 수양벚꽃, 진달래가 동시다발로 핀다. 자두나무, 배나무, 사과, 복숭아나무에도 차례로 꽃 잔치가 벌어질 모양이다.

저마다 누구에게 잘 보이려는 듯 단장을 곱게 하고 생경한 세상을 본다.

사람과 벌 나비들은 어디에 눈을 둘지 종잡을 수가 없다. 매화에 싫증이 날 때쯤 벚꽃이 와야 차례로 감상하고, 벌 나비들이 향이 짙은 꽃을 골라 탐할 텐데 분주히 쫓아도 하루해가 바쁘게 저문다.

일주일에 두세 번 하던 탁구를 매일 하다 보니 동시다발로 피는 꽃 보는 것처럼 숨이 가쁘다. 봄꽃이 지면 여름꽃이 피고, 국화꽃이 피는 가을이 오면 가을 향에 취하면 그만이다. 겨울 그다음은 또 봄꽃이 피는 계절이 열리지 않겠는가? 내 사전에 꽃이 지지 않는 것처럼 우리 인생사도 지지 않는 꽃이 되고 싶다.

일년 365일 중 366일 탁구를 하라 해도 마다치 않을 아내가 사흘 전 농가 주부회에서 남해쪽 관광을 다녀오더니 오늘 또 생활개선회 선진지 견학 명목으로 삼척 등 동해안 관광에 나섰다. 삼척에서 SNS 단체 통신에 올린 아내 사진은 활짝 핀 꽃이다. 유채꽃밭에서 찍은 사진 보고 꽃 속에 꽃이 피었다고 아이들이 한마디씩 댓글을 단다.

'엄마야, 넘 좋다. 엄마.'

'꽃밭에 또 꽃 있네.'

'엄마 좋으네. 엄마 팔자가 상팔자임.'

'맞아. 엄마 팔자가 젤 좋다. ㅎㅎ 여행도 많이 다니고~~'

‘젊어서 고생한 거 이제 보상받는 거 같당. ㅎㅎ 많이 누려용.’

미세 먼지, 보통. 현재 기온 23도. 밤 9시 40분. 일하고 있는 내 전화벨이 울렸다. 아내였다. 무사히 집에 돌아왔다는 전갈이다.

“내가 시집은 잘 온 거 같아요. 지금 이 나이에 멋지게 누리고 실컷 관광 다니는 것 모두 당신 덕이에요.”

“재미있게 잘 놀다 왔으면 됐다.”

“많이 고마워요, 여보. 수고하고 일찍 들어와요.”

“응.”

의례적인 대화에 아내의 아부성 멘트가 보태졌다. 혼자 관광 다녀온 미안함에 일하는 남편에 대한 연민으로 간을 맞춘다.

활짝 핀 벚꽃 그늘을 달려보았다. 야화 핀 밤거리는 환희를 넘어 환상적이다. 한 잎 두 잎 꽃잎이 날린다. 조명에 비쳐 꽃잎은 강한 빛을 발산한다.

꽃잎은 져도 꽃은 지지 않는다. 다만 중후한 맛을 더한 맛깔스러운 꽃으로 재탄생할 따름이다. 내일을 준비하는 과정에서 잠시 시들기도 하겠지만 영원히 지는 꽃은 없다.

매일 새벽 4시에 피는 꽃이 있다. 한 사람을 위해 고귀한 성품으로 다소곳하게 피어나는 꽃은 반드시 여명이 오기 전 사계절 쉬지 않고 핀다.

4시가 다가온다. 꽃 피는 언덕을 향해 달려가야 할 시간이다.

고스톱

주말이다. 귀촌하고부터는 주말이건 휴일이건 별다르게 의미를 부여할 필요가 없어졌다. 구태여 구분하고자 하면 농번기와 농한기로 차별화가 된다고나 할까. 아무래도 봄 여름 가을을 농번기로, 겨울을 농한기로 봐야 할 것 같다.

농사를 많이 짓지 않는 우리로선 농번기, 농한기가 따로 존재한다고 할 수는 없으나 시골 생활을 시작한 만큼 이곳 풍습을 따라야 하는 게 당연하다. 바깥일을 겸하고 있는 나는 나대로, 이곳에서 부녀회 활동과 풍물패 활동을 하는 아내로선 이곳 사람들과 호흡하며 그들의 습성을 따라가고 있다.

뒷산 소나무
지탱해 주는
솔잎의 떨림처럼

40대 후반 여자
뛰는 가슴
박동 잠재우려
그 속으로
파고드는 바람

—「봄바람 · 1」

어제가 쉬는 날이어서 오늘 좀 일찍 일 나갔다가 점심때를 갓 넘긴 시각에 집에 들어왔다.

그런데 아내가 보이지 않았다.

'너희 엄마 없어졌다.'

가족 채팅방에 호소해 봤다.

'교회 가셨나?'

'이 시간에 교회 안 가잖아….'

'어디 가셨지? 전화도 안 받아.'

아이들도 관심과 걱정을 올리고 있다.

'운동화 신고 간 것 보니 교회는 아니고 마을 회관에 간 모양이다.'

'무슨 행사 있어요?'

'오늘이 무슨 날이야?'

'고스톱 치러 갔나 보지….'

찌개와 기본 반찬 한두 가지 꺼내서 점심을 챙겨 먹고 닭장을 다녀와서 산에 올랐다. 기계톱을 들고 등에는 지게를 졌다.

산을 오르는 길목에 며칠 전부터 봐 뒀던 밤나무 곁가지를 자르기 시작했다. 고목으로 가기 전에 가지 하나쯤은 잘라줘야 할 것 같아서였다. 그 나무로 표고버섯을 가꾸면 금상첨화 아니겠는가.

나이가 들어갈수록 비움의 미학을 터득해야 하지 않을까? 내 가운데 깊이 자리 잡고 있는 욕심, 고집…. 그딴 것들 모두 비우면 좋겠다는 생각이 든다. 내겐 비울 재물 같은 것은 없지만, 그것도 마찬가지다. 의타심도 비우면 가볍다.

산 정상쯤에서 땔감용 마른 장작들을 베어 지게에 지고 산에서 내려왔다.

땀이 났다. 몸에서 겨우내 쌓였던 불순물도 함께 밖으로 스멀스멀 빠져나온다. 땅속에선 초록색 돌나물이 빼꼼 고개를 쳐든다.

낮잠을 한숨 자고 나니 시장기가 돈다. 점심때와 마찬가지로 저녁을 챙겨 먹고 일을 나왔다.

까똑 까똑.

'회관에서 이제 와 보니 너희 아빠가 나가셨네.'

'미안해, 여보.'

'이제 일 철 나서면 모이기가 힘들어. 고스톱 치는 것도 오늘이 마지막이야.'

뒤늦게 집에 저녁 챙겨 주러 왔던 아내한테서 연락이 왔다. 무덤덤 반응을 안 보이는 거로 대꾸를 대신했다.

집 방향으로 차를 돌렸다. 불현듯 아내가 애청하는, 6개월 이상 방영했던 주말 드라마 마지막 회가 번득였다.

집에는 아내가 없다. 거실에선 조명등만이 졸고 있었다.

'너희 엄마 또 사라졌다. 아마 바람났나 보다.'

'아빠, 미풍이 마지막 회 보러 들어오셨구나.'

'회관이 먼데 무섭지도 않은가 보네.'

'이웃집과 같이 차 타고 갔겠지.'

연장 방송까지 했던 드라마가 끝나면 새 드라마가 이어지겠지. 드라마 결론은 뻔하다. 연장방송까지 하는 바람에 지루하게 늘어난 것 말고는 결론이 다르지 않았다. 권선징악. 아내는 그 모든 결론을 다 알고 있어서 마지막 회가 그리 중요하지 않은 게다. 아니 그 재미난 고스톱보다 시들했을 게다.

고스톱을 잘할 줄 아는 지혜가 필요하다. 뛰어야 할 때 뛰어야 하고 쉴 때 쉬어야 한다. 바삐 가야 할 때와 쉬엄쉬엄 가야 할 때를 터득하기까지 많은 시간이 필요했던 모양이다.

'시골에 살면 시골 풍습을 따라야 해요.'

'엄마, 고스톱 잘 못 치면서도 저리 좋아하는데 아빠가 좀 이해해 줘요.'

'귀촌하여 살자고 한 게 아빠니까 자업자득이세요.'

큰아이가 결론을 내놓는다. 그제야 우리의 대화를 확인한 아내의 한마디는 좀 생뚱맞다.

'아빠와 너희 대화를 공개했더니 온 동네가 빵 터졌다.'

달빛 소나타

누가 우리 주인님을 이처럼 골똘한 생각에 잠기게 했을까?

너, 누구니?

한번 맞춰 보세요? 내가 누굴까요?

글쎄. 난 지금 혼자인데….

나는요, 달빛이라고 해요. 주인님 어깨 위에 내려와 있잖아요.

그렇구나. 달빛이었네. 아까부터 뭔가 안온한 느낌으로 다가서는 누군가가 느껴졌었지.

그런데 주인님은 이 시간에 왜 혼자 테라스에 나와 쓸쓸히 앉아 계시나요? 무슨 고민이라도 있으세요?

아니, 별거 아니야. 넌 참 좋겠다. 온 세상을 다 찾아다닐 수도 있고, 여러 사람과 대화도 나눌 수 있으니 얼마나 좋아?

근데 우리도 매일 좋은 일만 있는 것이 아니에요. 달님이 내려보내는 곳으로 오긴 하는데 우리 주인님처럼 외로운 사람이 많아요. 우리가 내려와서 놀다 가면 즐거워지는 사람도 있지만, 더 센티멘털해지는 사람도 있어요.

봄볕에 표고버섯
말리라는 마실간
마누라의 엄명
까맣게 잊고 있다가
해가 뉘엿뉘엿할 즈음
테라스에 썰어 널었더니
열사흘 달이
물끄러미 내려다보며
쓴웃음 짓는다.
달아, 달아. 큰일 났다.
넌 표고버섯 말릴 수 없니?
달빛은 누가 말리니?

—「달빛 말리기」

사실 우리 집 마님이 막내딸이랑 대만에 갔는데 오늘이 나흘째야. 내일 온다고 했는데….

주인님은 왜 같이 가시지 않았나요?

머슴인 난 집에서 닭이랑 개도 돌봐야 하고 집도 지켜야 하잖아.

그런데 내일 마님이 오시면 무슨 걱정이세요?

저 표고버섯 말이다. 마님이 외국으로 떠나면서 썰어 햇볕에 말려놓으라고 했거든. 깜박하고 오늘까지 그대로구나. 어쩜 좋니?

난 또 무슨 큰 고민거리라도 있는 줄 알았지요.

이게 큰일이 아니면 무엇이 큰일이란 말이냐? 그럼 네가 달빛으로 표고버섯을 말릴 수 있겠니?

글쎄요. 지금까지 한 번도 무엇을 말려본 적이 없어서요. 그렇지만 대만 쪽에 내려가 있는 달빛한테 부탁해 우리 주인님을 혼내지 말아 달라고 마님한테 말할 수 있을지는 모르겠어요.

그래. 둘 중 하나라도 해결됐으면 참 좋겠다.

애써볼게요.

고마워.

식사는 제때 하시나요?

너희는 억겁을 아무것도 먹지 않고 온 누리에 비추는데 밥 한 끼가 대수더냐?

나는 이제 달님이 기울어서 저 산 너머 어두운 곳을 비추러 떠나봐야 할 것 같아요. 내일 구름이 훼방 놓지 않으면 다시 찾아올게요.

잘 가. 네가 와줘서 잠시나마 행복했단다.

철없는 꽃다지

내게 가장 먼저 봄을 일깨운 이는 꽃다지이다. 닭장 가는 길목에 엉금엉금 기는 그이는 노란 꿈을 품고 초록으로 온다. 잠에서 덜 깬 개똥쑥보다 먼저 기지개 켰고, 찬 바람이 두려워 이불 속에서 쏘옥 얼굴만 내민 지칭개보다 먼저 봄을 말하고 있다. 냉이와도 키 재기를 해 볼 참이다. 냉이 흰 꽃에 노란 꽃으로 승부를 걸 모양이다.

냉이가 흰 꽃을 피우는 걸 보고 고민하고 고민하다가 노란 꽃을 피우기로 하고 아무리 맵시를 냈지만 철없는 꽃다지는 어쩔 수가 없다. 땅속에 깊이 뿌리 내리고 소박하지만 흰 꽃만 피우는 냉이를 앞서갈 수가 없다.

한때 냉이도 철모르고 아무렇게나 흰 꽃을 피운 적이 있다. 삶이 고단한 때였다. 꽃다지의 핀잔에도 아랑곳하지 않다가 어느 날 갑자기 제자리로 돌아와 제철에 흰 꽃을 피운다.

선돌길 언덕에 때 이른 꽃다지 두 송이 피었다. 뭐가 그리 그리워 3월 초순에 왔을까? 미세먼지 빼곡한 이 봄에 누가 반긴다고 먼저 눈 떴는가? 벌 나비도 아직인데 새들도 가시덤불에 숨었는데 너희는 어찌 계절을 한 발짝 앞서 말하는가?

지난가을에 도톰한 쌍떡잎으로 세상에 나와 잠시 계절을 망각하고 꽃을 피웠던 꽃다지는 혹독한 겨울에 맞섰다가 낭패를 봤다. 그나마 꽃봉오리를 터뜨리지 않은 꽃다지는 인고의 계절 지나 봄을 열며 꽃을 피웠다. 여느 꽃다지에 비해 풍성한 꽃을 피울 수 없는 단점이 있긴 하지만 봄을 세상에 가장 먼저 알린 뿌듯함이 있다.

겨우내 닭집에 가둬 키우던 열두 마리 닭을 꽃다지가 기지개 켜던 날 내놓았었다. 닭집 안에 설치한 수도가 얼어 터질까 봐 겨울 내내 가둬 키울 수밖에 없었다.

그런데 봄과 교감하는 것까지는 좋았는데 마당까지 몰려와 분비물을 마구 쏟아내는 데는 참을 수가 없어 그들의 반경을 울타리 안으로 한정했다. 울타리를 넘거나 뚫고 나온 닭을 몰아 닭집으로 들어가 모이를 주었다.

닭집 내 수도 둘 중 한 곳에서 물이 새어 서너 달 동안 수도세가 서너 배 나오고 있다.

공사를 시작했다. 얼었던 땅은 녹아 쉽게 땅파기를 허락했다. 겨우 여섯 해 지났을 뿐인데 수도 아랫부분이 부식하여 물이 새고 있었다. 6년 전에 이곳 닭장까지 70여 미터 수돗물을 끌어와 공사한 것도 나였기에 땅 밑 구조는 알고 있었지만 난관에 봉착한 것은 부식한 이음새 부분부터였다. 아무리 풀어도 나사가 풀리지 않았다. 임시방편으로 구멍을 틀어막고 끈으로 붙들어 맸다. 그 후 메인 수도를 열었다가 또 낭패를 봤다. 수압에 틀어막은 곳이 견디지 못하고 터져 구덩이에 물이 꽉 찼다.

아내는 마을회관에 가서 감감무소식이고 해는 뉘엿뉘엿 큰일이다, 싶었다. 부랴부랴 시내 철물점으로 달려가 수도꼭지 세트 등을 사 왔다.

며칠 전 거실 등을 바꿀 때도 아내는 회관에 가고 없었다. 올해부터 부녀회장을 맡아 공사다망하다. 무슨 무슨 행사가 있다며 매일이다시피 마실을 간다.

LED 등을 사 와 교체하기 위해 기존에 있던 등을 해체했다. 생각보다 복잡했다. 도저히 혼자 해낼 엄두가 나지 않았다. 후배에게 전화로 자문했지만 도통 감이 오지 않았다. 의자 위를 열 번 이상 오르내려도 진척이 없었다. 학교 다닐 때 전기를 배웠지만 조금도 도움이 되지 않았다. 보조 기사마저 없이 천장을 쳐다보며 공사하기란 여간 힘든 게 아니었다.

어찌어찌하여 공사를 끝내고 불 밝힐 때까지 아내는 오지 않았다. 불 밝기와 등 모양도 바뀌었건만 내가 말하기 전까지 등 교체 사실을 모르고 있던 아내였다.

안 쓰던 근육을 쓰고 힘에 부쳤었는지 저녁을 먹고 나니 손발에 쥐가 났다. 한 시간 이상 지속되었다. 아내가 잠투정하는 아이 재우는 딸에게 전화했다가 병원에 가보라는 면박을 들었다.

선돌길 언덕에 철없는 꽃다지가 핀다. 시금치에 비하면 철분이 거의 없고 철모르고 피어서 철이 없다.

철없는 꽃다지 옆에 철없는 냉이꽃이 핀다. 철이 들었다가도 철이 없어지는 꽃이 냉이꽃이다. 아니 꽃다지도 마찬가지다. 철이 없다가도 어느 날 제철에 꽃으로 온다. 도토리 키 재기와 매우 흡사하다.

따사한 햇살 좇아
울타리 넘어
마실 나온 암탉이
쫑쫑쫑 쪼고 간 후
뒤따라온 수탉이
뿅뿅뿅
머물다 간 자리에
깊은 밤새고 나니
노란 꽃이
수줍게 웃고 있다
—「꽃다지」

"나는 냉이 따위 캐는 거 별로야. 아줌마들이 캐러 가자는데…."

수도 공사 끝날 즈음에 회관에서 돌아온 아내가 생뚱맞게 땅거미 덮어쓴 닭장 앞 냉이를 보고 내게인 듯 냉이에게인 듯 한마디했다. 나도 동문서답으로 맞장구를 쳤다.

"아, 맞아! 수도관이 부식한 건 불량품이어서가 아니었어. 닭집의 계분의 독성이 스며든 때문이야."

"맞아요. 닭똥이 얼마나 독하다고."

"저 냉이는 닭똥 냄새 맡고 더 잘 자라지."

파헤쳤던 구덩이에 새 수도관을 묻고 나서야 닭똥의 유해성과 효용성을 깨달았었다.

철이 들었는가 싶다가도 철없는 꽃다지와 철없는 듯하다가도 철든 냉이꽃이 도토리 키 재기하며 피는 광경을 지켜보던 키다리 소나무가 흐뭇하게 미소짓는다.

익산 꽃다지

꽃다지가 1년초인 줄 알았다.

지난가을에 난 여린 꽃다지가 겨울에 얼어 죽을까 봐 안타까워했더니 이른 봄 보란 듯이 기지개를 켜는 게 아닌가. 겨울잠 잘 잤노라고 화답하며 초록으로 일어선다. 저 혹독한 겨울강을 무사히 건너왔으니 2년초임이 틀림없다.

갓 태어난 꽃다지 이파리는 여리디여린, 마치 어린아이 피부처럼 보송보송 보드랍다. 그래서 나는 겨울을 나지 못하는 식물로 알고 그를 얕봤다. 순한 양처럼 다소곳이 얌전하게 맨살로 세월과 맞서다가도 찬 바람이 불어오는 겨울이 서서히 다가오면 분연히 일어나 옷매무시를 고쳐 입는다. 철없을 때는 한없이 그렇다가도 냉혹한 현실과 마주치면 누구보다 강해지는 아내와도 닮아있는 꽃다지를 본다.

그러나 대부분 꽃다지는 이른 봄 세상에 나온다. 가을에 태어나도 더 화려한 꽃을 피우지 못할 바엔 봄에 나서 제때 제대로 된 꽃을 피워 벌 나비와 교감하다가 2세만 남기면 그만이니까.

유년 시절. 어머니께서 냉이와 함께 꽃다지를 데려다가 국을 끓였다. 콩가루 옷을 입고 나온 국 속의 그들을 구분할 필요 없이 봄의 상큼한 내음으로 함께 음미했다. 더 많은 봄나물을 캐기 위해 어머니를 쫄래쫄래 따라다니며 다래끼에 그들을 쓸어 담았다. 봄을 죄다 가져가겠다는 심산으로 들판을 휘저었다. 그런데도 다래끼는 늘 배고파했다.

요즘은 냉이와 꽃다지쯤이야 발길에 채지만 그땐 흔한 나물이 아니었다. 먹을 것이 부족했던 그 시절엔 닥치는 대로 캐서 봄 허기를 달랬지만, 기름기가 배에 꽉 찬 작금에는 냉이와 꽃다지쯤은 거들떠보지도 않으니까. 심지어 꽃다지가 먹을 수 있는, 냉이에 버금가는 봄 향기 짙은 먹을거리라는 사실을 아는 이도 드물 지경이니까.

멍멍멍 멍멍멍….

억이가 세차게 꼬리를 흔들며 긴말로 환송했다. 평상시 일 나갈 때나 운동 갈 땐 꼬리 흔들며 제집 앞을 두세 바퀴 돌 뿐이었는데 오늘은 여느 때와 달랐다.

'잘 다녀오세요. 집은 제가 잘 지킬 테니까 안심하고 여행 즐기세요.'

아침상이 푸짐했던 것으로 눈치를 챈 듯 억이는 긴 인사를 했다.

"오냐. 집 잘 지키려무나."

내가 대꾸했다.

지난해 고구마를 캐낸 집 앞 태규 씨네 밭을 관리기로 갈고 있었다. 어제까지만 해도 그 밭엔 봄에 나온 꽃다지가 아장아장 걸어 다니고 있었다. 봄 햇살을 이고 한가로이 거니는 개미들처럼.

그들 꽃다지는 상관할 바 아니었다.

밭둑에 난 꽃다지이면 종족 번식에는 지장이 없을 테니까 누구도 그 현실 앞에 왈가왈부하지 않는다. 자연의 질서는 지켜지고, 계절은 가라 하지 않아도 가고 옴을 반복하지 않는가.

촌티 나는 선돌길 꽃다지와 냉이가 익산에 도착하여 가장 먼저 눈길이 머문 곳이 들판이었다. 너른 평지와 낮은 산, 우리가 사는 그곳 산촌과는 차별화되는 곳이었다. 꽃다지와 냉이가 보일까 싶어 살폈다. 좁은 곳, 짧은 시간이라 시야에 들어오지는 않았지만, 이곳이라고 그들이 왜 없을까.

초록이 짙다. 선돌길 언덕엔 기지개 정도인데 이곳은 활개를 친다. 봄에 가을 단풍을 입힐 수가 없듯이 초록을 연두색이라 고집할 수는 없다. 가을 단풍은 초연히 겨울을 향해 갈 것이며, 젊은 봄은 청춘들이 향유하게 가만히 둘 일이다.

시골 꽃다지는 도시로의 임무가 끝나면 고향으로 돌아가 제

자리에 서 있어야 제멋이다.

가을이 깊어 있는데 기어이 봄으로 돌아가겠다고 하면 낭패를 본다. 최소한 심한 몸살을 앓거나 나처럼 때아닌 독한 고뿔에 걸린다.

이 회장이 반갑게 우리를 맞았다. 익산역을 찾아 시화 앞에 섰다. 아내와 내가 자세를 잡고 이 회장이 사진을 찍었다. 햇살이 창문을 넘어와 심술을 부렸지만 탓할 바 아니었다. 작년 가람문학관 기행 왔을 때 담았던 시가 대나무 그림과 어우러져 걸려 있다.

가람 이병기 시인 묘소 앞에는 대나무가 빼곡하게 서 있었다. 가람 선생님은 누워 계셨지만, 죽순은 일어서서 우리를 반겼다.

밤새 내린 비 그치고
구름 몇 점 떠간다.
땅속으로 스민 빗물
어디까지 가나
귀 기울여보았다.

하하, 호호.
할아버지 바보,
할아버지 바보.
땅속에서 얼음장 뚫고
스마트폰으로 전화 걸려왔다.

귀 대었던 땅에
꿀잠 자던 꽃다지
기지개 켜며 올라온다.
—「초록 봄비」

지난해 익산예술제에 익산 회원과 우리 회원의 작품이 함께 전시되었다가 이번에 익산역에 다시 전시되었다. 이젠 그 역할을 다하고 나와 함께 안동으로 돌아갈 참이다.

익산역이 규모 면에서 너무 크다는 데 아내와 함께 놀랐다.

"서울역 버금가겠어?"

"서울역과 비교할 수는 없겠지만 꽤나 크네요. 사람들의 왕래도 잦고요."

아내가 최근 서울역에 가 보기나 한 것처럼 비교가 안 된다고 단언했다. 나 역시 서울역엔 30여 년 전에 딱 한 번 가 본 흐릿한 기억밖에 없다. 익산역을 보면서 안동역과 비교하고 서울역을 미루어 짐작해 볼 따름이다.

익산에서의 만찬은 전직 회장 네 분과 함께 자리하여 안동소주로 회포를 풀었다. 융숭한 대접에 아내도 흡족해했다. 선돌길 시골 꽃다지와 냉이 부부가 전라도에 와서 모처럼 호사했다. 감기 걸린 냉이의 간헐적인 기침에 잠은 설쳤어도 아침은 밝았다.

아침 햇살은 다를 바 없었지만 아침 공기는 분명 달랐다. 열은 초록색이었다.

지칭개는 해넘이 한해살이풀이고, 꽃다지는 1년초, 혹은 2년초이다. 익산의 꽃다지도 다르지 않을 터이다.

점점 떠오르는 해는 허기를 불렀다. 이 회장이 일러준 배산 해장촌에 가서 늦은 아침으로 콩나물국밥이라도 먹어야겠다.

아까시꽃향 실은 택시

"아빠, 오늘 일 나가지 않으시면 안 돼요?"

"가야지. 최소한 회사 사납금은 벌어야지."

"안전 운전하세요. 너무 무리하시지 말고 사납금만 벌면 들어오세요."

"응, 알았다. 내가 없어도 재미있게 놀려무나."

저녁상을 물린 후, 가족 주간 연휴를 맞아 친정에 온 아이들의 배웅을 받으며 택시 시동을 걸었다.

뒷산에서 내려온 아까시나무 꽃향이 봄밤, 살랑살랑 바람에 얹혀 코끝에 와닿는다. 온통 소나무 꽃가루로 수놓았던 선돌길 언덕이 평정을 찾아가는 즈음.

3일 전 우리 식구가 된 오억이 동생, 오돌이가 사람의 인기척에 멀리 있는 엄마를 그리며 하늘 향해 간절한 울음을 뱉어낸다. 컹 컹 컹. 개는 개끼리 통하나 보다. '걱정하지 말아. 이 형이 있잖아? 내가 옆에서 지켜 줄게.' 억이와 똘이도 배웅을 한다.

야트막한 산그늘 타고
실려 온 바람결
부서지는 달 조각

살큼 스민 그녀
들릴 듯 은근한 유혹에
더덩실 달밤 춤사위
몽유병 놀이하기

개구리울음 멎은
달도 기운 이슥한 밤
설익은 눈부신 향내는

—「아까시꽃」

4년 전, 하던 일을 정리하고 이곳 선돌길 언덕, 고향 근처 마을로 귀촌했다. 그때 나이는 50대 후반이었다.

시골로 이사 와서 가장 먼저 한 일이 닭장 짓는 것이었다. 200평가량 울타리를 만들어 병아리 500마리를 사들였다. 경험 없이 시작한 닭 사육은 많은 시행착오를 겪었다. 온도를 못 맞추어 반 이상의 병아리가 폐사되고, 매를 비롯한 짐승한테 100여 마리나 잃었다. 심지어 쥐한테 어린 병아리를 빼앗기기까지

했다. 산짐승으로부터 닭을 지키라고 들여놓은 진돗개 두 마리마저 해코지만 했다. 한 번씩 목줄이 풀어지기라도 하면 평상시 주위를 맴돌며 약 올린 닭을 무섭게 공격하곤 했다.

천 400여 평의 땅에 고추, 고구마, 참깨, 콩, 도라지 등의 농사를 시도해 봤지만, 경제성은 전혀 없었다. 도라지밭에 잡초를 뽑다가 독사한테 물려 병원 신세까지 지고 나니 밭농사는 더 이상 지을 엄두가 나지 않았다.

그간 천 200여 마리의 병아리를 사다 키워 사룟값은 천여만 원 이상 들어가고, 수입은 50여만 원이 고작이었다. 설상가상으로 대형 마트에서 매장 관리를 하던 아내마저 회사 사정으로 일을 그만두게 되면서 다시 내가 생활 전선에 나서지 않으면 안 되었다. 사전 충분한 준비 없이 귀농 귀촌했다가 낭패 보는 경우를 많이 봐 왔지만, 내게도 비켜 가지 않았다. 이대로 주저앉을 수는 없다. 다시 도시로 나가서 생활 전선에 뛰어드는 일도 만만치가 않다.

오랜 생각 끝에 결론을 내렸다. 아이들과 아내가 돈벌이도 안 되고 위험하다고 말렸지만, 법인 택시 운전을 해 보기로 했다. 먼저 시골에선 호화로운 승용차부터 없앴다. 가끔 고향 우리 산에서 나무해 올 수 있는 중고 봉고 밴이면 충분했다.

시내에서 8킬로 떨어진 곳이라 시골에 살면서 택시 운전하는 데는 큰 무리가 없어서 다행이었다. 그렇게 시작한 택시 운전이 벌써 2년으로 접어든다.

그동안 귀촌하여 세 딸을 혼인시킨 것은 참 잘한 일로 꼽을 수 있다. 이곳으로 이사 온 후 곧바로 첫째 딸의 혼사를 치렀고, 둘째 셋째가 차례로 제 짝 만나 결혼을 하였다. 첫째 손주 하준이가 태어나 우리 집 재롱둥이로 자리매김하였고, 둘째 셋째 손주가 6개월, 10월경에는 넷째 손주가 태어날 예정이다.

백세 시대를 살고 있는 우리 아닌가. 비록 2년여 기간은 허비했지만 2모작, 새로운 출발은 여기서 멈출 수가 없다.

밭에는 나무를 심기 시작했다. 사과, 배, 자두, 복숭아와 블루베리도 몇 포기 심고 앵두나무, 모과나무도 심었다. 은행나무와 단풍나무도 심어야겠다. 마당에는 앉아 쉴 수 있는 원두막을 짓고, 아이들이 뛰어놀 수 있게 그네와 시소도 만들어야겠다.

지금은 뛰어노는 손주가 하나지만 3년여 후쯤엔 다섯 명쯤 손주들이 늘어나고 개인택시 몰고 달리는 할아버지를 기대해 본다.

몇 년 후, 텃밭 과일나무에서는 조롱조롱 열매를 맺고, 개인택시 아버지와 아이들이 어버이날 집에 모두 모여 저녁 먹고 함께 둘러앉아 맥주잔 기울이는 날을 바라본다. 장인 장모와 사위들이 우리 집 탁구장에서 사납금 걱정 없이 조금은 여유 있게 탁구를 즐길 수 있는 날 기대하면서 오늘도 미래를 향해 작은 꿈 싣고 도로 위를 열심히 달린다.

먼 산의 아까시나무 꽃향이 가까이 있는 듯 은은하게 다가와 내 곁에 살포시 앉는다.

안동식혜 익는 날

쪼그락지, 함지, 곤지(곤짠지)··· 가만히 들어보면 무말랭이의 각 지방 방언이라는 사실을 모르는 이가 없을 듯. 곤지, 쪼그락지 등 어느 단어도 무말랭이와 견주어 손색이 없다. 말랑말랑하고 씹으면 씹을수록 쫄깃쫄깃, 달착지근한 말이 곤지이다. 햇빛에 잘 말린 곤지를 과자 대용으로 먹었던 시절이 있다.

그러나 학교에 들자 책에는 곤지란 말이 나오지 않았다. 사투리라고 폄하했다. 참꽃이라고 알고 이 산 저 산 다니면서 따먹던 꽃은 진달래라고 우겼다. 똥개 정도로만 알고 그렇게 불러왔지만, 학교에 가니 강아지라 부르고 '메리', '쫑이' 등 개한테도 우아하게 이름을 붙여 주는 게 아닌가. 내가 우리말로 알고 말하던 말은 대부분 사투리로 치부, 책에서는 외래어 수준의 표준어만 말하고 있었다. 아직도 적응이 어렵지만, 표준어를 새로 익히는 과정이 영어 단어 외우는 것보다 결코 수월하지 않다.

'교양 있는 사람들이 두루 쓰는 현대 서울말로 정함을 원칙으로 함' 표준어의 정의를 지금도 국어사전에는 이렇게 적어놓았다. '교양'이란 단어도 거슬리지만, 서울말만 표준어로 고집하는 이유를 이해할 수가 없다.

'무말랭이'란 단어를 표준어로 정한 건 교양 있는 서울 사람이 쓰고 있어서였을까? 궁색하다. 당시 안동 출신 한글학자가 참여했다면 '곤지'란 단어를 추천할 수 있었을 텐데….

참꽃이란 단어가 나는 참 좋다. 진달래란 말도 나쁘지 않지만, 유년의 배고픔을 달래주던 먹는 꽃 참꽃에 정감이 더 간다.

아침이란 포괄적인 의미의 단어보다 조부께서 잘 쓰시던 '아적'이란 단어가 아침밥이란 의미로 다가온다.

조부는 팔도를 누비시며 전국의 사투리도 곧잘 채집해 오셨다. 아적이란 단어가 경남, 전남, 제주 등지의 방언이라고는 하지만 우리 지방까지 두루 쓰이고 있는 데는 그만큼 편안한 말이어서가 아닐까. '아적 자셨니껴?' 얼마나 정감 어린 말인가.

너를 처음 알던 날
꽃샘바람은 아리게 불었다
수양벚꽃이 산에서 피어도
산벚나무가 될 수 없듯이
봄에 세찬 바람이 불어도

꽃샘바람인 것을

일 년 동안 산벚나무로 알던
집 앞 산기슭의 수양벚나무
꽃망울 터뜨리던 날
꽃샘바람은
치렁치렁 머리카락 흩날리며
먼 데서 그렇게 불어왔다.

―「수양벚꽃」

"뭔가 5% 부족한 맛인데…."

"아니야. 이번에는 제대로 된 맛이야. 100%야."

"맞아, 맞아. 지난번에는 2% 부족했는데 오늘 식혜는 완벽해."

"옛날 엄마가 했던 그 식혜 맛 그대로야."

아내가 만든 안동식혜를 놓고 내가 의견을 내자 입맛 까다롭기로 유명한 세 시누가 칭찬을 아끼지 않는다. 아내는 미소로 답하며 어깨를 으쓱한다. 아무리 좋게 봐주어도 완벽까지는 아니다. 5%에서 2% 정도는 부족하다.

어머니께서도 동네에서 둘째가라면 서러울 정도로 음식에 관한 한 정평이 나 있었지만, 완벽을 구사할 수는 없었다. 어머니표 안동식혜 맛을 기준으로 했을 때 대충 그 맛의 향수를 느끼게 했다고 결론지어야 할 것 같다.

노릇을 하는 시누보다 이왕이면 자애로운 시누로 남기 위한 덕담을 얹은 누이들의 지혜로움의 발로가 포함되었으리라.

질녀 결혼식을 마치고 형제들을 비롯한 친척들이 우리 집에 모였다. 차량 열다섯 대. 새신랑 새신부와 아이들 포함 마흔다섯. 제일 많이 운집했다.

식후 커피보다 더 식후 음식다운 소화제 겸용 안동식혜 한 그릇씩 받고 품평회를 한다.

"모처럼 식혜다운 식혜 먹어보네."

"바로 이 맛이야. 안동에서만 음미할 수 있는 안동다운 맛이야."

"식혜에는 볶은 땅콩을 얹어 먹어야 제격이지."

"……."

각지에 흩어져 살아도 안동의 후예이기에 누구도 식혜 그릇을 밀어내는 사람이 없다.

안동식혜를 안동사람들은 안동식혜라 부르지 않는다. 그냥 식혜이다. 식혜로 부르는 식혜는 감주이다. 단술이라고도 하지만 감주로 불리길 원한다.

식혜와 안동식혜 역사의 깊이를 재자니 가늠할 길이 없다. 내 잣대로 재어보면 안동식혜가 먼저이고 무와 고춧가루, 생강을 뺀 것이 식혜가 아니었을까 한다. 어느 것이 먼저여도 상관없다. 단지 안동식혜가 식혜로 먼저 불렸을 것이란 사실에는 부정하고 싶지 않다.

아내는 올해 부녀회장이 되고 나서 벌써 여섯 차례 마을회관에 식혜를 해 날랐다. 허수아비도 잘생겼다는 칭찬에 춤을 춘다고 했다. 마을 주민이 맛나다는 칭찬에 아내는 행사 때마다 안동식혜를 했다.

외삼촌 두 분과 이종사촌들, 우리 형제가 모여앉아 유년의 뜰에서 추억을 캐냈다. 제한된 그릇에 담기란 역부족이다. 책 한 권이라면 몰라도. 내 고향 나별, 외가, 이모, 외삼촌… 봄밤이 짧다.

안동식혜가 밤참으로 나오는 것은 당연했다.

안동 말, 안동 방언들을 쓸어 담아 안동인이 빚은 시詩를 온 국민이 애송하는 날을 기대해 본다.

집 앞에 참꽃이 만발했다. 산은 온통 꽃으로 익어가고, 집 안에서는 식혜가 익어간다. 그 틈새 수양벚나무는 그제야 봄 채비를 한다.

살얼음 낀 겨울 식혜도 제맛이지만 김치냉장고에서 금방 꺼낸 삭은 식혜 맛도 그에 못지않다.

돌배꽃 피는 길

앞산에 올랐다. 모처럼 아내와 동행하여 봄볕 살풋 깃든 앞산 등정에 나섰다.

바라보는 쪽이니까 앞산이 맞기도 하지만 멀리서 보면 집 뒤에 산이 있으니 뒷산이라 할 수도 있다. 어쨌든 마당에서 한 발짝 올라서면 산이 기대고 서서 무심한 듯 아닌 듯 진작부터 거기에 있다.

산이 있되 오르지 않으면 내 산일 수 없고, 길이 있되 가지 않으면 내 길이라 말할 수 없다. 작년 가을에 밤 주우러 오른 이후 6개월여 만에 왔지만, 우리의 길은 지워지지 않고 길손을 기다리고 있었다. 저도 긴 겨울 동안 동면에 들어간 터라 이제 겨우 봄 새순이 야금야금 먹을 채비할 뿐 우리 부부를 낯설어 하지는 않았다. 일 년 후에나 왔다면 태도가 돌변했을지 모를 일이다.

3년 전, 작심하고 매일 산을 오르겠노라 나 자신과의 약속이 2백여 일에서 멈추었다. 작심 2백 일, 내 의지는 거기까지였다.

길섶에서 산나물과 두릅을 담았다. 그들도 우리에겐 아낌없이 새봄을 내어주었다.

유년, 한 주먹씩 따서 요기하고 나면 혓바닥과 입가를 물들이던 진달래를 한 송이 따서 먹어봤다. 맛은 다르지 않을 텐데 더는 꽃에 손이 가지 않았다. 아내도 한둘 따서 맛을 볼 뿐이었다.

길을 좀 벗어나도 대수는 아닐 것이다.

"여보, 이 길은 뭐야? 우리 길이 아니잖아?"

"그렇군. 거기에도 길이 나 있었어. 고라니 길이야."

"고라니도 그들만의 길이 따로 있단 말예요?"

"암. 맹수들이야 제멋대로 길을 정하지만, 약육강식 중 약자에 속하는 토끼나 고라니 등은 안전한 자기들만의 길을 구축해 놓고 그 길만 가지. 돌변 상황이 닥치기 전에는 쭉 가던 길로 다닌다네."

고라니 길섶에도 새순은 돋고 있었다.

우리 길은 산 위를 향해 수직으로 나 있지만 고라니 길은 산허리를 감고 돈다.

길이 아닌 곳은 가지 말라고 했지만 모험을 해 보기로 했다. 재작년과 작년에는 멧돼지 발자국이 공포를 줬지만, 올핸 그들의 흔적이 이상하게도 없다. 용기를 내 볼 만한 이유가 거기에도 있었다. 가시넝쿨과 낭떠러지라도 가 보자는 데 암묵적 동의를 한 데는 우리 부부가 서로 의지한 때문일 것이다. 그러나 꽃길이었다.

"저기 저 꽃 좀 봐요. 백옥같이 이뻐요. 무슨 꽃이길래 저리도 이쁠까요?"

들에 피었다면 평범한 배꽃이었을 텐데 산속에 홀로 피었으니 예쁘게 보일 수밖에.

"돌배꽃이야."

이 무렵 이곳에 와 본 것이 처음이라 산중에 돌배나무가 있는지 미처 몰랐다.

아내라는 꽃과 돌배꽃을 견줄 수는 없겠지만 왠지 닮아있다는 생각이 든다. 산속에서 보는 그녀들은 백옥같이 맑다. 내 거짓말이 금세 탄로 난들 어디 대수던가.

돌배꽃 그늘에 둥굴레가 움을 튼다.

"이 나물 뭐예요? 먹는 나물이에요?"

몇 번 가르쳐 준 적 있지만, 기억의 늪에 빠져 아내는 되새겨 내지를 못했다.

"둥굴레야, 차 끓여 먹는."

"난 둥굴레 차가 나무에서 생산되는 줄 알았어요."

"헛개나무, 오가피, 엄나무 따위처럼?"

산은 우리에게 여러 가지 얼굴로 다가온다. 돌배꽃 그늘에서 둥굴레가 군락을 이루고, 하늘이 열린 곳에서는 할미꽃이 모여서 산다. 할미꽃이 핀 산소 주변으로 고사리가 지구를 밀어 올릴 태세로 땅속에서 포효한다. 땅이 들먹거린다. 아직 일러 얼굴을 내밀지는 않고 있다.

멀리서 바라본 산은 나무만 있지 숲은 없다. 민낯은 그 속에 감추고 있다.

산으로 난 나만의 길 하나쯤 만들어 보는 것도 나쁘지 않다. 그 안에서 사는 산새들과 교감하고, 이름 모를 풀들과 소통하다 보면 신선이 된 느낌이 들기도 할 터이다. 나만의 방 하나 더 가진 뿌듯함이 있을 터이다.

바라만 본 수많은 저 산들, 남의 산일 뿐이고, 그들만의 영역일 뿐이다.

갈지자로 걷던 걸음
집 앞에 다다라
정 자세로 바뀐 이유
이젠 알겠다

구부러진 지팡이
꼿꼿이 펴도
더는 키가 자라지 않았다

비틀거리는 길
비틀거리지 않고
달릴 기력

십 리 밖에 두고 왔다

모롱이 돌아온 길
되돌아봐도 갈지자로
가고 있지 않은가

—「길」

전날 딴 표고버섯과 두릅을 들고 길을 나섰다. 길은 오고 가지 않으면 무용지물이 되고 만다. 오래 가지 않은 길은 가시넝쿨이 엉켜 흔적 없이 사라졌고, 수십 년 오지 않은 길은 기어이 단절되고 말았다. 그 길을 열기 위해 갖은 노력을 해 보지만 단절된 길의 가시넝쿨 치우는 일이 힘에 겹다.

아이들과 통하는 길은 대구와 수도권 두 곳으로 나 있다. 대구 큰딸아이네와 합류하여 둘째 아이 새집 산 서울로 가고 있다. 그 아이들이 온 만큼은 몰라도 가끔 아이들 사는 모습을 보러 길을 간다.

그래서 이 길이 낯설지가 않다. 잘 닦인 고속도로. 소통이 원활하다. 이 길을 곧장 가면 잠시 후 둘째 아이가 사는 서울이 나올 것이다.

한 가족에서 길을 따라 네 가족으로 흩어졌다가 지지난 주 우리 집에서 만난 이후 2주 만에 오늘 다시 한자리에 모인다.

서울 아파트 빌딩 숲에도 주렁주렁 돌배를 달 열두 송이 돌배꽃이 환히 피어 길을 낸다.

발문

선돌길 키다리 소나무 이야기

— 고재동 수필집 『낮달에 들킨 마음』에 부쳐

장 호 병 | 수필가, (사)한국수필가협회 이사장

우초愚草 고재동 사백은 시인이자 수필가로 한때 언론인으로 활동하였다. 현재는 안동문인협회장을 맡아 봉사하고 있는 중견 문인이다. 수필집 『낮달에 들킨 마음』 상재를 축하드리며, 그의 문학에 투영된 삶, 삶에 반영된 문학을 살펴본다.

□ 로그 인

'나에게는 어떤 존재인가'라는 선입견으로 대상을 보노라면 그 존재의 진리를 지나쳐버리기 쉽다. 대상은, 나와 관련해서가 아니라 그것이 그것이어야 하는 존재로 드러날 때 우리는 그 대상을 제대로 안다고 할 것이다.

공자는 덕으로 몸을 닦아야 한다고 했다. 덕德을 파자해보면 사람이나 대상을 대할 때 열의 눈을 가지고 두 눈이 보지 못하는 부분까지 살펴 한 마음에 이르게 하여야 한다는 것을 알 수 있다.

『낮달에 들킨 마음』은 고재동 작가의 귀촌일기이자, 덕으로 몸을 닦는[以德修身] 안동 선비가 어른들에게 들려주는 동화이다. 나비와 벌, 참새, 토끼, 닭, 농작물 등 생명 있는 것들과 친구하여 살아가는 모습이 초등학교 교실을 들여다보는 듯 생생하고도 따뜻하게 묘사되어 있다.

현실에서 환상을 느끼게 하는 동심 가득한 고재동표 문장이 주는 편안함을 통해 독자들은 재미와 의미를 음미하면서 자신도 모르게 빙그레 미소 지을 것이다.

작가는, 삶이 덕을 구하는 일이라면 글쓰기는 덕의 실천을 설득하는 일임을 보여주고 있다.

두 눈으로 본 세계는 카오스일지도 모른다. 작가는 열의 눈으로 찾아낸 감동을 극대화하여 삶에 의미를 부여함으로써 세계를 질서화, 가치화할 수 있는 코스모스를 끌어내고 있다. 세심한 관찰과 통찰, 그리고 자기성찰에 이르는 사색이 치열하고, 작품 전개는 치밀하다. 편편이 자작시를 삽입하고, 설명 대신 동화적 기법의 대화체로 서사 또는 묘사를 시도하는 일은 수필작법에서 새로운 지평을 열고 있다 하겠다.

□ 君子不器군자불기

Fine feathers make good birds.(옷이 날개다)란 말이 있다. 신은 공작에게 노고지리가 부러워하는 화려한 옷을 주었다. 이 서양 속담을 액면 그대로 받아들이자면 공작은 좋은 새이고, 노고지리는 나쁜 새일까? 눈부시지만 거추장스런 옷 때문에 하늘을 날지 못하는 공작이 노고지리의 무한자유를 부러워하고 있다는 사실을 노고지리는 알기나 할까?

신은 이 세상 생명체를 창조할 때 저마다에게 살아가기에 적합한 옷을 주었다. 날카로운 발톱과 이빨을 가진 표범이라고 해서 배가 고프지 않은 것은 아니다. 순간적인 가속도는 낼 수 있어도 멀리 달리지는 못한다. 반면에 변변하게 내세울 뿔조차 없는 녀석들은 오래 달릴 수 있거나 쉽게 몸을 숨길 수가 있다. 쫓기기만 하는 사슴이나 토끼는 맹수들이 훨씬 잦은 굶주림 속에서 살고 있다는 사실을 모른다. 토끼가 마냥 범을 부러워하면서 자신이 못났다고 자책할 일은 아니다. 신이 지정해준 자신의 옷을 입고 토끼로 살면 되는 것이다.

신은 왜 사람에게는 옷을 마련해주지 않았을까. 사람의 옷에는 그의 자유 의지가 들어 있다. 여우 앞에서는 범의 옷으로 갈아입으려 죽을힘을 다하고 있는 게 우리의 삶이 아니라고 부정하기 어렵다. 내 앞의 대상에 따라 어느 날은 여우나 늑대로, 혹은 범의 옷으로 갈아입어야겠다는 우리는 누구인가.

신이 나에게 부여한 자유 의지, 나란 사람이 곧 '옷'이다. 나를 자신의 무게를 저울질하는 우리 마음은 옷을 '탈'로 여기고 있음이리라.

허약한 '나'라는 존재에게도 너 이상의 의미가 있을 것이다. 굳이 탈로 삶을 허수아비로 만들 필요가 있으랴. 군자는 걸친 옷으로 평가받는 것이 아니다. 무엇에도 구애되지 않는 자유인, 그것은 고재동 사백이 추구하는 일관된 삶의 자세이다.

팥죽
먹고 나니
라면 생각
라면
먹고 나니
밥 생각

저녁을 세 번 먹어도
배가 고픈 동짓날

—「귀촌 · 1」

삽입된 「귀촌 · 1」에서 알 수 있듯이 도회 생활을 접고 귀촌을 택했을 때 초기 겨울밤, 남는 것이 시간이었으리라. 넉넉해진 시간을 달래고자 작가 내와는 이기는 사람이 한 꺼풀씩 옷을 벗는 내기 고스톱을 친다.

첫판은 아내의 승리였다. 아내가 겉옷을 벗었다. 탐욕을 벗어던졌다. 두 번째 판도 아내가 이겼다. 자제도 없이 한 꺼풀을 더 벗었다. 이번에는 허영을 벗어던졌다. 그렇다면 조금 전 아내는 내숭을 떨었던 것일까?

<중략>

세 번째 판이 시작되었다. 아내가 똥을 먹고 쌌다.

"앗싸."

"에구머니나…."

내가 똥을 제쳤다.

"옳다구나. 피 하나 주시고…."

"안 되는데… 나는 피가 하나도 없어."

내가 쓰리고를 연속으로 터뜨렸다.

재킷과 바지, 와이셔츠까지 벗었다. 탐욕과 허영, 번민까지 벗으니 한결 홀가분했다.

"이젠 뭘 벗지? 더 벗을 것이 없는데…."

"러닝셔츠라도 벗어야지요."

"부와 명예, 권력까지 벗으면 안 될까?"

"우리가 무슨 부와 명예, 권력 따위가 있나요?"

"조그마한 그것들이라도, 마음속 그것들이라도 있다면 이 순간 모두 내려놓는 거야. 비우면 가벼워지고 가벼우면 날아다닐 만큼 홀가분하잖아?"

"옷을 벗으니까 한결 가벼워지긴 하네요."

우린 속옷 하나씩만 남기고 모두 벗었다. 자존심 하나 남았다.

—「달의 결심」 중에서

무승부로 끝낸 두 시간여의 고스톱은 자유인이 되는 통과의례였다. 달은 '창가를 기웃기웃하던 빛을 쓸어 담아 서산으로' 넘어가며 닭살 부부의 불 꺼진 창가를 기웃거리지 않을 것을 결심하고, 이 부부가 한 달 뒤에도, 10년, 30년 뒤에도 옷 벗기기 고스톱을 치고 있기를 소원한다. 달의 결심과 소원, 그것은 결국 작가 자신에게로 귀착한다. 속세에 던져진 삶이지만 탐욕과 허영, 번민까지 벗어 던지고 자유의지로 살아보고자 귀촌생활을 택한 연유를 내기 고스톱을 통해 밝히고 있다.

닭장을 한 바퀴 돌아보고 야구나 볼 생각으로 집안으로 향했다. 마지막으로 할 일이 남았다. 산을 향해 돌아서서 주위를 살폈다. 아무도 없다. 지퍼를 내리고 시원하게 볼일을 봤다. 땀으로 흘린 양보다는 많은 분량을 배출했다. 시원하다.

볼일을 끝내고 돌아서다가 언뜻 하늘을 보았다. 조금 전까지는 분명 아무도 없었다. 낮달이었다. 묘한 미소를 머금고 그녀가 물끄러미 내려다보고 있다. 보름달에 가까운 그녀가 지구를 한 바퀴 돌아 거기에 먼저 와 있었다.

—「낮달에 들킨 마음」 중에서

문명생활은 반자연일 수 있다. 생리현상에 충실한 순리가 우선한다. 아담과 이브가 인류 최초로 옷을 입었다. 그들이 옷을 입으면서 문명 생활이 시작되었다. 염치를 중히 여김으로써 남의 눈을 즐겁게 하기 위한 옷, 순전히 나를 돌아보려던 옷이었다. 그 염치를 위한 옷이 오늘날은 위의威意로 변질되었다.

사람의 발길이 닿지 않는 자연 속에서 지퍼를 내렸는데, 아뿔싸! 낮달에 들켰다. 아내에게 들킨 것이다. 예측 가능할 정도로 투명한, 감출 것 없는 군자라도 계면쩍다. 허물없는 부부지간에도 당혹스럽다. 그렇다고 군자 아니겠는가.

"보기에 따라서 냉이도 잡초가 맞긴 하지. 우리가 보배로 생각하고 캐서 냉잇국으로 끓여 맛나게 먹으면 훌륭한 채소가 되듯이 모든 사물을 요긴하게 보고 쓰면 쓰임새가 달라지는 법이거든. 개똥쑥이 천하게 나서 이름도 그렇게 붙여졌지만 한때 귀한 대접을 받다가 요즘에 와서 다시 평범한, 혹은 다시 천대받는 개똥쑥으로 돌아가잖아." <중략>

숨어서 핀 겨울 냉이꽃은 계절을 망각한 게 아니라 그만큼 간절함이 있다. 비록 심이 있어 냉잇국의 소재로는 값어치가 떨어지지만, 내년 봄에 앞서 꿈을 펼쳐보려는 의로움이 있다. 씨앗을 못 달면 어쩌랴? 불어올 겨울바람에 맞설 태세만 갖추면 그만이다.

—「초록 겨울 냉잇국」 중에서

잡초냐, 채소냐는 식물이란 존재 자체의 본성에서가 아니라 인간의 분별심이 나눈 결과이다. 간절함으로 자신의 존재가치 실현에 충실한 것이 군자의 도리이다. 작가 또한 어떤 쓰임으로 세상에 나아가느냐 하는 분별심이 아니라 존재 자체의 자아실현에 방점을 찍고 있음이리라. 초야에 묻혀 이덕수신以德修身의 글 한 줄 쓰기에 더 큰 의미를 둔다면 이 또한 군자의 길이다.

"그래도 그렇지, 전지라도 제대로 하고 조금 돌보면 수확을 훨씬 늘릴 수도 있었을 텐데 저게 뭐예요. 키가 너무 커서 나뭇가지도 부러지고 벌레 먹고 썩고 장마에 떨어지고…."

"그래도 그게 어디야. 내 꿈이 자두 한 번 실컷 먹어보는 거였는데 소원 풀었지 뭐. 벌레한테 선심 썼고 무름병으로 썩은 자두는 거름이 되어 내년 자두나무에 힘을 실을 테니 그 또한 나쁘지 않잖아?"

—「벌레 먹은 자두」 중에서

흔히 막다른 골목에서 '농사나 짓지.'라고 말하는 것은 농업이 원시적 상태에 머물러 있을 때의 일이었다. 오늘날은 전문적인 기술과 학습, 경영 능력에 따라 성과는 천차만별이다. 자두 수확이 신통치 않다. 그럼에도 작가는 천하태평 낙천적이다. 벌레에게 선심 쓰고, 또 거름이 되어 결국 자두나무를 건강하게 한다는 합리적 궤변을 늘어놓는다. 세상에 쓸모없는 일은 없다는 것이다. 원고독촉에 쫓기느라 흡족하지 못한 글이 되었지만 이 또한 나름으로는 유의미할 것으로 여긴다. 매사가 긍정으로 향하는 삶의 자세이다.

소한테 희생을 당했으면서도 병원에 계신 사흘 동안 한 마디도 소를 원망하지 않으셨다. 소도 의도치 않은 돌발 상황이었다는 사실을 알고 계셨으므로 당신만 질책했다.

내 무릎을 베고 숨을 거두기 전 가쁜 숨을 몰아쉬며 하신 아버지 말씀은 아직 뇌리에 남아있다.

"소는 너무 순했는데… 내 잘못이다… 니 엄마와…."

왜 그렇게 황망히 가셨을까? 제대로 유언도 말씀 안 하시고. 그러나 차마 감지 못한 당신 눈에서 내게 많은 부탁을 하고 계신 걸 보았다.

당신은 한쪽 눈으로 세상을 보셨다. 외관상 표시가 나지 않아서 주위에서도 잘 몰랐다. 나도 성인이 된 한참 후에 알았다. 어릴 때 다쳐서 실명했지만, 오십 평생 꿋꿋하게 외눈으로 더 넓은 세상을 보기 위해 부릅뜬 눈으로 사셨다.

—「아버지의 의자」 중에서

세상을 원망하지 않고 오로지 자신의 탓으로 돌리기가 쉽지 않다. 그런 아버지 슬하에서 작가는 자랐다. 아버지는 사고로 한쪽 눈의 시력을 잃고 외눈으로 세상을 헤쳐 왔다. 작가는 그 사실을 성인이 된 후에야 알았다고 술회한다. 세상사를 보는 한쪽 눈, 내면을 성찰하는 또 다른 한쪽 눈, 우리가 정상으로 여기는 사람들은 두 눈의 괴리 때문에 오히려 혼란스러울 수 있다. 군자의 경우는 이 두 시선이 합일을 이루거나 한 눈으로 세상을 본 듯 균형을 유지한다. 아버지의 부릅뜬 외눈은 일목요연한 군자의 눈이었음을 깨닫는다.

고등학교에 입학하여 집을 떠났을 때 아버지는 아들이 큰사람이 될 것을 기대하여 큰 책상을 사주었건만 작가는 큰사람이 되지 못했다고 말한다. 가방 크기와 학업성적이 무관하듯, 머리에 얹힌 의관의 크기가 성공이나 큰사람의 잣대는 아니다. 성취가 아니라 어떤 가치를 추구하느냐가 선비정신에 합당한 큰사람의 모습일 것이다. 아버지의 의자는 작가를 늘 깨어있게 하는, 군자의 길을 가게 하는 아버지의 지엄한 명령이다. 성취에 목을 메는 현대인들에게 던지는 일침이다.

□ 主客合一주객합일

"우리 둘뿐인데 이 패는 누구 거야?"

"똘이와 억이도 한 패 주지 뭐. 우리가 뭐하나, 궁금한 모양인데 불러서 광이나 팔라고 하자."

"말벌이다! 엄청 큰데요."

말벌 한 마리가 포도와 사과의 단내를 맡고 우리 주변을 맴돈다.

"괜찮아. 가만두면 쏘지 않아. 벌들은 주로 방어만 하지 먼저 공격을 하지 않는 법이거든. 재작년에 현관에 솥뚜껑만 한 집을 지었어도 한 방도 쏘이지 않았잖아. 정자 지붕에도 두 군데나 집을 짓고 수백 마리 벌이 살고 있지만, 건드리지 않으니까 경계만 하지 쏘진 않잖아."

"그래도 무서워요."

"이왕이면 저 말벌도 데리고 놀자. 화투 한 패 주고 광이나 팔라고 하면 설마 쏘지는 않겠지."

쏴, 스르륵. 바람 한 점 지나간다. 바람도 불러 세웠다.

"날씨 참 좋다."

"바람 얘와 말벌 쟤도 화투판에 끼워 주자."

"우리도 끼워 줘요. 우리도 광 팔래요."

"너희 누구니?"

메뚜기와 방아깨비였다.

<중략>

"속이는 거 아니야? 똥 쌍피 내가 먹으려는 걸 어떻게 알고 먼저 먹어요?"

고추잠자리 한 마리 마당을 맴돌다가 정자 위로 날아와 우리 화투판을 기웃거린다. 아내 패와 내 패를 번갈아 가며 살피다가 똥 쌍피를 콕 찍는다.

"저 고추잠자리가 가르쳐 줬어. 하루살이와 모기도 믿을 수가 없으니 패를 꼭꼭 숨겨."

"나쁜 잠자리 같으니라구. 내 편은 하나도 없는 거야?"

"당신 좋아하는 오억이에게 부탁해 봐."

—「강아지와 별, 그리고 바람」 중에서

자연과 우주 속에 존재하는 모든 개체는 유일자로서 독특한 존재방식을 취한다. 메를로 퐁티는 이 무수한 개체들이 개별적으로 존재하는 것이 아니라 "각각의 사물은 모든 다른 사물들의 거울"로써 서로에게 자신을 넘겨주고 받는다고 했다.

고스톱 판을 벌인다. 바둑이 똘이와 억이, 말벌, 바람을 불러 세우고, 메뚜기와 방아깨비에게도 패를 나눈다. 눈에 들어오는 것은 모두 참여하여 광이라도 팔라는 것이다. 마당을 맴돌던 고추잠자리가 양쪽 패를 번갈아 보며 훈수를 든다. 정겹다.

사실의 기록에 머문다면 얼마나 따분한 산문이 되었을까. 삼라만상 모든 물성에 생명을 불어넣었다. 그의 귀촌 생활에서 누가 주인인지 구별하여 무엇하랴. 물아일체, 주객합일의 하루하루는 시끌벅적 잔칫집이 된다.

몸집으로 봐서 다 자란 너구리임이 분명하다. 덫이든 다른 이유에서든 다리까지 잘리고 나니 산에서의 생활이 힘에 겨웠던 모양이다.

이즈음 해서 지난겨울, 우리가 이사 오기 전에 두 마리 진돗개 부모 개가 산에 올라가 너구리 한 마리를 사냥해 온 걸 기억해 냈다. 갑자기 그 너구리의 짝이 오늘 이 너구리일지도 모른다는 생각이 든다. 잃어버린 짝을 찾아 헤매다가 덫에 걸려 다리 하나를 잃었고, 늙고 병들고 겨울이 다가오면서 산림이 드러나자 더는 산을 의지할 수 없었을 게다.

그의 짝과 진돗개 부모 때문에 원수지간이란 사실까지는 알 리가 없겠지만, 왠지 전생에 어떤 연결 고리가 꼬여 있을지도 모른다는 생각이 들어 경계를 풀고 적지로 뛰어들었다? 우리 개 역시 왠지 모를 연민, 혹은 죄책감 때문에 너구리를 공격하지 않았다? 아직 확인은 안 해 봤지만, 우리 진돗개 두 마리 모두 수놈인 데 반해 너구리는 암놈일지 모른다?

—「너구리와 진돗개」 중에서

진돗개 두 마리와 앞다리 하나를 잃은 너구리가 경계를 풀고 친구인 양 다정한 사이가 되어 있다. 이 불가해한 상황을 작가는 여러 가지 경우를 가정해 본다. 그래도 선뜻 이해할 수 없다. 외국에서 유기견 주인을 잘 찾아내는 경찰에게 비결을 물었더니, 그는 마을 사람들의 사진을 보고 추정한다고 했다. 개가 주인을 닮더라는 것이다. 측은지심이 발동한 주객합일의 이 진돗개들 역시 작가와 닮지 않았다고 장담할 수 없다.

뽀글뽀글. 소곤소곤 도란도란…

무청 시래기와 무채의 대화는 그칠 줄 몰랐다.

'너, 그거 아니? 준이 할머니께서 어제저녁 시래깃국 끓이면서 할아버지 흉봤다?'

'나도 들었어. 할아버지를 삼시 세끼라고 한 거 말이지?'

'나가서 좀 사 먹기도 하고, 혼자 있을 땐 스스로 챙겨 먹으면 좀 좋으

냐며 핀잔을 줬어.'

'돈 벌어오는 걸 큰 유세를 떤다고도 했지, 아마?'

'관광도 맘대로 못 다니고, 밤마다 매일매일 마실 다니는 것도 맘대로 못 하신다고 불평을 늘어놨어. 이 사실 할아버지께는 비밀이야. 우리만 알고 있어야 해.'

'우리가 말을 뱉은 이상 비밀이 아니야. 낮말은 새가 듣고 밤말은 쥐가 듣는다고 했어.'

'…….'

냄비 뚜껑을 닫았다. 냄비째 들고 와서 식탁 위에 놓았다. 생선조림 작은 냄비도 가져왔다. 꾸역꾸역 혼밥을 먹었다. 시래깃국 냄비 뚜껑은 한참 후에 열었다. 김이 서렸다. 잠잠했다. 그들의 대화가 더는 들리지 않았다.

—「냄비 속의 낱말들」 중에서

간밤 아내가 준비해둔 시래깃국을 데운다. 뽀글뽀글, 냄비 속 무청 시래기와 무채의 이야기에 귀 기울인다. 작가의 수필에서는 대화체 전개가 많다. 이 작품에서는 시종 작은따옴표를 사용한다. 어디까지나 작가의 개인적 생각일 뿐이라는 것을 암시한다.

무청 시래기와 무채, 진돗개와 너구리. 이 외에도 글 속에 등장하는 많은 존재자들이 별개로 존재하고 있을지라도 인연 닿아 있어 결코 소홀히 할 수 없음을 일러준다.

□ 琴瑟友之금슬우지

금琴은 크기가 작아 여성이 연주하는 거문고이다. 슬瑟도 거

문고의 일종이지만 금琴보다 훨씬 커서 남성이 연주한다. 그래서 전자는 아내를, 후자는 남편을 상징한다.

두 악기의 화음은 매우 조화롭다. 그래서 고대 아악을 연주할 때 금과 슬은 떨어질 수가 없었다. 금과 슬의 관계처럼 부부도 부족한 것을 서로 보완해주면서 화합하여 화목한 가정을 이루어야 한다. 금슬지락琴瑟之樂이야말로 만복의 근원임을 부인할 수 없다.

귀촌 혹은 전원생활은 시니어 남자들의 로망이다. 실행에 옮기지 못하는 것은 내외간의 의견일치를 보지 못하기 때문이다. 설사 꿈에도 그리던 전원생활을 실행에 옮겼으나 중도 포기하는 사람이 많다. 금슬상화琴瑟相和가 쉽지 않다는 방증이다.

산에서 장작 지고 내려오는
환갑 진갑 지난 머슴의
지게 다리가 휘청휘청,
뒤따라오는 마님이
한 살 두 살 나이를 빼내도
그 무게가 그 무게

삽입시 「귀촌 · 28」의 한 구절이다. '한 살 두 살 나이를 빼내도 / 그 무게가 그 무게'이지만 남편의 짐을 덜어주는 아내의 극진한 마음이 재미있게 표현되어 있다. 나이를 더할수록 더욱 푸르러지는 선돌길 노송, 서로를 지극히 위하며 익어가는 부부의 모습이 아름답다.

우리 둘의 밥그릇은 똑같이 비었는데 그저께 이마트에서 세일하여 사온 장어구이 한 토막은 고스란히 남아있다.

"당신 먹구려."

"당신 먹어요."

밀고 당기기가 계속됐다.

"그럼 반으로 나눕시다."

"……."

내가 젓가락으로 장어구이를 반 토막씩 나눴다.

가시넝쿨에서 날아온 참새 부부가 해 잘 드는 창가에 앉아 콩 한 개를 반으로 쪼개 놓고 마주 보며 종알종알한다.

"어느 쪽이 클까? 저울로 달아볼까?"

"당신 큰 것 먹어요."

—「선돌길 노송 부부」 중에서

종이나 유에 관계없이 생명 가진 것들은 음양을 점지 받았다. 유한한 생명이기에 종족 보존은 물론 이 세상을 번성케 하는 일은 조물주의 지상명령이다. 작가의 눈에는 배추흰나비며, 참새, 토끼 등 생명 있는 것들의 종족보존과 번성이 크게 들어온다.

논둑 넘어 슬금슬금 걸어 나왔던 가을이 서산 너머 저녁놀로 진다. 오라고 애절하게 손짓하지 않았건만 그렇게 왔다가 노랑 빨강, 각양각색 채색했던 가을의 흔적을 주섬주섬 주워 떠나려 한다.

가을이 가장 먼저 당도한 곳은 우리 집 자갈 마당이었다. 돌 틈새 돋아난 비단풀 잎사귀에 귀 대어 속삭이곤 곁눈질하는 화살나무 곁으로 다가간다. 그가 다녀간 후 알밴 비단풀은 귓불이 빨개지며 부끄러움이 극치에 다다라 고개 들지 못하고 자갈밭을 긴다. 아무도 화살나무와 연애질했다고 놀리지 않았는데 덩달아 화살나무마저 붉게 달아오른다.

—「고늑골 가는 길」 중에서

결혼을 미루고 아이를 낳지 않으려는 젊은이들을 향한 메시지인지도 모른다. 음양이 조화를 이루니 자식이 생기고 이들을 건사하기가 힘겨워 보여도 그 지극한 보람과 기쁨은 어버이가 되어보지 않고는 누릴 수 없다. 5월의 신부 딸을 향한 사랑, 그것은 곧 세상 어버이의 마음이다.

보름달이 너무 밝아
보일 듯 말 듯
한 점 빛으로
숨죽이고 꼭꼭 숨어
별을 헤고 있었지

깃 세운 코트
속주머니에 간직한 채
심장으로 소곤소곤

한가위 보름달보다
더 찬란한 빛으로
세상을 비추는
무수한 별 중의 별
가장 으뜸인 너는
애지중지 나의 보물

—「별 · 3」

내일 네 모습이 그려진다. 5월의 신부는 울지 않는, 세상에서 제일 예쁜 신부여야 한다. 주례 없이 하는 결혼식에 아버지에겐 성혼선언문을 낭독하게 하고, 시아버지께 덕담과 인사말을 하게 배려한 건 식장에서 이 아버지가 눈물지을까 봐 그랬다고 했지? 그러나 아버지는 절대 울지 않을 것이다. 잘 기르지는 못했지만 예쁜 우리 딸이 시집가는 날 울어서야 어디 모양새가 나겠느냐? 내일 우리 씩씩하게 팔짱 끼고 신부 입장하자.

이제 우리 집에서 마지막 밤이 깊어간다. 보름달은 저만치 북쪽 하늘로 기울고 있구나.

아까시나무 꽃은 여전히 아름다운 향기를 뿜어 너희 방을 감싸 안는구나.

—「별 달 숨바꼭질하다」 중에서

준 만큼 돌려주는 게 또 있다. 운동 중에서도 탁구가 그렇다. 라켓으로 공을 쳐서 상대방에게로 넘기면 상대방도 받은 만큼 되돌려 준다. 그렇게 해서 랠리가 계속되고, 어느 한쪽의 힘이 넘치면 갔던 공이 되돌아오지 않는다. 그런 방법으로 승패를 가리기도 하지만 준 만큼 돌려주는 탁구가 신사적인 운동이란 생각을 다시금 하게 된다.

우리 부부가 탁구 동호회에서 활동한 지가 벌써 10년이 넘어섰다. 아내는 나보다 더 탁구 애호가여서 '탁구' 하면 자다가도 벌떡 일어날 정도로 열정적이다. 요즘에 와서는 '고스톱' 하면 아프다가도 벌떡 일어날 만큼 화투에도 심취해 있긴 하지만. 어느 한쪽으로 기운다 할 수 없을 정도로 아내는 매일이다시피 탁구와 고스톱에 푹 빠져 있다.

귀촌하기까지 아내의 협조가 필요했다. 예상했던 대로 아내는 귀촌에 반대표를 던졌다. 궁리 끝에 내가 아내에게 제안했다.

"시골에 가면 탁구장 지어 줄게."

—「진달래 날다」 중에서

여자들의 경우, 정든 친구들과 편의에 길들여진 도회생활을 마다하고 귀촌에 따라나서기가 쉽지 않다. 이 부부의 귀촌살이 닭살 비결이 상대가 준 만큼 돌려준다는 탁구였다. 안동 촌사람과 포항 출신 아내가 이심전심으로 살아가지만 때론 동문서답의 경우도 있는가 보다. '선돌길 언덕 참새는 사투리로 울고, 포항으로 통하는 참새는 외국어로 소통하'(「까투리 사랑」)'지만 안동 말로 시를 빚는 남편, 안동식혜를 빚어내는 아내, 훌륭한 친구이다. 금슬상화琴瑟相和의 행복이다.

□ 擊壤之歌격양지가

운동 같이하는 / 동생들의 늦둥이 아이들 / 네 살 여섯 살 규리, 하은이 / 제 엄마 따라 / 오빠 오라버니라는 귀여운 녀석들 / 광주에 큰형님이라 부르는 / 한 살배기 콩이도 있지, 아마

운동 끝나고 / 달리기 시합에 끼어들었다가 / 꼴등 하고 대성통곡하는 하은이 / 너는 천상 아이 맞아 / 내 동생 / 하은이

—「하은이」

귀촌 5년 만에 가족 빼고도 연인원 천여 명이 선돌길 언덕을 다녀갔다. 사위가 와도 닭을 잘 잡지 않으면서 남들이 오면 곧잘 닭장으로 달려간다고 핀잔을 주면서도 무던히 상을 차리는 아내가 늘 고맙다.

오늘 선돌길 언덕은 깊어 가는 가을이지만 새 움이 돋을 만큼 젊어졌다. 탁구 동호회 젊은 동생들과 그녀들의 세 딸 포함 여섯의 나이를 합쳐도 우리 부부 나이보다 조금 많다.

하기야 내 나이는 고무줄 나이다. 지우가 할아버지라면 환갑 진갑 지

난 할아버지가 맞고, 하은이, 규리가 오빠라면 젊은 오빠가 되는 셈이다.

—「오빠와 오라버니와 할아버지」 중에서

핵가족화로 두세 세대가 한 자리에 앉을 일이 거의 없어졌다. 엄마 따라 아이들이 오라버니로 부르면 오라버니가 되고, 철든 아이들이 할아버지로 부르면 할아버지가 된다. 젊은 세대와 어울려 좋은 기를 받는데 어찌 마음도 몸도 젊어지지 않으랴.

"전생에 우리가 형제였을까?"

'그건 잘 모르고요, 아무튼 예사 사이는 아닌 것 같아요.'

우리의 할아버지의 할아버지와 참새의 할아버지의 할아버지의 할아버지와 연줄이 닿아 있을지도 모른다는 생각이 든다. 우리가 최소한 300년 전부터 이곳에서 살았다면 저 참새의 조상들도 이곳 주변에서 쭉 살아오는 동안 할아버지와 같은 집에서 둥지 틀고 살았을지도 모를 일이다. 아니 분명 그럴 것 같다는 확신이 든다.

아까 만났던 꿩도 분명 우리와 비슷한 처지에 우리와 별난 인연을 맺고 있을 것이다.

—「참새 둥지 별 드는 날」 중에서

짹짹짹, 짹짹짹.

내가 사랑채에 든 걸 어찌 알고 참새가 늦잠 자는 문을 두들긴다.

"얘, 너 참새로구나. 내가 여기 있는 걸 어떻게 알았어?"

'그걸 왜 몰라요? 어제 밤늦게 아주머니와 말다툼하고 건너오셨잖아요. 메롱. 안방에서 쫓겨났죠?'

"그럴 턱이 있나? 나 스스로 큰 싸움이 되기 전에 자리를 피한 거지."

'왜 싸우셨어요? 잉꼬부부 아니었어요?'

"그렇지도 않아. 싸운 것까진 네가 알 필요 없고… 자주 마을 다니는 걸 나무란다고 괜히 말꼬리 물며 시비를 거네…."

'아저씨가 좀 참지 그랬어요?'

"그래서 이곳으로 피신 온 것 아니니? 이젠 힘이 없어. 나도 늙었나봐."

—「참새는 맨발로 난다」 중에서

우초 사백의 작품에는 참새 이야기가 많이 나온다. 텃새인 참새는 작가 고재동의 자아이다.

땅 위에 꿈틀거리는 벌레에 관심을 두고 땅을 내려다보면서 나는 참새의 지혜와 안분지족의 겸손을 배워야 한다는 것이다. 뿌린 대로 거둔다는 하늘의 이치가 확실히 적용되는 삶의 현장, 귀촌한 고향에서 붙박이로 살겠다는 의지의 화신이 곧 참새인 것이다. 참새가 문을 두드리는 것 역시 자아가 작가를 깨우는 것이리라.

"얘들아, 너희 누구니? 어디서 왔어?"

"아이, 깜짝이야. 우릴 보고 물어본 거니? 너는 누구야? 봄이니, 겨울이니?"

"아니야. 물속을 자세히 봐봐. 난 버들치야. 와야천 물속에 살고 있어."

"오! 그렇구나. 우린 참새야. 저 준이네 집 뒷산에서 살고 있고, 오늘 먹이 여행 가는 길에 목이 말라 이곳 냇가에 내려온 거야."

하늘하늘, 와야천 하류에서 물 아지랑이가 피어오르자 룰루랄라 버들강아지 입에 물고 아기작아기작 새봄이 기지개를 켭니다.

—「날개 잃은 참새」 중에서

□ 로그 아웃

작년 가을부터 올봄에 이르기까지 솟을대문을 세웠다. 아직도 미완성이긴 하지만 그 위용은 집을 초라하게 가라앉혔다. 아내는 솟을대문이 어울리지 않는다고 투덜대지만, 어차피 그 자리에 서고 말았으니 이제 주인을 닮아가는 모습을 지켜볼 따름이다. 내 뜻에 따라 대문은 달지 않고 쪽문만 붙였다.

덕불고필유린德不孤必有隣이라 했다. 비록 덕은 쌓지 못할망정 좋은 이웃이라도 만들어야 하지 않을까.

살아가는 동안 나에겐 대문은 없다. 나는 언제든 문을 활짝 열어놓고 살고 싶다.

—「열쇠구멍으로 들여다본 풍경」 중에서

몇 년 후, 텃밭 과일나무에서는 조롱조롱 열매를 맺고, 개인택시 아버지와 아이들이 어버이날 집에 모두 모여 저녁 먹고 함께 둘러앉아 맥주잔 기울이는 날을 바라본다. 장인 장모와 사위들이 우리 집 탁구장에서 사납금 걱정 없이 조금은 여유 있게 탁구를 즐길 수 있는 날 기대하면서 오늘도 미래를 향해 작은 꿈 싣고 도로 위를 열심히 달린다.

먼 산의 아까시나무 꽃향이 가까이 있는 듯 은은하게 다가와 내 곁에 살포시 앉는다.

—「아까시꽃향 실은 택시」 중에서

'산으로 난 자신 만의 길 하나쯤 만들어 그 안에서 사는 산새들과 교감하고, 이름 모를 풀들과 소통하다 보면 신선이 될'(「돌배꽃 피는 길」)지도 모른다는 작가는 틈틈이 농사일을 보면서 시민의 발 역할을 하고 있다. 성장을 멈추려 하지 않기에

고단한 삶일 수도 있지만 밤이면 그는,

> 하늘의 달을 따다가 옆에 눕혔다. 이불을 덮어주고 다독여 주었다. 하늘의 별이 모두 내려와 우리 집을 감싼다.
>
> 잠이 든 줄 알았던 달이 내 품에 파고들며 속삭여왔다.
>
> "나 사랑해?"
>
> "응."
>
> "나도 사랑해."
>
> —「냇물에 달 가듯이」 중에서

에서 보여주듯 날이 새면 더욱 푸르른 선돌길 노송으로 우뚝 선다.

동화적 문장 속에 주관과 객관, 감성과 지성, 그리고 재미와 의미를 교직한 삶과 문학을 들여다보았다. 어쭙잖은 사족을 거둔다.

많은 독자들과 만나기를 기원한다. ♡